ÉDUCATION DES ENFANTS

CONSEILS
AUX MÈRES

EXTRAITS DES MEILLEURS AUTEURS

Par Mme C. de M...

TOULOUSE
IMPRIMERIE ET LIBRAIRIE ÉDOUARD PRIVAT
45, RUE DES TOURNEURS, 45

1897

CONSEILS
AUX MÈRES

ÉDUCATION DES ENFANTS

CONSEILS

AUX MÈRES

EXTRAITS DES MEILLEURS AUTEURS

Par Mme C. de M...

TOULOUSE
IMPRIMERIE ET LIBRAIRIE ÉDOUARD PRIVAT
45, RUE DES TOURNEURS, 45

1897

AVANT-PROPOS

Ce recueil, uniquement composé de morceaux pris dans les meilleurs traités d'éducation, est destiné aux mères de famille. Nous avons la confiance qu'il leur sera utile. Elles y trouveront tous les enseignements qui ont rapport à la direction de leurs jeunes élèves, depuis le premier âge jusqu'à la fin de l'adolescence. Ce recueil, où sont groupées par catégorie les difficultés que présentent les divers caractères, est à l'usage de toutes les personnes qui s'occupent de l'éducation des enfants.

PREMIER AGE

L'Éducation commence à la naissance même de l'enfant. Tous les sages, tous les hommes d'expérience, tous les maîtres de la morale, les païens eux-mêmes, l'ont proclamé : le jour où cet enfant ouvre son premier regard à la vie et fait entendre ses premiers cris, toute une série de devoirs relatifs à son Éducation est imposée à tous ceux qui l'entourent.

L'Éducation de ces premiers temps, qu'on ne s'y trompe pas, est le fond, la base de tout ce qui recevra plus tard son développement dans l'Éducation la plus avancée, et son application même dans tout le cours de la vie. En toutes choses, tout dépend des principes : c'est une vérité banale à force d'être vraie; mais c'est surtout en fait d'Éducation qu'il faut y prendre garde et qu'on doit s'attacher aux principes les meilleurs, les poser fortement dès l'abord et les suivre avec persévérance.

Et cependant qu'arrive-t-il, et que fait-on de ce premier âge de la vie? On l'abandonne, dit Fénelon, à des femmes indiscrètes et déréglées.

Les parents, même chrétiens, sont quelquefois, il faut l'avouer, si ignorants de leurs devoirs, si aveugles en ce qui touche la première Éducation de leurs enfants, et surtout si imprudents, si inconsidérés dans le choix qu'ils font de ceux et de celles qui devront donner leurs soins à ces premières années, qu'il est malheureusement trop nécessaire d'insister sur ce point.

L'esprit des enfants est une pâte flexible, qui reçoit sans résistance toutes les formes qu'on veut lui donner ; une fois fortifiés par l'âge, on les plie difficilement.

On doit choisir avec soin les jeunes serviteurs qu'on place auprès des enfants pour les servir. Il faut particulièrement qu'ils aient des mœurs pures.

(Mgr Dupanloup.)

\,

Longtemps la mère est la divinité de son enfant. Ignorant, pauvre et faible au milieu des besoins, l'enfant trouve dans sa bonne nourrice tout ce qui lui manque, tout ce qu'il désire, et il s'attache à elle de toute son âme. C'est l'invisible bonté qui est visiblement venue au-devant de sa misère pour la soulager. Chose merveilleuse ! Cette bonté agit derrière un voile, sans se montrer elle-même. L'enfant n'en voit que les effets, il n'en éprouve que les faveurs, et pourtant au bout de quelques semaines ce novice de la vie a fait connaissance avec elle. Il a franchi la région des sens; il est remonté des effets à leur cause, et il est arrivé à la mystérieuse tendresse qui prend soin de lui. Il faut bien qu'il en ait une idée, puisqu'il l'appelle à son secours, qu'il aperçoit sa présence, et que c'est sur elle qu'il se repose. Il y a ici un raisonnement. La confiance part du passé, elle porte sur l'avenir, et sur un avenir qui renaît chaque jour. Les désirs vont en augmentant, et la confiance s'étend avec eux; car l'enfant a la conviction que la bonté maternelle ne restera pas en arrière, et qu'elle sera assez puissante, assez riche pour remplir tous ses vœux.

Toujours prévenante, elle est venue au-devant du nourrisson, elle l'a saisi pour ne plus s'en séparer. Par ses soins elle a donné l'éveil d'abord à la pensée, puis à la gratitude, à l'amour et à la confiance qui dormaient dans ce jeune cœur. A son réveil, l'enfant est allé à son tour à la rencontre de la bonté maternelle pour s'y attacher. Ainsi se sont mutuellement rapprochées deux âmes également invisibles l'une à l'autre. Il s'est formé entre elles un doux lien, par l'entremise des sens, et il s'est établi un échange non interrompu de tendres et délicieux sentiments.

..... Souvenez-vous que les enfants sont des créatures légères comme les petits oiseaux, et ne vous attendez pas à trouver en eux des affections constantes comme on a droit de les exiger de vous qui avez mûri avec les années, l'expérience et la réflexion. La reconnaissance chez l'enfant ne survit guère au bienfait qui s'est perdu dans le passé; mais elle s'est montrée, et elle pourra revenir. La pitié suppose que les souffrances sont connues; et les enfants n'en connaissent encore qu'une très petite partie, parce que l'expérience ne les a pas encore instruits, et qu'ils ne peuvent pas sympathiser avec ceux qui les endurent. Ce sont donc les connaissances qui sont ici en défaut; le cœur est sans reproche.

(P. Girard.)

* * *

A tout âge, le meilleur moyen d'étouffer ou du moins d'affaiblir les mauvais penchants, c'est de donner un continuel exercice aux autres. Surmontez le mal par le bien; admirable précepte de l'Évangile qui renferme tout le secret de l'éducation...

Je crois que bien souvent nous agitons trop les enfants : il ne faut pas les laisser s'ennuyer, je l'accorde : l'ennui est une léthargie de l'âme; mais ce qui ramène sans cesse une telle maladie, c'est l'excès des distractions que nous croyons devoir donner aux nouveau-nés. Les contrastes renaissent les uns des autres, et les situations calmes sont les seules qui se perpétuent indéfiniment. Plus un enfant a eu de sérénité, plus il en aura; cette disposition peut être permanente, mais il n'en est pas ainsi de la gaieté, même avec les enfants qui l'aiment tant : la joie est une habitante passagère de ce monde; elle le touche d'un pied léger. Il faut l'accueillir toujours, l'appeler parfois doucement; mais une fois qu'elle est arrivée, on ne doit pas trop l'animer. Immodérée, elle traîne les pleurs à sa suite, elle ébranle trop fortement des fibres délicates qui oscillent bientôt après en sens opposé.

Il vaut mieux occuper les petits enfants des choses que des personnes.

Les choses sont des objets tranquilles qui ne cherchent pas à les agacer.

Auprès des personnes, ils vivent de sympathie et d'antipathie. L'action que les êtres vivants exercent les uns sur les autres met toutes les passions en mouvement.

Un enfant, à six mois, à demi couché dans son berceau et jouant avec ses petites mains, est dans la situation la plus heureuse; il en est de même à neuf ou dix mois, lorsque, assis sur un épais tapis, il s'amuse à disperser divers objets qu'il cherche à rattraper ensuite. Tandis qu'il joue ainsi, vous pouvez reprendre vos occupations; un regard, quelque signe d'intelligence de loin en loin, suffisent à lui dire qu'il est protégé, et sa sécurité est parfaite.

Un habile médecin allemand, M. Friedlander, avait été frapppé, en arrivant en France, de voir à quel point on y cherchait à exciter la vivacité des petits enfants.

« Il m'a paru, dit-il, que les mères jouaient trop avec leurs enfants dans la première époque de la vie et qu'elles excitaient trop tôt leur vivacité... En Allemagne, on entend souvent les mères recommander à leurs enfants de se tenir tranquilles. »

C'est une règle de l'éducation anglaise de parler toujours très bas aux petits enfants.

(Mme Necker de Saussure.)

C'est surtout quand il s'agit de la pureté des mœurs que l'éducation du premier âge doit redoubler de zèle, et entourer les enfants des précautions les plus attentives et de la plus sévère vigilance.

Fénelon voulait qu'on évitât absolument les spectacles publics et tous les autres amusements passionnés, qui ne sont propres qu'à donner aux enfants le goût des choses dangereuses, et ne peuvent manquer d'ailleurs de leur faire trouver fades tous les plaisirs innocents.

Souvent, dans les familles chrétiennes, cette première éducation est très bien faite, admirablement suivie et conduite.

Dieu, en effet, a donné aux commencements de l'homme un instituteur naturel et que nul ne saurait remplacer ; combien de fois une bonne mère, une mère pieuse n'a-t-elle pas trouvé dans son cœur et dans les inspirations de la piété des secrets d'Éducation mille fois plus efficaces que toutes les théories pédagogiques ? Non seulement pour les deux ou trois premières années de la vie ces soins d'une mère sont nécessaires à l'enfant, mais encore bien au-delà.

Je ne saurai surtout jamais approuver qu'on livre à l'Éducation publique des enfants de quatre ou cinq ans, auprès desquels rien ne saurait remplacer la sollicitude maternelle.

C'est à la mère à éveiller dans son enfant les premières lueurs de l'intelligence et le premier amour du bien ; à mettre sur ses lèvres les premières paroles de la foi et de la vertu ; à tourner ses premiers regards vers le ciel ; c'est à sa mère, en un mot, à le doter d'une âme chrétienne comme elle lui a donné un corps humain ; et, si rien n'est hideux comme l'exemple, heureusement bien rare ! d'une mère soufflant l'irréligion au cœur de son fils, rien aussi n'est attendrissant et beau à voir comme le spectacle d'une mère chrétienne donnant à un enfant béni de Dieu les premiers enseignements de la foi, lui racontant les touchantes histoires de la religion, lui apprenant à joindre ses petites mains pour la prière, et faisant bégayer à sa bouche enfantine les noms les plus sacrés.

Telle doit être la première Éducation : je l'appellerai volontiers l'Éducation maternelle. Elle doit se passer au foyer domestique : seulement, que la maison paternelle soit toujours, pour cet enfant qui commence à apprendre à vivre, une école de pureté, de justice, de bonté, de vertu, de sagesse, de douceur! Que rien n'y vienne gâter son cœur ou son intelligence pendant ces temps où se forment primitivement en lui la pensée, la raison, la parole, la conscience, où se préparent les premiers éléments de toute sa vie intellectuelle et morale.

(Mgr Dupanloup.)

* *

Ne faites pas coucher les enfants avec des personnes âgées, car la science et l'expérience démontrent qu'ils contracteraient ainsi leurs infirmités corporelles, qu'ils pourraient même tomber dans l'idiotisme, quoiqu'ils fussent nés parfaitement éveillés. Ces personnes âgées fussent-elles même exemptes d'infirmités, vous compromettriez encore la santé de vos enfants en les faisant coucher avec elles, parce qu'il est reconnu que les vieillards sucent l'arome du sang de l'enfant, et que celui-ci perdrait, par une transpiration aussi facile en lui que l'absorption l'est dans le vieillard, des humeurs précieuses qu'il aurait été bien mieux pour lui de conserver. Il en est à cet égard comme d'une jeune plante, qui ne fait que végéter à côté de celle qui a déjà poussé de profondes racines, parce que celle-ci absorbe presque toute sa sève et sa vie.

Les auteurs qui ont écrit sur la manière d'élever les enfants condamnent l'abus trop commun de les bercer si rudement, qu'on les étourdit et que l'on ébranle leur cerveau si délicat. Le lait contenu dans leur estomac, vivement bailotté, s'aigrit, cause des tranchées et des vomissements qui bien souvent deviennent nuisibles.

D'après un médecin allemand, le Dr Hufeland, la meilleure boisson pour les enfants c'est l'eau pure. Les estomacs des buveurs d'eau demeurent excellents jusque dans un âge avancé, au lieu que ceux des buveurs de vin sont d'une excessive faiblesse. Rien n'est plus propre à ruiner les forces physiques et morales que la surexcitation à laquelle le vin donne constamment lieu pendant l'enfance.

(L'abbé Collomb.)

Lorsque l'attention du petit enfant paraît captivée par quelque objet, on doit se garder de l'en distraire : tout ce qui excite son intérêt ou devient un sujet d'observation sert à son développement.

Toutefois, il ne faudrait pas dans ce but chercher à redoubler l'intensité des sensations purement matérielles. On étourdit ou stupéfie l'âme de l'enfant en ébranlant ses faibles organes. Le secouer violemment en le faisant sauter sur ses genoux, frapper fortement devant lui sur une table ou contre les vitres, c'est user de moyens rudes et mécaniques qui ne lui font suspendre ses cris qu'en paralysant son mouvement intérieur; il faut, au contraire, autant qu'on le peut, mettre l'intelligence ou le sentiment de moitié dans les distractions qu'on lui procure. Caresser sous ses yeux un chien ou un chat, c'est développer cette sympathie que les plus jeunes enfants éprouvent si aisément pour les animaux; lui montrer un joli objet en le lui faisant admirer en détail, c'est fortifier son attention et c'est aussi exciter en lui l'admiration, un des plus beaux mouvements de l'âme; lui donner à reconnaître des figures imitées, c'est réveiller chez lui l'imagination : il est enfin mille moyens d'en appeler à ses facultés naissantes.

Il se pourrait qu'en faisant souvent entendre au nouveau-né des modulations justes et agréables, on s'épargnât ainsi une partie des soins que souvent on prend si laborieusement pour perfectionner ses organes dans un autre âge; du moins est-il certain que, dans les familles où la musique est habituellement cultivée, il se forme de nouveaux élèves avec une extrême facilité : l'on peut même conjecturer que les grandes différences entre les dispositions musicales des peuplades limitrophes, comme les habitants des deux rives du Rhin, par exemple, ne sont que le résultat des premières impressions. Le chant, ce secours si puissant pour calmer les douleurs des petits enfants, serait ainsi le moyen de développer en eux le germe d'un talent charmant, talent dont on s'occupe trop sous le rapport de l'art, sans apprécier assez son influence morale, que les anciens connaissaient et dirigeaient bien mieux que nous.

(Mme Necker de Saussure.)

* *

Ce qui est le plus utile dans les premières années de l'enfance, c'est de ménager la santé de l'enfant, de tâcher de lui faire un sang doux par le choix des aliments, et par un régime de vie simple; c'est de régler ses repas, en sorte qu'il mange toujours à peu près aux mêmes heures; qu'il mange assez souvent à proportion de son besoin; qu'il ne mange point hors de son repas, parce que c'est surcharger l'estomac pendant que la digestion n'est pas finie; qu'il ne mange rien de haut goût, qui l'excite à manger au-delà de son besoin, et qui le dégoûte des aliments plus convenables à sa santé; qu'enfin on ne lui serve pas trop de choses différentes, car la variété des viandes qui viennent l'une après l'autre soutient l'appétit après que le vrai besoin de manger est fini.

Ce qu'il y a encore de très important, c'est de laisser affermir les organes en ne pressant point l'instruction, d'éviter tout ce qui peut allumer les passions, d'accoutumer doucement l'enfant à être privé des choses pour lesquelles il a témoigné trop d'ardeur, afin qu'il n'espère jamais d'obtenir les choses qu'il désire.

Si peu que le naturel des enfants soit bon, on peut les rendre ainsi dociles, patients, fermes, gais et tranquilles : au lieu que, si on néglige ce premier âge, ils y deviennent ardents et inquiets pour toute leur vie; leur sang se brûle, les habitudes se forment, le corps, encore tendre, et l'âge, qui n'a encore aucune pente vers aucun objet, se plient vers mal; il se fait en eux une espèce de second péché originel, qui est la source de mille désordres quand ils sont plus grands.

Dès qu'ils sont dans un âge plus avancé, où leur raison est toute développée, il faut que toutes les paroles qu'on leur dit servent à leur faire aimer la vérité, et à leur inspirer le mépris de toute dissimulation. Ainsi, on ne doit jamais se servir d'aucune feinte pour les apaiser, ou pour leur persuader ce qu'on veut : par là on leur enseigne la finesse, qu'ils n'oublient jamais ; il faut les mener par la raison autant qu'on peut.

Les enfants sont bien plus pénétrants qu'on ne croit, et dès qu'ils ont aperçu quelque finesse dans ceux qui les gouvernent, ils perdent la simplicité et la confiance qui leur sont naturelles.

D'un autre côté, les enfants ne sachant encore rien penser ni faire d'eux-mêmes, ils remarquent tout, et ils parlent peu, si on ne les accoutume à parler beaucoup, et c'est de quoi il faut bien se garder. Souvent le plaisir qu'on veut tirer des jolis enfants les gâte; on les accoutume à hasarder tout ce qui leur vient dans l'esprit, et à parler des choses dont ils n'ont pas des connaissances distinctes; il leur en reste toute leur vie l'habitude de juger avec précipitation et de dire des choses dont ils n'ont point d'idées claires, ce qui fait un très mauvais caractère d'esprit.

(Fénelon).

.

« Les passions de l'homme l'agitent dès le maillot, » a dit saint Augustin. Et cependant c'est une opinion généralement chérie des mères que celle-ci : « Le très petit enfant ne comprend ni les fautes, ni les corrections : inutile donc de s'occuper de lui autrement que pour le bercer, l'admirer et le parer. » Grâce à cette opinion, on peut gâter et aduler son enfant en toute sécurité de conscience, jouir d'un bonheur qu'on n'achète pas, goûter des joies sans passer par des tristesses.

L'enfant ne comprend pas, cette théorie si naturelle rassure la conscience, satisfait le cœur, ôte toute hésitation à la faiblesse. On commence par flatter et développer de tout son pouvoir les mauvais instincts qu'on se promet de réprimer avec fermeté dans la suite. On éloigne le travail en parlant avec emphase de l'obligation de s'y livrer plus tard, et l'on a pour l'avenir une sévérité de principes d'autant plus grande qu'on voudrait s'étourdir et aveugler les autres sur la faiblesse du moment.

Supposons cependant que ces projets s'exécutent. Les pauvres mères comprennent bien peu les épreuves qu'elles se préparent; elles ne savent pas ce que leur coûtera un premier *je ne veux pas;* elles ne se doutent pas de ce que peut-être la résistance dans ces petits êtres accoutumés à ne céder à personne.

L'enfant sûr de son pouvoir traitera sa mère en vaincue. Il ne demandera pas d'autres concessions, il les prendra. Et si, après, quelques efforts sont encore tentés par la mère, il aura appris à les arrêter; or, il le fera. C'est une sorte d'intelligence que chaque enfant possède et à laquelle il sait joindre une incroyable énergie, quand il voit un succès possible.

Au bout de quelques mois, l'enfant sait déjà crier et s'impatienter quand on lui résiste ; avant un an il bat sa bonne qui tarde à obéir. Mais ces petites colères sont trouvées charmantes. On les provoque souvent, on les excite quelquefois, on en rit, et puis on cède, à moins cependant que le premier cri n'ait tout obtenu.

Ces emportements, en effet, peuvent être fort plaisants, ces gestes d'impatience pleins de grâce, la mère au moins doit les juger ainsi ; mais l'enfant *qui ne comprend pas,* a bien vite compris l'utilité de ce manège. Même à l'âge dont nous parlons, il n'a pas la moindre hésitation lorsqu'il s'agit de choisir le genre de cris et de colères qui réussissent le mieux ; et, pour le ramener au calme il faut, par des expériences quotidiennes, le convaincre de l'inutilité de la tempête.

L'enfant est autre chose qu'un jouet, et dans des mains chrétiennes il devrait toujours être un objet sérieux et sacré. Au lieu de rire alors, il faudrait penser ; au lieu d'admirer, il faudrait agir ; au lieu de céder, il faudrait résister.

Oui, résister, et commencer dès lors si l'on est résolu à le faire jamais ; résister avec une imperturbable opiniâtreté, même en face d'un déluge de pleurs ; résister à ces larmes faciles, si promptement essuyées, et, nous le savons, si productives pour l'avenir. Plus l'enfant voit en nous le désir de les tarir, plus il les prodigue.

Et malheur à vous, mère imprudente, si après une résistance longue et courageuse vous finissez par accorder à ses importunités ce que d'abord vous aviez cru devoir refuser il ne l'oubliera pas. Sûr qu'avec de la persévérance il peut arriver à son but, il en aura, n'en doutez pas, et vous payerez bien cher la faiblesse d'un moment.

(Mme de Marcey).

PREMIÈRES ANNÉES

Caresses.

On n'acquiert la connaissance du premier âge que par l'attachement qu'on sait lui inspirer; nous avons beau chérir nos enfants, quand nous ne nous sentons pas aimés, nous manquons de cette confiance, de cet abandon, qui se communiquent à eux, notre air d'inspection, de surveillance, les rebute; ils sont contraints en notre présence, et la grande influence de la sympathie est exercée par d'autres que nous.

Les caresses emportées et passionnées sont mauvaises. Mlle Edgeworth recommande aux mères de se les interdire, et les médecins les blâment pour d'autres raisons...

Que vos caresses aient donc quelque chose d'encourageant, de fortifiant, si on peut le dire; mettez-y de la gaieté sans extravagance, et surtout bannissez-en une amollissante langueur. Plus vous leur donnerez le caractère de l'approbation, plus tôt vous en ferez un instrument utile.

Cet échange de sentiments doux est aussi le seul moyen de développer l'intelligence de l'enfant. Tout autre langage que celui de la bienveillance l'hébète et le fait tomber au-dessous de lui-même. Ainsi c'est bien à tort, selon moi, qu'on prend souvent un accent rude et menaçant pour détourner les petits enfants de certaines actions nuisibles : vous leur faites suspendre l'action, mais vous portez le trouble dans leur âme. Ils ne font plus que pleurer, et, quand ils sont apaisés, ils ont tout oublié et ils recommenceront à la première occasion.

Il est vrai qu'à force d'associer le souvenir d'une impression de frayeur à l'idée d'un certain acte, ils pourraient à la longue s'en abstenir; c'est ainsi qu'on élève les animaux et qu'on les dompte. Mais si vous adoptez ce genre d'éducation avec l'enfant, il en recevra bientôt un autre. Témoin de votre colère, il en prend à coup sûr l'exemple de vous, et les mots injurieux dont vous l'accablez vous seront avant peu appliqués à vous-même. L'instinct d'imitation est plus fort chez les enfants en bas âge que la crainte, et à moins d'un excès de sévérité heureusement devenu très rare, nous sommes pour eux des modèles bien plus que des objets d'effroi. Ne vous fâchez donc jamais ni contre l'enfant ni en sa présence. Jusqu'à l'âge de trois ou quatre ans, la plus vertueuse indignation ne sera que de la colère à ses yeux.

Le petit enfant doit parfois être laissé à lui-même et pouvoir se déterminer à son gré.

Aussi les moyens mécaniques de sûreté, tels que les bourrelets, ont-ils du moins l'avantage de procurer quelque indépendance à l'enfant. Mais, au contraire, ceux qui, comme les lisières, nous obligent à le suivre constamment, qui l'assujettissent à nos caprices ou nous aux siens, ceux-là, dis-je, joignent un mauvais effet moral aux inconvénients physiques.

(Mme Necker de Saussure.)

Défauts.

Ce n'est pas jusqu'à la grande époque de l'Éducation publique qu'il faut attendre pour corriger les enfants de leurs défauts : c'est dans la famille même, et dès que les défauts commencent à se montrer qu'on doit les reconnaître, les combattre et les extirper, s'il se peut[1].

Car, on ne doit pas l'oublier, dans la correction des défauts le maître ne peut rien tout seul ; il faut que l'enfant travaille avec lui.

Il n'y a qu'un père, une mère, un supérieur dévoué qui puisse avertir les enfants prudemment, utilement, efficacement ; mais la condition essentielle du succès pour de tels avertisse-

---

1. Il ne suffit pas de bien connaître les défauts des enfants, il faut les leur faire connaître.

ments, c'est qu'ils soient donnés avec grande amitié et grande bonté : ils ne seront reçus avec docilité que si on est bien convaincu de l'affection de celui qui les donne, et si on la sent toujours, même dans les paroles les plus vives.

(Mgr Dupanloup.)

.·.

Avant tout, ne l'oublions pas : si le Seigneur n'édifie lui-même une maison, en vain travaillent ceux qui la construisent. Priez donc, mère chrétienne, pour ne pas travailler en vain.

La mère travaillera en vain, si, suffisante et présomptueuse, elle se croit trop forte pour avoir besoin de secours, trop élevée pour en demander. Elle travaillera en vain parce que Dieu, sauveur de celui qui l'implore, n'a jamais promis son aide à celui qui ne le demande pas ; elle travaillera en vain, car il abhorre les superbes...

S'il est possible à une mère de ne pas se séparer de son fils, elle sera plus heureuse et lui meilleur. L'œil du maître est nécessaire à la surveillance de toute administration ; mais l'œil de la mère, qui pourrait le suppléer ? Qui pourrait remplacer sa vigilante et affectueuse sollicitude ? Qui pourrait surtout montrer le vide laissé dans l'âme où il ne pénètre pas ?

Il est des positions dans lesquelles la surveillance immédiate et continuelle de la mère est impossible. Mais la femme la plus occupée peut généralement chaque jour trouver quelques instants à consacrer à ses devoirs de mère. Elle a toujours un moment pour travailler à acquérir et à conserver la confiance de ses enfants, pour imprimer une direction supérieure aux soins qui leur sont donnés et pour s'assurer en passant de leur exécution.

Toutefois cette surveillance générale ne serait rien encore, si cette mère n'avait apporté dans la recherche de celles qui la remplacent une scrupuleuse minutie.

Le choix des amis n'est pas moins important que celui des bonnes. Les mères se donnent beaucoup de peine pour réussir dans les éducations qu'elles entreprennent ; elles se consacrent à la réalisation de cette œuvre ; elles ne reculent, pour l'accomplir, devant aucun sacrifice ; cependant elles n'avancent pas. Je le crois bien ! Pourquoi la toile de Pénélope n'avançait-elle pas non plus ? A mesure qu'elles se livrent à ce laborieux travail, elles le détruisent avec la même persévérance ; et si elles ne défont pas de leurs propres mains la trame qu'elles ont ourdie, le résultat est identique : les amis dangereux dont elles tolèrent la fréquentation habituelle remplissent cette tâche de démolition avec autant de zèle qu'elles en mettent à construire.

La mère montre l'obéissance comme une nécessité et comme un bonheur; les amis apprennent l'insubordination et vantent les avantages de la résistance. La mère inspire pour le mensonge l'horreur et le mépris qu'il mérite; les amis enseignent la duplicité et la font admirer chez eux. La mère forme à la politesse et à la douceur; les amis se rient de la première et abusent de la seconde. Or, les amis trouvent des alliés naturels dans les penchants qu'une triple concupiscence incline vers leurs leçons, la mère n'en a pas.

(Mme de Marcey.)

Vanité.

A quoi pensent les pères et surtout les mères, je ne dis pas pour l'enfant qui vient de naître, mais pour l'enfant qui déjà commence à comprendre les choses, et dont l'intelligence naissante est capable de culture et de progrès, pour l'enfant, par exemple, de quatre à cinq ans? Qu'est-ce qu'on soigne avant tout dans cet enfant, qu'est-ce qu'on nourrit, qu'est-ce qu'on développe en lui? est-ce la créature raisonnable? est-ce l'esprit, le cœur, l'âme? Non, c'est la créature matérielle, c'est le corps, la vie animale. Oui, il y a des milliers de pauvres petits enfants qu'on élève de la sorte : on les accable de soins physiques, on les sature de friandises, on idolâtre leur petit visage, leur petite personne : toutes les inutilités les plus vaines, et quelquefois les plus ridicules, sont recherchées pour leur vêtement; on les pare, comme pour une publique exhibition; puis, on les adule, on les ensence, on les adore. Cela fait pitié et mal à voir! Qu'on ne me parle pas ici de nécessité, ni de santé : la nécessité a une mesure, la manie insensée que je dénonce n'en connaît pas; et la santé elle-même souffre de ces soins pitoyables. Mais ce qui en souffre surtout, c'est l'âme de ces malheureux enfants; non seulement le développement physique étouffe celui de l'esprit, mais la vanité ainsi excitée germe et s'empare totalement de ces pauvres petites têtes enivrées; la mollesse surtout établit en eux son empire, les énerve, les engourdit, les paralyse, leur inspire je ne sais quelle lâcheté, quelle horreur de l'effort et du travail, qui ruine en eux toute énergie, toute activité, et prépare à leur éducation future les plus graves difficultés.

Je me borne à en signaler deux principales : la paresse et la perte des mœurs.

(Mgr Dupanloup.)

Vigilance.

Appliquez-vous, mères chrétiennes, à former vos enfants à la vertu d'abord par l'exemple, pratiquant la patience dans la famille, faisant de bonne grâce l'aumône aux pauvres, pardonnant généreusement à vos ennemis, rendant service quand vous le pouvez. Gardez-vous bien de leur laisser entendre des discours qui pourraient éveiller en eux une mauvaise passion quelconque, telles que l'orgueil, l'ambition, l'amour des richesses, la rancune; ne parlez jamais contre la pudeur, ni ouvertement ni à mots couverts.

Ne vous rassurez pas sur ce que vos enfants sont encore jeunes et incapables de faire le mal. Non, ils ne sont pas capables de faire un péché; mais si vous êtes assez imprudente pour les scandaliser, ils ont déjà des yeux pour voir, un instinct pour vouloir imiter, et surtout une mémoire pour se souvenir; et le scandale ne tardera pas à porter ses fruits de perdition. — Ne dites pas que vos enfants ne comprennent rien aux discours que vous tenez. Non, ils ne les comprennent peut-être pas encore, mais ils ont déjà la curiosité pour vouloir les comprendre, la mémoire pour s'en souvenir. Plus tard, le souvenir de cette parole imprudente sera peut-être une source funeste de tentations et de péchés; car le mal s'oublie difficilement, quoiqu'il s'apprenne vite. — Ne vous imaginez pas non plus que votre enfant n'écoute pas, quand vous le voyez s'amuser, jouer, être distrait. Ce petit hypocrite! il feint tout cela, tandis qu'il écoute, observe et retient tout; il répètera, il racontera tout au premier compagnon qu'il rencontrera, et vous ne tarderez pas à être convaincue que le jeune espiègle a eu plus de malice que vous n'avez eu de prudence. — Cette imprudence, vous la paierez cher, vous et votre enfant.

(L'abbé Collomb.)

* * *

Quand le mal a atteint un jeune cœur, on s'en aperçoit vite à de tristes et lugubres symptômes.

Quel changement soudain s'est opéré dans cet enfant? il était gai, ouvert, aimant; tout à coup le voilà triste, inquiet, sombre, défiant, dissimulé. Ce n'est plus ce candide sourire, ce front épanoui, ce cœur qui se montrait, cette âme qui se dilatait : quelque chose a passé sur cette physionomie et y a jeté comme un voile; quelque chose est là, dans ce cœur, qui le resserre; quelque chose qu'il ne veut pas laisser voir, comme un honteux secret qu'il cache.

L'enfant sensuel ne travaille plus, n'étudie plus, n'aime plus.

Quels moyens prendre et à quelles précautions avoir recours pour préserver les enfants?

C'est de très bonne heure, c'est dès les premières années, et, pour ainsi dire, dès le berceau qu'il faut songer à prémunir l'âme et le corps contre la mollesse et ses affreuses suites par une sévère éducation et la plus extrême vigilance préparer dans les enfants de bonnes mœurs.

En tout, il est d'une souveraine importance d'accoutumer les enfants à la modestie, à la décence, au respect d'eux-mêmes ; de leur inspirer une grande pudeur.

C'est pour cela qu'il faut bien veiller à leur coucher, à leur sommeil, à leur lever ; avoir soin de les bien couvrir, surtout ne les faire jamais coucher ensemble, ni avec d'autres personnes.

S'abstenir de toute familiarité à leur égard, sans affectation du reste ; veiller sur leurs yeux, leur faire éviter toute inconvenance entre eux.

Surtout il est rigoureusement nécessaire de ne se rien permettre à soi-même de tant soit peu libre devant eux.

Que l'on n'oublie pas, au foyer domestique, de veiller avec une attention sévère sur toutes les paroles qu'on prononce : les enfants écoutent toujours et comprennent plus qu'on ne croit, et un seul mot peut quelquefois leur faire une blessure mortelle.

Écarter soigneusement de leurs yeux tout objet dangereux, les mauvais livres, les mauvaises brochures, les mauvais journaux, illustrés ou non, les mauvais tableaux, c'est du plus grave, du plus rigoureux devoir ! Que dire de la négligeance de certains parents à cet endroit, et de tout ce qui se voit exposé sur les tables de certains salons ?

Un point qui demande encore des parents la plus grande vigilance, ce sont les domestiques, les bonnes, les valets de chambre, je dirai : les nourrices mêmes !

(Mgr Dupanloup.)

*
* *

Combien de fois n'a-t-on pas dit que les parents ne savent pas assez tout le mal que peut faire aux enfants leur triste négligence ou leur trop aveugle confiance sur ce point.

Les domestiques, quand même ils ne seraient point, comme cela s'est vu trop souvent, des corrupteurs déclarés, sont souvent si grossiers dans leur éducation, dans leurs manières, dans leur langage, que les enfants avec eux peuvent facilement apprendre bien des choses mauvaises, si l'on n'y prend garde et de très près.

Il faut veiller avec non moins de soin sur les fréquentations des camarades : c'est par là, ordinairement, que se gâtent les enfants ; ils s'apprennent le mal les uns aux autres.

Dans les temps malheureux où nous vivons, il faut que toute mère le sache bien : tout petit camarade peut être un péril pour son enfant, et c'est de là qu'il faut partir pour régler sa surveillance.

La plupart des enfants ont, dès le plus bas âge,

dans les villes surtout, perdu à divers degrés leur innocence.

Des enfants qui se fréquentent librement sont donc toujours les uns aux autres un danger.

(Mgr Dupanloup).

* *

« C'est à la mère et à la mère seulement, dit le P. Ventura, qu'il appartient d'instruire ses enfants de bonne heure dans les éléments de la religion. » Cette instruction est d'autant plus importante, que ce sont les premières leçons que l'on reçoit, qui font le plus d'impression et que l'on se rappelle plus longtemps. Le témoignage des vieillards nous prouve assez que nos premières impressions sont aussi nos derniers souvenirs, et l'expérience de chacun confirme la justesse du proverbe qui dit que ce que l'on apprend au berceau dure jusqu'au tombeau. Mais de toutes les instructions reçues dans la jeunesse, celles qui poussent de plus profondes racines dans le cœur, ce sont celles de sa mère.

Vous ne rendrez durables vos instructions qu'en les rendant fréquentes. Je dis fréquentes, et non pas longues : l'attention de l'enfant est trop mobile pour être longtemps fixée. En lui donnant vos leçons, ne lui donnez pas l'ennui ; assujettissez-l'y et ne l'en fatiguez pas.

Tout est perdu si l'enfant se fait une idée triste et sombre de la vertu, et si le vice se présente à lui sous une figure agréable. C'est là un grand défaut dans l'éducation : on met tout le plaisir d'un côté et tout l'ennui de l'autre ; l'ennui dans l'étude, le travail, l'accomplissement de ses devoirs ; tout le plaisir dans les divertissements, les gourmandises, les objets de vanité.

Ce n'est pas assez de travailler à la sanctification de vos enfants par le bon exemple et l'instruction, vous devez encore exercer sur eux une vigilance attentive, continuelle, minutieuse même.

Les enfants sont de leur nature hypocrites et menteurs ; ils sont parfois des anges sous les yeux de leurs parents, et des démons quand ils sont abandonnés à eux-mêmes ; ils sont habiles à déguiser, à cacher, à nier leurs fautes, ou, s'ils ne le peuvent, à les excuser. Ne devez-vous pas avoir sur eux un œil attentif pour ne pas vous laisser tromper ni les laisser eux-mêmes contracter de mauvaises habitudes ?

Sur quoi devez-vous surtout porter votre attention dans l'exercice de la vigilance ? — Sur l'innocence de vos enfants. Une des illusions les plus communes parmi vous, mères chrétiennes, c'est de croire que vous ne devez réprimer les immodesties de vos enfants que lorsqu'ils sont parvenus à l'âge de raison et qu'ils sont capables de commettre quelque péché formel. Et vous ne faites pas attention que, quoiqu'ils n'aient pas le discernement ils sont cependant déjà doués de la mémoire. Plus tard ils se souviendront de ce qu'ils auront vu d'indécent, de ce qu'ils auront entendu de scandaleux, de toutes ces immodesties du jeune âge que vous aurez négligé de réprimer, dont vous vous serez peut-être même fait une occasion d'amusement. La source de la corruption de la jeunesse remonte souvent aux scandales de la première enfance.

Vous devez apporter les soins les plus scrupuleux dans le choix et la surveillance des nourrices et des bonnes. Pour soigner, garder et nourrir des enfants, ces anges terrestres, il faudrait trouver des nourrices ou des bonnes d'une innocence et d'une pureté angélique ; mais une malheureuse expérience prouve que l'on rencontre souvent parmi elles des démons incarnés. Combien de mères de famille doivent la dépravation et la mort prématurée de leurs enfants aux mains criminelles des bonnes ou des nourrices aux soins desquelles elles les ont trop aveuglément confiés. « Les agents de corruption de l'enfance, dit le Dr Devay, sont le plus souvent ce qu'on appelle les bonnes ou quelquefois des nourrices. »

Si vous devez surveiller soigneusement les personnes auxquelles vous confiez vos enfants pendant qu'ils sont encore très jeunes, à plus forte raison aussi les domestiques que vous prenez à votre service lorsqu'ils sont devenus un peu plus grands. Leur mémoire et leur intelligence plus développées, leur curiosité naturelle et leurs passions naissantes ne les rendent-ils pas plus faciles à être pervertis, si les domestiques de la maison les scandalisent par leurs discours pervers, par leur mauvaise conduite, et, ce qui n'est pas rare, par les pièges qu'ils tendent volontairement à leur innocence?

Avez-vous jamais songé au danger que peut créer pour un enfant adulte, et même pour un mari, une fille de service, fût-elle même pieuse et modeste? Mères chrétiennes, il faut renvoyer résolument de votre maison tout domestique, toute servante dont la présence peut être pernicieuse à l'innocence et à la vertu de quelque personne de votre famille.

(L'abbé Collomb).

Sympathie.

Négliger de communiquer à l'enfant de bons sentiments, en nous servant du secours si passager de la sympathie, c'est renverser un ordre admirable.

La seule chose qu'on n'ait pas tenté, du moins avec régularité, c'est de donner une sorte d'éducation positive au premier âge; c'est non seulement d'éloigner du petit enfant l'exemple du mal, mais de lui imprimer un léger mouvement vers le bien, et de le faire entrer avec une heureuse direction dans la vie.

Néanmoins, si cette route n'a pas été suivie méthodiquement, que de fois ne l'a-t-elle pas été par inspiration! que de caractères heureux, que de qualités aimables ne sont pas dus à cette sympathie du premier âge, que les mères savent si bien développer, dont elles font un usage toujours si doux et parfois si judicieux! Mais quel plus grand service rendre à la première éducation que d'étendre et de régulariser, s'il se peut, ce que la tendresse et le bon sens ont bien souvent dicté aux mères?

Le moyen d'influer sur les petits enfants leur est bien connu; il leur est aussi indiqué par la Providence, puisqu'il consiste d'abord à les aimer... Un malheureux enfant privé des caresses maternelles n'admettrait peut-être que bien tard un rayon d'amour dans son cœur.

C'est si bien l'amour qui produit l'amour chez l'enfant, qu'il a un tact extraordinaire pour le reconnaître. Ses préférences, qui semblent bizarres, sont fondées sur une divination inconcevable à cet égard. La laideur, les infirmités de l'âge ne le rebutent point; les services les plus essentiels ne le touchent guère : c'est de l'amour qu'il lui faut; il lui en faut sans beauté, sans agrément extérieur, sans titre même à la reconnaissance; mais quand il en trouve l'expression, les actes de bonté qui en sont la preuve redoublent son attachement. En revanche, son aversion pour les physionomies froides et sèches est insurmontable.

Ce n'est pas assez que les enfants soient bienveillants il faut qu'ils aiment; la bienveillanc ouvre le cœur, mais l'amour seul le réchauffe et le remplit...

La jalousie des mères les porte parfois à éloigner des rivales subalternes, qui leur semblent usurper leur place dans le cœur des enfants, mais c'est mal entendre leur propre intérêt. Les affections se transplantent plus aisément qu'elles ne croissent! Le sentiment déjà formé peut changer d'objet; mais la difficulté, c'est qu'il prenne assez de force pour détourner l'enfant de s'occuper uniquement de lui. Une fois qu'on se préfère à tout, il n'y a plus à espérer d'inconstance, et l'amour de soi est le plus fidèle des amours.

(Mme Necker de Saussure).

Enfants gâtés.

Le repos des mères dépend absolument, durant les premières années, du succès de l'éducation presque involontaire qu'elles donnent : rien de si agité qu'une mère qui gâte ses enfants... On peut comparer ce trouble gratuit et qu'il serait si facile de faire cesser à une porte ballottée par le vent, et qu'on laisse battre plutôt que prendre une fois la peine de l'aller fermer.

Il faut inévitablement, avec les enfants, agir quelquefois, où avoir à souffrir sans cesse. Des nécessités importunes nous poussent sans relâche à l'éducation. Si, dans le premier âge, nos enfants nous la demandent par leurs besoins, en grandissant, ils nous l'imposent pour notre propre compte. Nous avons alors à nous défendre d'eux et à les ranger à leur place, afin qu'ils n'empiètent pas trop sur la nôtre.

Un enfant gâté est hors de sa place naturelle, car sa déraison commande à la raison des autres, la force est aux ordres de sa faiblesse, ceux qui doivent le gouverner lui obéissent, il n'est pas l'enfant de la maison, il en est le maître. L'enfant entièrement livré à lui-même est également sorti de sa situation naturelle, de la protection de la famille promise à son enfance, de la dépendance qui est aussi une protection. Toute mauvaise éducation est un déplacement de l'enfant, une violence faite à la situation qui lui a été assignée dans ce monde où il naît faible, inutile, incommode et en même temps objet d'attendrissement, d'amour, de devoir. Il n'est rien par lui-même; point de sentiments, point d'idées dont il ait du moins la conscience; à peine quelques signes de volontés instinctives, d'une vie plus végétative encore qu'animale, et déjà, dans la pensée de ceux qui l'environnent, il occupe, il doit occuper le rang d'une créature raisonnable. En eux seuls reposent, pour ainsi dire, toute son existence, et tant de joies, de peines, tant d'émotions si vives dont se vont composer leurs rapports avec lui, il n'y sera pour rien, tout leur viendra d'eux seuls : et le sentiment de la vie de l'enfant, à peine perceptible en lui-même, n'aura de longtemps son intensité, son énergie que dans la mère qui l'a porté, dans le père qui l'a reçu.

Il y a deux manières d'élever un enfant pour soi plutôt que pour lui, en lui interdisant l'exercice de sa raison pour le soumettre absolument à la nôtre, ou en suivant dans notre enseignement, moral ou autre, la marche de notre raison, sans observer les procédés de la sienne. Dans le premier cas, on oublie d'élever l'enfant pour en faire un homme, dans le second, que l'homme qu'on élève est encore un enfant.

Il y a quelque chose de trompeur dans le pouvoir, et ce n'est pas trop de tout le désintéressement paternel, ce n'est pas même toujours assez pour contre-balancer la disposition qu'a naturellement celui qui se sent le maître à se prendre soi-même pour but de l'ordre qu'il donne, ou de la règle qu'il impose, et à mesurer son jugement de l'action d'autrui sur l'effet qu'il en reçoit. On se croit aisément propriétaire là où l'on est maître, et l'éducation de nos enfants est tellement notre affaire, que nous sommes toujours prêts à la traiter comme un de nos intérêts personnels. Une mère, en général, ne recevra pas de très bonne grâce l'avis qu'on lui donnera sur l'éducation de ses enfants ; elle sera tentée de répondre : « Cela ne regarde que moi. »

(Mme Guizot.)

Punitions.

Il ne faut pas trop parler morale aux enfants. C'est le fond qui influe sur eux ; c'est ce qu'on sent, non ce qu'on professe ; le sous-entendu est plus puissant que l'exprimé. Vous pouvez les prêcher tout le jour sans agir sur eux, comme produire aussi d'heureuses impressions sans savoir comment vous les avez communiquées. Le bien et le mal se propagent sans cause assignable dans l'éducation, mais non pas sans cause réelle.

En général, nous parlons trop aux enfants ; nous abusons des exhortations, des remontrances, nous les tracassons. Un peu d'ennui fait naître en eux un désir de résistance. Si nous maintenions leur âme dans un état calme, la sympathie ne s'éteindrait peut-être jamais ; ils auraient plus d'envie de nous obliger ; ce qu'on appelle la bonne volonté, la bonne humeur, se peindraient jusque sur leur visage, et nous leur conserverions plus souvent ces physionomies franches et ouvertes dont la bienfaisante nature les avait doués ; don heureux, recommandation si efficace pour produire la confiance, qu'aucun témoignage humain ne peut l'égaler !

Comme l'éducation morale ne peut réussir qu'autant que l'enfant met de l'intérêt à sa propre sagesse, le mieux sera de le consulter fréquemment sur la manière de s'y prendre avec lui pour qu'il se conduise bien.

Les réprimandes sont un intermédiaire entre la voie de la persuasion et celle des punitions, et peuvent tenir tour à tour de l'une et de l'autre. Quand le chagrin qu'elles causent est leur principal moyen d'effet, c'est en qualité de punition qu'elle agissent, mais non sans offrir quelques désavantages sous ce rapport.

Une punition, pour être à la fois efficace et juste, doit avoir été annoncée d'avance et appliquée ensuite à un cas bien défini. Rien, au contraire, n'est plus irrégulier, plus livré au hasard que les réprimandes. Quand elles seraient prévues, leur degré de force ne l'est pas ; tout y dépend de l'humeur présente pour celui qui gronde comme pour celui qui est grondé, et de là résulte que l'enfant, toujours rempli d'espérance, ne les redoute guère de loin. Cependant la peine qu'elles causent est souvent très vive, mais est-elle de la bonne sorte ? Rarement, je crois.

Quand nous comparons les effets des fortes réprimandes à ceux des châtiments plus matériels, nous sommes loin de recommander l'emploi de ceux-ci. Les moins sévères sont toujours des aveux de notre impuissance, de notre maladresse à gouverner les enfants, et toute éducation éclairée repousse les châtiments rudes. Jamais donc il n'est question ici de ces peines afflictives ou ignominieuses qui causent par elles-mêmes une douleur amère, indépendante du remords qu'on voudrait exciter par leur emploi. L'effet futur en est aussi mauvais que l'effet actuel en est désolant. C'est de l'exaspération, c'est parfois de la haine qu'elles produisent. Les punitions dont je parle ici ne sont destinées qu'à fournir la preuve de cette suspension de bonheur dans la vie humaine, qui est ordinairement la suite des torts.

La parole aussi est un signe, et n'est pas toujours le plus doux de tous. Pour qu'elle agisse au juste point, il y faut du sang-froid et de la force, de la douceur, de la gravité, du talent, enfin tout ce qui n'est point à nos ordres. Le caractère personnel s'y exprime trop, et l'on se compromet soi-même en se montrant trop à découvert. De plus, on compromet la morale même dont on s'appuie.

Une punition décrétée d'avance et infligée quand le cas échoit met entre le père offensé et l'enfant coupable une barrière qui s'oppose à tout excès d'indulgence, et rend inutile l'expression d'un violent courroux. Ce n'est plus pour se satisfaire lui-même que le père afflige, c'est pour rester fidèle à sa parole, toujours inviolable à ses propres yeux. Il peut être attristé du chagrin qu'il cause, et cette idée, si souvent juste, le montre sous un aspect doux. Toutefois, il aurait tort de faire grâce. S'il remettait la peine, il rouvrirait la porte à l'arbitraire, et s'exposerait à paraître dur ou capricieux quand il faudrait enfin venir à l'infliger. Ce qui rend efficaces les punitions, ce n'est pas du tout d'être fortes, c'est d'être infaillibles. Laissez-y le moindre hasard, l'enfant en court la chance assez volontiers, et peut trouver piquant d'en braver l'idée.

Ce dont il faut surtout se garder dans ce genre, c'est de la progression, c'est d'imaginer qu'on obtiendra par une aggravation de peine ce qu'on n'a pas obtenu d'abord. Le châtiment une fois subi, supposez l'enfant corrigé, accordez un pardon complet, et ne songez plus même aux menaces. Laissez là pour quelque temps cette partie de l'éducation, vraisemblablement l'œuvre en sera faite.

Ceci s'applique en particulier à l'obstination. Quand un enfant se décide à refuser d'obéir, il est presque mal de l'y contraindre. Recourir à la violence dans le but de le forcer à céder, c'est le rendre lâche, c'est faire triompher la peur sur le courage, le physique sur le moral, l'animal sur l'homme. On brise ainsi un ressort sans doute mal employé, mais dont la force serait regrettable. C'est là que la punition est fort à sa place; infligez-là rigoureusement s'il le faut, mais sans exiger ensuite que l'enfant exécute l'acte qu'il avait refusé d'exécuter. Le châtiment suffit pour attester vos droits. Ne parlez plus après du point contesté. Vous avez sauvé votre dignité sans blesser celle de l'enfance.

Les punitions sont si affligeantes néanmoins, le sentiment et le bon sens nous prescrivent tellement d'en éviter la répétition, qu'il faut bien forcément avoir parfois recours aux reproches. C'est un tort et une faute que de les adresser au moment de la colère. Toutefois, il faut en convenir, un mouvement d'indignation porte en quelque sorte avec lui son excuse. Par cela seul qu'il est imprévu, involontaire, il ne cause pas de long ressentiment. Les enfants surtout sont sans rancune et n'oublient que trop tôt ces soudaines explosions. Ce qui leur est le plus antipathique, c'est l'ironie, ce sont les insinuations aigres et indirectes. Ces traits inattendus leur serrent le cœur, font succéder l'amertume à la joie. En leur parlant franchement, on leur montre par là quelque estime, on suppose qu'ils sont accessibles à la raison : alors du moins ils peuvent répondre ; mais quelle ressource leur reste-t-il quand on les blesse et qu'on n'a pas l'air de les attaquer ?

C'est souvent par timidité que les mères adoptent ces sortes de formes. Elles espèrent conserver la paix en prenant un ton de plaisanterie et croient corriger agréablement. Illusion pure ! Un motif sérieux perce infailliblement à travers nos paroles, et quoi de plus sérieux chez une mère que le désir d'influer en bien sur ses enfants !

Mais une affectation de légèreté fait tourner en aigreur une intention si légitime et n'aliène que trop souvent les affections.

Qu'on ne s'y méprenne pas toutefois. En m'élevant contre la moquerie, je suis loin de blâmer cet innocent badinage, preuve de satisfaction et d'intimité, qui anime, embellit les entretiens domestiques et n'est qu'une expression enjouée d'attachement. Je parle des froides railleries auxquelles les enfants n'osent pas répondre ou répondent mal. Avant de plaisanter, assurons-nous que notre humeur est vraiment badine, autrement nous y mettrons de l'amertume malgré nous.

Dans les pays surtout où les habitudes de ricanement voilent des qualités souvent excellentes, les parents ont le plus grand tort de donner l'exemple de ce mauvais ton. Il y a même là du danger pour eux, puisque l'emploi indiscret du ridicule leur fait compromettre leur autorité. Un enfant doué du talent de repartie lutte parfois contre eux avec avantage, et peut mesurer des réponses piquantes de telle manière qu'on n'ait pas le droit de s'en offenser. Voilà ce qu'il ne faut souffrir à aucun prix. Rompez l'entretien, cessez un débat de paroles au-dessous de vous, avouez mille fois que vous avez eu tort d'employer la plaisanterie avec un enfant, incapable de manier une telle arme avec convenance, et replacez-vous à la hauteur d'où vous ne deviez pas descendre. Couper court dès l'origine au plus léger manque de respect est une chose bien essentielle. La moindre négligence à cet égard a souvent eu des suites funestes.

Les reproches directs dont nous conseillons plutôt l'usage doivent pourtant, autant que possible, être adressés sans témoins. Moins pur, moins sacré que l'amour désintéressé du devoir, le sentiment de l'honneur lui est pourtant uni par des liens intimes et demande à être soigné délicatement.

La honte est un enfer moral pour les enfants mêmes. A cet âge où ils ont si peu l'idée de l'avenir, les peines présentes ont une intensité que nous sommes peut-être loin de nous figurer; leur promptitude à s'en délivrer nous en fait méconnaître la force.

(Mme Necker de Saussure.)

Enfants gâtés.

Il n'y a pas d'enfants qui essuient plus de reproches que les enfants gâtés, précisément parce que c'est la chose qui les contrarie et les contient le moins, et que, de toutes les manières de se débarrasser des devoirs de l'éducation, c'est celle qui, en satisfaisant l'humeur, coûte le moins à la faiblesse. Mais le propre de la faiblesse, c'est d'épuiser tous les moyens sans se servir d'aucun, parce que d'aucun elle ne sait tirer le parti qui pourrait le rendre utile. Un reproche qui pourrait faire rougir l'enfant accoutumé à résister à ses fantaisies devient nul pour l'enfant trop petit ou trop mal élevé pour n'être pas disposé à y céder. On dit à celui-ci, au moment où il est tenté de manger un gâteau, que s'il le mange il sera un gourmand. « A cela ne tienne, pense-t-il, je serai un gourmand »; et cette idée ne lui ôte certainement pas la moindre partie de son plaisir. C'est ce plaisir qu'il se rappelle quand on lui reproche d'avoir été gourmand; et quand il parle de sa gourmandise, ce qu'il exprime c'est l'idée des plaisirs qu'elle lui procure. Je doute que de longtemps une autre idée se joigne pour lui à ce mot et que la honte qui l'accompagne soit jamais bien puissante sur son esprit.

(Mme Guizot.)

* *

Il est des femmes qui sont si glaciales et si raides pour leurs enfants que ceux-ci se trouvent toujours mieux ailleurs qu'auprès d'elles. Or, se flattent-elles par ce procédé de faire éclore chez eux l'amour filial ? Nous ne saurions le dire; mais s'il en est ainsi, elles se trompent. Au lieu d'arriver à une pondération de sentiments où le respect s'unissant à la plus expansive tendresse devient cette noble passion si bien nommée la piété filiale, le respect absorbe tout alors et les sentiments du cœur s'évanouissent en marques extérieures de déférence et de crainte.

Créés pour vivre de la même vie, la mère et l'enfant s'isolent de plus en plus, et leurs rapports ainsi faussés dès le principe, une contrainte mutuelle s'établit à l'exclusion de toute confiance. La mère ne connaît pas son enfant, l'enfant n'apprécie pas sa mère. Quoique redoutée, la parole de celle-ci est sans puissance; quoique extérieurement soumise, l'âme de celui-ci est opiniâtrement fermée.

Lorsque aux qualités natives de son cœur une femme sait joindre dans sa conduite envers ses enfants une exacte justice, un dévouement évident et permanent, une haute, ferme, mais bienveillante raison ; lorsqu'elle n'agit jamais par passion et ne donne rien au caprice, n'est-elle pas certaine d'obtenir au plus haut degré amour et confiance ?

La mère doit s'intéresser aux jeux de son enfant, s'y mêler quelquefois, écouter avec attention le récit de ses émotions et de ses chagrins sans en sourire jamais; surtout n'abuser sous aucun prétexte de sa naïve crédulité, la défendre même contre toutes les entreprises d'autrui.

Il faut que l'enfant puisse résoudre toutes les objections par cette phrase sans appel : *Maman l'a dit,* ou *maman ne le veut pas.* Il faut que l'infaillibilité de la mère soit tellement reconnue qu'on n'ait jamais l'idée de chercher à sa volonté un autre motif que cette volonté même. Mais lui permettre de demander les raisons de l'ordre qu'on lui donne, tolérer des discussions et des résistances raisonnées, c'est s'engager dans une sorte de libre examen pratique; c'est faire un libre penseur en herbe qui, habitué à marchander à sa mère son obéissance, la refusera peut-être à cette autre mère, dont l'infaillibilité est garantie par la parole même de Dieu.

Ne le rendez pas maître de sa conduite dès son enfance. Qu'il obéisse d'abord, et plus tard on pourra, directement ou indirectement, lui glisser à l'oreille les motifs du commandement, tout en ayant garde de paraître s'excuser auprès de lui.

(Mme de Marcey.)

Sentiments.

Rien ne s'use plus vite que l'influence des divers moyens employés dans l'éducation. Des impressions d'abord très vives s'effacent bientôt, des ressources sur lesquelles on comptait cessent d'être utiles et ne peuvent servir ni pour tous les individus ni longtemps pour le même.

Parmi les divers mobiles de conduite, les plus sujets à l'altération sont peut-être les affections tendres. Soumises, hélas! comme elles le sont, à l'inconstance du cœur et de l'imagination, ces affections subsistent encore au fond de l'âme, qu'on ne peut déjà plus les employer comme moyen d'agir. Aussi, le plus précieux des sentiments aux yeux des mères, l'amour filial, demande à n'être mis en œuvre qu'avec une extrême précaution.

Que peut gagner une mère à mettre la tendresse de son enfant aux prises avec les désirs ou les fantaisies qui ont le plus de vivacité chez lui? N'est-il pas clair que le sentiment sera fréquemment vaincu dans la lutte? Plus il l'aura été, plus il le sera. Il y a dans le cœur une fierté naturelle, peut-être une perversité, qui le portent à refuser tout ce qu'il n'a pas offert de lui-même. Jaloux de son indépendance, la preuve d'affection qu'on lui demande se trouve toujours être celle qu'il répugne le plus à donner. L'enfant s'endurcira contre vos reproches, contre la vue même de votre chagrin, et si vous veniez à pleurer, tout irait plus mal : son rôle à lui deviendrait odieux et le vôtre pitoyable.

Il ne concevrait rien à des larmes qui l'irriteraient sans le toucher, et bientôt il vous en voudrait de la dureté de sa conduite. L'amour-propre, qui s'en mêlerait des deux parts, rendrait la réconciliation gauche et difficile. Mieux vaut mille fois l'autorité sévère, despotique même, que cette éternelle sentimentalité qui pousse les jeunes garçons à la révolte et les jeunes filles à l'hypocrisie. C'est manquer de dignité, c'est méconnaître l'esprit qui doit animer les relations saintes, que changer en mauvais roman une réalité admirable.

Nous rabaissons l'auguste vocation de mère, nous en avons une idée fausse et puérile à la fois, quand l'espoir d'obtenir du retour nous préoccupe. Craignons même de paraître solliciter un pareil retour par des marques d'attachement immodérées. Il est bien naturel assurément que nous montrions à nos enfants beaucoup de tendresse ; mais l'expression qui leur en plaît le plus n'a rien d'exalté. Ils en aiment les témoignages soudains, joyeux, tels que ceux qui leur échappent souvent à eux-mêmes. L'affection mêlée à la gaieté leur convient mieux qu'une expression sérieuse et passionnée, à laquelle ils ne savent comment répondre. Et lorsque nos caresses sont des récompenses, ces preuves de notre satisfaction, mêlées d'un peu plus de gravité indiquent qu'elles répondent à un sentiment d'estime dans notre cœur.

(Mme Necker de Saussure.)

**

L'enfant le plus étourdi, j'ai presque dit le plus violent, c'est celui-là même qui montre tout à coup, à ceux qui savent s'en faire aimer, un goût de candeur et de vérité qui ravit; c'est lui qui fait sentir tout à coup dans son cœur, quand on a su l'attendrir, je ne sais quoi de doux, d'innocent, de gai, de paisible, qui émeut profondément. J'insiste à dessein sur cette pensée : quelle que soit l'âpreté de son caractère et la violence même de ses passions, quand un enfant est sans bassesse, quand il a de la droiture, du courage, un fond de sensibilité vraie, un sentiment de religion, il ne faut jamais s'en inquiéter.

Il faut avec lui beaucoup de douceur, de patience et de fermeté.

Les natures les plus vives, les plus fortes et les plus heureuses ne sont pas, en effet, les natures sans défauts, sans passions et sans combats.

J'oserais presque le dire, rien ne serait pire que des enfants sans passions et sans défauts ; rien ne serait plus problématique que le succès de leur éducation. Pour moi, je le pressentais toujours, et j'avais l'habitude de le dire : Ce sont des eaux dormantes et trompeuses ; il nous en viendra plus de mal que de bien !

(Mgr Dupanloup.)

*
* *

Avant trois ou quatre ans votre enfant n'a de bonheur qu'avec vous. Ses besoins, ses plaisirs, la sécurité dont il doit jouir le mettent en votre puissance. Les autres enfants l'amusent un instant et l'importunent bientôt ; les petites passions mises en présence se heurtent, et l'impossibilité de s'entendre avec eux vous le ramène. Mais quand une fois les jeunes intelligences ont pris l'essor, quand l'usage facile de la parole leur permet de se proposer un but commun et d'y concourir ensemble, votre enfant vous échappe de toutes parts. Courir, sauter, grimper, exercer ses forces avec les compagnons de ses jeux, voilà ses vraies jouissances ; elles sont indépendantes de vous, et si vous ne vous êtes pas emparé à temps de ses affections, il pourra vous revenir par nécessité, mais non par l'effet d'un choix volontaire.

Je dis plus : à six ans, les goûts, le caractère, sont presque formés, du moins il y a déjà une empreinte très difficile à effacer. L'enfant est-il malin, entêté, colère, il restera tel jusqu'à l'époque d'un nouveau développement qui ne peut s'opérer encore. Si certains penchants ne se sont pas déjà déclarés chez lui, si les fleurs, les oiseaux, les objets champêtres ne disent rien à son imagination, il ne sera pas aisé de lui faire aimer la nature, et le goût des beaux-arts, qui en sont l'image, pourra bien lui rester étranger ; enfin, si les affections de famille, si le sentiment religieux, si un certain respect pour les idées d'ordre et de devoir ne se manifestent pas dans son âme, je ne prétends assurément point que tout soit perdu, mais je dis que l'enfant était bien malheureusement doué ou que les parents ont déjà de sérieux reproches à se faire.

Il semble qu'on cherche à fermer les yeux sur l'importance des premières années, on parle de ce temps avec dédain. De ce qu'un petit enfant ne comprend pas nos grands discours, de ce qu'il n'est pas susceptible d'une instruction régulière, on conclut que c'est un être sans conséquence qu'on ne peut soigner que physiquement. Comme sa vie se passe en jeux, on le voit comme un jouet lui-même. Tout en lui semble insignifiant, parce que tout est vague ; mais si tout était arrêté, nous n'aurions plus de pouvoir.

Quand vous avez laissé passer la saison favorable de la sympathie sans en tirer les fruits heureux, tels que le désir de plaire, celui d'obliger, le besoin de secourir les êtres qui souffrent, le pouvoir de se priver en faveur des autres de quelques plaisirs, vous atteignez bientôt une époque fâcheuse, celle où l'enfant comprend jusqu'à un certain point vos exhortations, mais sans en recevoir d'impression sensible.

(Mme Necker de Saussure.)

.˙.

Il ne peut être que nuisible de faire entrer les enfants à l'école avant qu'ils aient atteint l'âge de six ans. Jusqu'alors, le contact continuel dans lequel ils se trouvent avec des objets nouveaux, et la conversation de leurs parents, les instruisent assez. Quand un enfant sait lire avant sept ans, il a acquis, trop souvent au détriment de son développement physique, l'usage d'un instrument qu'il ne peut appliquer avec un véritable profit à aucune autre étude, vu la faiblesse de ses facultés intellectuelles. Les progrès sont très lents dans la première enfance, et des résultats positifs prouvent que les élèves qui ont commencé le cours de leurs études dès le bas âge n'arrivent pas au but avant ceux que l'on a moins pressés. La mobilité des premières années rend toute gêne odieuse, et, dans les écoles publiques, les petits enfants ne font que troubler l'ordre et nuire aux autres élèves.

(Naville.)

Attention.

Les premiers et les principaux efforts de l'éducation intellectuelle tendent à rendre les enfants toujours plus capables d'attention.

Une faute qu'on commet souvent, c'est d'exiger les premiers efforts d'une attention qui n'a pas encore été exercée, en l'appliquant à des objets tout à fait étrangers aux goûts de l'enfant. Vous n'avez jamais rien fait examiner à votre fils, et tout à coup vous lui demandez de distinguer un A d'un B, chose qui ne l'intéresse pas le moins du monde. Comme il est pour vous deux difficultés, l'une de fixer son attention sur quoi que ce soit, l'autre de l'occuper d'objets qui n'ont aucune chance de lui plaire, il faudrait les surmonter séparément. Engagez-le d'abord à considérer dans la nature mille détails propres à l'amuser ; montrez-lui des formes connues, des marteaux, des coupes, des casques dans la configuration de certaines fleurs ; inventez des arrangements qui fassent ressortir ces figures, puis exercez-le à reconnaître dans des gravures les choses qui auront fixé ses regards. Quand il s'amusera à en retrouver les moindres traits, il aura passé par les gradations qui lui faciliteront l'apprentissage de la lecture.

On remarque sans doute entre les enfants une inégalité bien grande pour la disposition à prendre intérêt à tout ce qui se présente à eux. Il en est qui s'emparent avec vivacité d'un fait, d'un objet, d'une idée, qui ont toujours à cœur la chose dont il s'agit ; il en est d'autres sur qui tout glisse. Soit manque de netteté dans les impressions, soit lenteur dans l'intelligence, ils ne regardent ou n'écoutent pas, et un brouillard épais semble recouvrir leur existence. La nature, néanmoins, ne refuse jamais tout ; il faut trouver et mettre en valeur ce qu'elle donne. Cet être mou, apathique, pesant, n'est pas pour nous un dépôt moins sacré que cet être si vif, si alerte, si en train de vivre. L'effet de nos soins, moins apparent chez lui, sera plus réel; nous le développerons plus véritablement, puisque les germes de ses facultés demandaient une chaleur étrangère pour éclore. Moins le plaisir de l'éducation est grand, plus le devoir en est impérieux.

(Mme Necker de Saussure.)

Liberté.

Quoi qu'on fasse, on n'élèvera jamais un enfant sans lui et malgré lui. Il faut lui faire vouloir son éducation : il faut la lui faire faire à lui-même et par lui-même.

Le principe le plus actif en cet enfant, le plus énergique et le plus fécond de son éducation. c'est la liberté humaine, à une condition toutefois, c'est qu'elle soit respectée.

Respectée comme il convient, gouvernée sans violence, dirigée avec sagesse, la libertée, l'action personnelle de l'enfant devient, sous l'heureuse influence de la grâce divine et de l'autorité qui préside à son éducation, l'admirable ressort, l'âme, la vie de cette éducation tout entière.

En un mot, ce que fait l'instituteur par lui-même est peu de chose, ce qu'il fait faire est tout, j'entends ce qu'il fait faire librement.

Sans doute, il faut réprimer le mal, mais jamais

forcer ni contraindre violemment au bien, autrement ce n'est plus le bien. Portez, inclinez, exhortez au bien, mais n'y forcez pas. Dans l'éducation, comme ailleurs, la contrainte violente nuit au développement de la nature, c'est-à-dire à l'œuvre même qu'il s'agit de faire.

S'il y a peu d'éducations heureuses, c'est qu'il y en a peu qui soient véritablement libres, spontanées, généreuses, comme il convient qu'elles le soient.

Il est plus nécessaire encore de ménager la faiblesse de l'enfant que de tirer de lui tous les fruits qu'il peut porter. C'est toujours une grande faute que de forcer la nature : elle résiste et se brise, ou bien elle cède et s'affaiblit. Outre que la contrainte d'une perfection excessive nuit toujours à la force réelle et au développement du caractère, on se dégoûte bientôt de ce qu'on a été longtemps forcé d'être malgré soi, et souvent une heure de liberté a détruit l'ouvrage éphémère de plusieurs années.

Il y a deux manières également pernicieuses de corrompre la nature et de dépraver les enfants. On les pervertit aussi tristement par l'oppression que par la gâterie.

Que les instituteurs de la jeunesse ne l'oublient pas : avec les enfants, l'indulgence est toujours plus près de la justice que la sévérité. Quand on se dévoue à l'œuvre de l'éducation, il faut donc un fond inépuisable d'indulgence. Cette indulgence est l'équité même. N'oublions jamais non seulement ce que nous avons été à leur âge, mais ce que nous sommes dans un âge plus avancé.

(Mgr Dupanloup.)

Étude.

Pour tous les enfants, la faute principale consiste dans l'excessive longueur du temps destiné à l'étude durant le premier âge; faute dont le moindre inconvénient est de faire manquer le but pour lequel on la commet, car rien n'amortit plus sûrement la vivacité de l'intelligence. Dans ce grand établissement d'Hoffwill, où il arrive des élèves de tous les coins du monde, les instituteurs ont uniformément observé que les enfants retardés sous le rapport des connaissances, mais vigoureux et bien développés physiquement, prenaient au bout de quelque temps de l'avantage sur les autres et le conservaient, tandis que les enfants délicats voyaient bientôt s'effacer leur prééminence.

Il est certains intervalles où l'enfant a besoin d'un repos complet. Soit qu'un état particulier de santé ou qu'un goût précoce de contemplation en soient la cause, on ne peut s'opposer entièrement à un vœu manifeste de la nature. Mais les moments où l'oisiveté doit être tolérée se reconnaissent au calme moral de l'enfant. Alors il n'est point agité, il ne tourmente point, il n'a pas non plus l'air hébété et stupide. Quand vous le voyez serein et tranquille, laissez-le jouir de sa paix. Mais s'il est inquiet, ennuyé, s'il se démène sans but et se rend désagréable aux autres, c'est qu'il y a en lui un surcroît de force à employer, et puisqu'il ne sait pas s'en servir, vous reprenez le droit d'en faire usage. Alors ayez toujours prête une occupation vulgaire, s'il le faut, mais tellement peu fatigante qu'il ne puisse sous aucun prétexte s'y refuser. Faites-lui plutôt dévider un écheveau que de le laisser en proie à la désorganisation morale.

Une chose que nous ne saurions trop persuader dans nos familles, c'est que l'enfance est un état plutôt qu'un âge, c'est qu'on y retombe toujours quand la volonté est désordonnée, violente à la fois et dépourvue de raison.

Un père vigilant n'abdique jamais le pouvoir que lui ont confié les lois humaines; au sein même de la confiance, le sentiment de la souveraineté ne le quitte pas et se communique dans sa famille. Chacun sait qu'il traitera ses enfants en enfants, s'ils se montrent tels, quels que soient d'ailleurs leur âge et leur taille. Mais de là résulte aussi pour eux une conséquence plus heureuse, c'est qu'en tout temps il leur laissera une liberté proportionnée à leur raison.

Une extension de liberté pour les enfants est,

en effet, la récompense la plus naturelle que puisse mériter leur bonne conduite.

Relativement à l'instruction, l'essentiel est que les leçons soient activement prises et données. Tous les soins, toutes les inventions de l'instituteur doivent tendre à tenir l'esprit en haleine dans l'enseignement. Le succès de l'étude dépend de là. L'intérêt excité prévient la fatigue et devient salutaire, même physiquement. Voyez un enfant languir sur un livre, traîner un cahier éternellement. Sa pâleur, ses yeux gonflés, ses bâillements prouvent qu'il va tomber dans l'engourdissement et qu'il ne jouit plus de la plénitude de la vie. Coupez court à ce temps si mal employé pour la santé, pour la moralité, pour l'esprit, de toutes manières, jusqu'à ce que l'élève ait pris l'habitude d'une manière ferme et vigoureuse d'étudier, assignez à chacun de ses exercices une durée tellement courte que l'idée n'en ait rien de désagréable pour lui. Ne l'augmentez pas d'abord quand l'usage rend tout plus facile, mais demandez plus de travail dans le même temps.

Il est des ménagements qu'on n'observe pas assez avec les enfants; ce sont ceux qu'exigent certains intervalles où ils paraissent frappés d'incapacité sans que leur santé soit visiblement altérée. On les tourmente beaucoup dans ces moments, où pourtant il est vraisemblable qu'ils sont soumis à quelque influence physique. Le mieux alors est de se résigner à la stagnation de leurs progrès, de se trouver même heureux s'ils ne retournent pas en arrière, et de former des plans plus comme médecins que comme instituteurs.

(Mme Necker de Saussure.)

*
* *

L'homme a un immense, un irrésistible besoin d'être aimé; nul être d'ailleurs ne vit privé d'amour. C'est à la mère qu'il appartient de révéler l'amour à son enfant, de l'induire à croire à l'amour, de le lui faire sentir et goûter, et d'imprimer, par suite, à la puissance d'aimer que Dieu a mise dans cette jeune âme, la droite et noble direction qu'elle doit toujours garder. La douce tâche, la divine tâche! mais aussi la tâche délicate! L'esprit n'y suffira jamais; le cœur y est nécessaire. Et prenez garde que votre caractère étant l'enveloppe naturelle et forcée de cette affection dont je vous parle, si, pour n'avoir pas bien réglé et adouci son caractère, une mère empêche le cœur de ses fils de s'épanouir sous les rayons du sien, elle donne un fruit peut-être, mais entouré d'épines; elle donne du pain, mais trempé dans une liqueur amère; et s'il y a encore quelque profit à manger ce pain-là, on n'y trouve ni suavité ni joie; et, vous le savez, l'on ne s'assied qu'à contre-cœur aux tables que la joie déserte. Si, faute de trouver assez de bonté et de tendresse dans tous ses rapports domestiques, l'enfant se défie, se resserre, se retire en lui-même et y souffre, il ira comme fatalement chercher des affections ailleurs; et les mauvaises se présenteront à lui plus nombreuses, plus faciles, plus empressées, beaucoup plus séduisantes que les bonnes. Aimez donc ces douces créatures qui doivent être plus sacrées encore à vos yeux qu'elles ne sont chères à votre cœur; aimez-les d'un amour éclairé, sage, vertueux, pur, élevé, désintéressé, tendre, ferme, dévoué, indulgent, patient. Après la charité de Dieu, dont cet amour est d'office et le signe et le gage, il n'y a pas de pain dont vos enfants soient plus affamés et qui les puisse plus divinement nourrir.

(Mgr Gay.)

Affections.

Le véritable bonheur pour un être sensible c'est d'aimer; ce bonheur seul se trouvera dans l'éternité, et seul il embellit déjà notre vie. Une femme aimante aura toujours besoin d'inspirer de l'affection; elle en aura besoin pour aimer à son aise, pour que l'expression de son attachement ne soit pas repoussée par la froideur; mais la vraie cause de son bonheur, c'est qu'elle aime, c'est que son cœur s'est dilaté par l'affection, c'est qu'elle a franchi l'étroite enceinte de l'égoïsme pour verser son âme dans une autre âme et lui faire partager un état si doux. Le retour qu'elle désire obtenir est peut-être la condition nécessaire, il n'est pas la source élevée et pure du bonheur qu'elle trouve à aimer.

Ne refroidissez donc jamais la tendresse de cœur chez votre fille. Réprimez seulement la susceptibilité sentimentale ; gardez-vous surtout d'en donner l'exemple, car, dès l'âge le plus tendre, vous verriez votre fille renchérir sur vous. Persuadée que l'exigence est l'expression naturelle du sentiment, elle commencera par jouer des scènes de brouillerie et de raccommodement avec sa poupée, et, dès qu'elle aura une amie, tout se passera en épreuves romanesques, en explications.

Cherchez, en conséquence, pour vos filles, des objets d'affection qui excitent avant tout leur penchant à la bonté. Mettez-les en rapport avec quelques-uns de ces êtres dont on n'attend rien et qu'on veut tout simplement rendre heureux. De jolis animaux à nourrir, à soigner ; plus tard, de petits enfants à habiller, à instruire, voilà ce qui entretiendra en elles le désir de faire plaisir, la charité enfin, mot dont la signification grandira sans cesse avec elles-mêmes. Ces sentiments-là ne les rendront jamais malheureuses, et ils adouciront ce que les autres ont souvent d'amer.

Quand l'esprit général de l'éducation est entièrement contraire à l'égoïsme, il devient permis de cultiver un autre don accordé aux femmes; je parle de cette sagacité si vantée qui leur fait pénétrer ce qui se passe au fond du cœur.

Il n'est peut-être point de travers, d'affectation ou de ridicule qu'on ne s'épargnât si l'on observait les regards d'autrui. Exercez donc votre enfant à étudier les physionomies; dites-lui qu'elle se fût évité telle réprimande si elle eût remarqué les premiers signes du mécontentement qu'elle excitait. Recommandez-lui d'examiner si l'on sourit de bonne amitié quand elle plaisante, si l'on a l'air intéressé par ses récits. Que d'ennui de moins dans ce monde si cette éducation était mise en pratique!

(Mme Necker de Saussure.)

Vigilance.

Voulez-vous pouvoir facilement retenir vos enfants en votre compagnie, ne négligez rien pour leur rendre la vie de famille agréable, aimable, attrayante. Pour cela, parlez-leur habituellement avec toute la douceur, toute la tendresse d'une mère, et non avec dureté et brusquerie. Si parfois vous êtes obligée de les traiter avec sévérité, laissez-leur comprendre que ce n'est qu'à regret que vous en usez de la sorte, et qu'une tendresse qui vous porterait à tolérer leurs défauts serait une cruauté plutôt qu'un amour véritable. Mais évitez surtout une tristesse, une mauvaise humeur habituelles. Car, dans une famille, l'impulsion vient d'en haut : la mauvaise humeur des parents se communique nécessairement aux enfants, et si ceux-ci, qui ne cherchent que joie et amusements, ne trouvent que tristesse et ennui au sein de leur famille, qu'arrivera-t-il? Ils iront chercher ailleurs les joies et le bonheur qu'ils ne trouvent pas dans la maison paternelle, et ailleurs, ils ne trouveront presque toujours que des occasions séduisantes, des plaisirs coupables qui les conduiront à l'insubordination et à l'amour de l'indépendance, source des égarements des enfants, des larmes et des regrets des parents. Les saintes joies de la famille, les bonnes grâces et le bonheur des parents, voilà ce qui fixe les enfants dans leur société, voilà ce qui les y ramène avec empressement quand ils ont dû s'éloigner.

(L'abbé Collomb.)

Santé. — Sobriété.

Je voudrais que dès la première enfance on inspirât la sobriété autant que cet âge en est capable, non pas en faisant jeûner les enfants, il n'en est pas encore temps, mais en ne les laissant pas manger autant qu'ils veulent, ni tout ce qu'ils veulent; en ne leur offrant point ce qui peut les tenter, ne leur donnant jamais ni peines ni récompenses qui dépendent du manger. Il faut encore mépriser en leur présence les gourmands et les friands, soit dans les railleries, soit dans les discours sérieux; marquer les maladies et les autres maux qui viennent des excès de bouche; louer la sobriété et montrer les biens qu'elle produit. Faire tous ces discours, autant que l'on pourra, sans qu'il semble qu'on veuille instruire les enfants, et sans leur adresser la parole, afin qu'ils s'en défient moins; mais surtout ne démentir jamais ces discours, ni par aucun discours contraire, ni par aucune action; en un mot, les soutenir de l'exemple. On voit par les mœurs de nations entières combien l'opinion, la coutume et les impressions de l'enfance sont puissantes en cette matière. L'ivrognerie, si fréquente dans les pays du Nord, est un monstre en Espagne.

Pour se bien porter, il sert encore d'être propre et net, de respirer un air pur; boire de bonnes eaux, se nourrir de viandes simples; et quoique la nature enseigne assez tout cela, il est bon d'en avertir les enfants et leur y faire faire souvent réflexion, car la coutume prend aisément le dessus. Tout ce qui donne de la force sert aussi beaucoup à la santé que la force suppose nécessairement. Or, ce qui fortifie n'est pas, comme croit le vulgaire, manger beaucoup et boire beaucoup de vin, mais travailler et s'exercer en se nourrissant et se reposant à proportion. Les exercices les plus à l'usage de tout le monde sont de marcher longtemps, porter des fardeaux, tirer à des poulies, courir, sauter, nager, monter à cheval, faire des armes, jouer à la paume, et ainsi du reste, selon les âges, les conditions et les professions auxquelles on se destine. Il est très important de donner aux enfants de bonne heure un grand mépris de la vie molle et efféminée.

(L'abbé Fleury.)

Ordre.

Le besoin de voir chaque chose rangée à sa place devient naturel chez les enfants, pour peu que nous paraissions l'éprouver nous-mêmes. Quand on pense aux regrets amers que l'absence des habitudes d'ordre laisse dans la suite, on devrait s'appliquer à les faire contracter aux enfants. Une idée vague de devoir s'y associe, et le devoir n'est peut-être lui-même que l'ordre moral le plus élevé.

Le goût de la propreté a la même source; une tache est un déplacement, un désordre. Le goût naturel qui s'y associe ajoute la répugnance des sens à celle de l'esprit. La pudeur est aussi de même famille, et il n'est rien de plus facile que d'inspirer aux enfants cette modestie instinctive qui, pour être dénuée de motifs, n'en est que plus innocente.

Ce dernier objet, trop négligé dans la première enfance, est néanmoins bien important. Au risque de paraître absurde, je dirai qu'il l'est surtout pour les petits garçons. L'usage seul impose si sévèrement la loi de la décence aux jeunes filles, qu'à moins d'une négligence rare, les mœurs de celles-ci, dans l'âge tendre, ne sont exposées à aucun danger. Mais il n'en est pas de même à l'égard des hommes : les écoles sont déjà un écueil pour eux, et la manière dont l'enfant accueillera les mauvais exemples dépend entièrement de ses premières impressions. Les mères doivent donc être attentives ; elles doivent surveiller les bonnes et ne pas souffrir qu'il s'associe dans l'esprit de l'enfant aucune idée de gaieté à celle du manque de décence. Il convient que le soin de sa propre personne lui soit confié le plus tôt possible, et qu'il s'en acquitte solitairement. Dès lors il prend souvent une pudeur craintive et presque farouche ; mais comment craindre l'excès dans un mouvement qui s'allie de si près à la dignité de l'âme.

(Mme Necker de Saussure.)

Études.

La variété plaît aux enfants ; ils étudient plus volontiers, deux heures durant, quatre matières différentes, qu'une serle pendant une heure ; une étude sert de divertissement à l'autre ; et plus elles sont diverses, moins il est à craindre qu'elles se confondent.

Je voudrais que l'on commençât à prendre soin d'un enfant dès qu'il commence à entendre et à parler, ce que je fixe à trois ans. Jusqu'à six, je le laisserais se divertir et s'amuser librement, lui présentant, autant qu'il serait possible, des objets utiles pour son instruction, lui contant des histoires, répondant à ses questions et parlant devant lui, comme sans dessein, de ce qui peut lui être utile, de sorte qu'il pût l'entendre. Je ne voudrais pas, jusqu'à cet âge, l'obliger à rien dire, ni lui rien faire apprendre par cœur, sinon le *Credo*, le *Pater*, et quelques autres prières.

A six ans, on pourrait commencer à exiger doucement quelque chose de plus réglé ; redire chaque jour quelque histoire, particulièrement celles qui regardent la religion ; apprendre le catéchisme pour fixer la doctrine dont on les entretiendrait plus au long ; lire, écrire. Cependant, il faudrait continuer avec plus de soin ce que l'on aurait commencé ; leur raconter grand nombre de faits, leur nommer beaucoup de personnes illustres, leur faire voir des portraits et des cartes géographiques ; leur expliquer, aux occasions, ce qui regarde le ménage, l'agriculture et les arts.

C'est pendant ces premières années qu'il faut

particulièrement s'appliquer à mener les enfants par le plaisir.

Depuis neuf ou dix ans, on peut les assujettir davantage et user de plus de sévérité s'il est possible.

(L'abbé Fleury.)

Sentiments.

Il semble toujours que les sentiments sont une chose qui va sans dire et qu'il n'y a rien à faire qu'à les empêcher d'être trop forts.

Il ne suffit pas que les sentiments existent : si l'on veut qu'ils influent sur l'intelligence, il faut encore qu'ils s'expriment, qu'ils s'exercent hors du domaine des actions. Les nombreux liens qui les rattachent aux idées sont précisément ce qui influe sur l'esprit même, ce qui lui donne à la fois du charme et du mouvement. On l'éprouve dans la société plus qu'on ne le dit. Il n'y a que des sentiments qui rendent aimable. De même qu'ils donnent au talent sa plus grande force, à l'éloquence son pouvoir d'entraînement, de même encore ils peuvent communiquer à des esprits médiocres le don de plaire, le pouvoir de persuader ; les sentiments seuls mettent en valeur une faible intelligence, comme ils donnent au génie son plus irrésistible ascendant.

Au nombre des sentiments aimables, il en est un que j'ose à peine nommer, tant il paraît plus élevé que la portée du premier âge, c'est le sentiment du beau dont je veux parler. Accoutumés à lui attribuer les plus exquises jouissances que les arts et la nature puissent procurer, nous nous refusons à le retrouver dans le ridicule enchantement que mille objets futiles causent à l'enfance. Pourtant, à cet égard, un injuste mépris nous trompe. A chaque instant, dans l'éducation, notre arrogante supériorité nous porte à méconnaître de beaux dons, cachés sous des formes puériles.

Pourquoi ne développons-nous pas avec quelque soin cette faculté d'admiration si vive dans l'âge tendre, ce penchant à goûter des plaisirs indépendants des instincts physiques et du mobile égoïste de la vanité? Nous attendons, disons-nous, pour la cultiver, que l'admiration puisse s'exercer sur des objets qui en soient dignes. Mais, sans nous arrêter à évaluer ce qu'on entend par ce mot digne, nous dirons que le doux penchant à l'admiration sera peut-être alors étouffé. Si nous refusons toute sympathie aux seuls mouvements de ce genre que l'enfant puisse sincèrement éprouver, il en aura bientôt une sorte de honte, et se retournera vers de plus vulgaires plaisirs.

Le goût de l'enfant ne ressemble pas du tout au nôtre, et ce qu'il nomme beau ne l'est pas pour nous. Le plaisir qu'il éprouve est tout de sensation; il aime le contraste marquant des couleurs vives et fraîches; un objet isolé le frappe par son éclat, mais il ne saisit pas un ensemble.

En conséquence, il est aisé de juger que l'enfant ne peut guère admirer la nature champêtre, et pourtant il y trouve mille plaisirs qui le préparent, à son insu, à en sentir un jour tout le charme. Les arts d'imitation lui conviennent mieux, mais il lui faut des arts faits exprès pour lui : la théorie en est toute particulière et le joli remplace le beau. Ce n'est pas la nature embellie, c'est la nature enjolivée qui plaît à l'enfant. Les faiseurs de joujoux ont saisi cette idée à merveille : les petits temples bien brillants, les figures coloriées, imitations plus parées que le modèle réel, voilà ce qui ravit le premier âge.

Comme l'enfant est tout activité, les œuvres du statuaire en miniature, les petites figures en relief, les imitations d'autres objets détachés qu'il peut manier, ranger à sa fantaisie, lui plaisent mieux que les peintures, parce qu'il s'en sert pour mettre en scène des hommes et des animaux. Le même esprit dramatique le suit partout; la représentation des actions est d'abord la seule chose qu'il aime dans la poésie, les moralités et les pensées le laissent parfaitement froid. Mais, si la poésie et la musique viennent à s'unir ensemble dans leur primitive simplicité, si des récits héroïques et guerriers sont chantés sur des airs dont le rythme soit bien marqué, on verra quelle joie, quel élan, quel mouvement d'inspiration se transmettent aux enfants les plus jeunes. Le feu sacré du patriotisme peut ainsi s'allumer dans leur cœur.

On a vu que l'enfant encore au berceau avait une intelligence singulière de nos sentiments. L'impression que produit sur le nouveau-né le visage humain est un des effets de l'instinct le plus remarquable. Toutefois, cet instinct s'affaiblit très vite, et il paraît même y succéder, chez les enfants, une grande indifférence sur l'ennui qu'ils causent, sur les embarras dont ils sont l'objet. Quelques traces de ce genre de discernement se retrouvent pourtant encore dans les goûts ou les répugnances très prononcés que certaines personnes leur font éprouver. Leur jugement, toujours empreint de personnalité, dépend des dispositions à leur égard qu'ils croient découvrir chez les autres, et bientôt on les voit chercher à se prévaloir de leurs aperçus. Avides de liberté et même d'empire, ils savent au juste avec chacun ce qu'ils peuvent se permettre de caprices. Sages auprès de leurs parents, ils sont volontaires, mutins, insupportables avec leurs bonnes. J'ai vu la même petite fille revêtir trois ou quatre caractères différents selon les personnes qui la gardaient. Il n'y avait en elle nulle hypocrisie; elle agissait uniquement d'impulsion.

Il y a donc ici un commencement de connaissance qu'il faudrait faire passer de l'instinct dans l'entendement. En interrogeant sans cesse l'enfant sur ce qu'il a pu apercevoir des sentiments de telle personne, on l'oblige à porter son attention sur les impressions d'autrui. Et quel service n'est-ce pas leur rendre? Tout ce qu'il y a d'affectation, de prétentions exagérées dans ce monde disparaîtrait si l'art de lire dans les physionomies était pratiqué. Celui qui le possède s'arrête à temps et renonce à exprimer ce qui ne persuade pas ou qui peut déplaire. Quand un homme passe pour fatigant, ennuyeux, occupé à se faire valoir lui-même, on peut être certain qu'il n'a pas l'esprit le plus nécessaire, j'entends l'esprit d'observation.

D'où vient qu'une timidité farouche se manifeste si souvent chez nos enfants? Pourquoi ont-ils tant de répugnance à entrer en rapport avec les personnes qu'ils connaissent peu et éprouvent-ils du moins une extrême contrainte en leur présence? L'éducation a bien quelque chose à se reprocher à cet égard.

Dans les nombreuses injonctions dont nous accablons les enfants, nous aimons à nous appuyer de l'autorité des autres. « Que dira-t-on de votre manière de parler, de votre contenance? Si quelqu'un vient, comment vous trouverait-il vêtu? » Voilà ce que nous répétons sans cesse. Faut-il s'étonner, d'après cela que l'enfant redoute l'arrivée de témoins sévères, de gens prêts à le juger rigoureusement?

Il faut surtout éviter de fixer l'attention de l'enfant sur le jugement qu'on porte de lui. Rien ne le gêne davantage que l'idée d'un regard scrutateur qui s'attache à tous ses mouvements. Sitôt qu'il croit être remarqué, sa vanité se met en jeu, pour peu qu'il vise au succès, et une contrainte mortelle lui serre le cœur, lorsque le doute de l'indulgence qu'il rencontrera lui fera borner ses vœux à être trouvé exempt de reproches.

Le véritable esprit social, c'est la bienveillance; cela seul forme des liens entre les créatures de Dieu.

Quoi de plus puissant pour vous attirer que l'expression de la vraie bonté? Le charme qui y est attaché suffirait pour réconcilier avec les manières les moins élégantes, puisque la bonté a de la grâce à elle seule. Si nous pouvions substituer chez nos enfants l'envie d'obliger au désir plus personnel d'être trouvé bien, nous aurions un meilleur résultat pour le cœur et nous réussirions plus sûrement à les rendre aimables. Plusieurs de ces défauts extérieurs qui nous choquent en eux viennent d'un état de malaise, de l'absence de mouvement intérieur, et de la chance qu'ils ont d'être blâmés sans pouvoir rien faire de digne d'éloge. Une inquiète sollicitude sur l'effet qu'ils produisent leur ôte le charme qu'ils peuvent avoir.

Recommandez à votre enfant d'être à l'affût de tout ce que peut désirer une personne étrangère. La moindre attention, un écran offert, un tabouret avancé, un manteau dont on la débarrasse établissent entre elle et lui des rapports faciles et doux. L'enfant s'imaginera avoir fait plaisir, ce qu'il ne peut guère supposer de la révérence obligée ; dès lors, sa physionomie s'épanouira et toute sa disposition sera bienveillante.

Un des premiers effets de cette disposition bienveillante sera de les engager à répondre agréablement aux questions que leur adressent les grandes personnes, effet assurément trop désirable pour ne pas mériter d'être préparé avec quelque soin.

(Mme Necker de Saussure.)

Autorité.

Il est impossible qu'une mère qui ne peut partager avec la bonne les soins qu'exigent les premières années de ses enfants, ne lui laisse pas un empire de détail, qui est celui que les enfants sentent le mieux, le seul même dont ils se doutent. Un enfant de quatre ans dit fort bien à sa mère, si elle prétend lui ôter ou lui remettre son bonnet : « Ma bonne ne le veut pas. » Il est à peu près impossible aussi qu'il n'en résulte pas une préférence de l'enfant pour sa bonne. L'affection des êtres faibles se porte presque toujours vers le côté d'où leur vient la dépendance. Cette préférence n'a pas en soi de grands inconvénients; car elle ne peut durer ; elle diminuera naturellement à mesure que l'enfant sentira diminuer ses besoins physiques et augmenter ceux de sa raison et de son imagination. C'est de la mère que dépend directement pour ses plaisirs une petite fille de douze ans, et, à moins d'une grande négligence de la part de leurs parents, on n'en voit guère conserver à cet âge pour leur bonne la préférence que presque toutes lui ont accordée dans leur enfance.

Une bonne, presque toujours plus soigneuse qu'une mère, lorsque ses fonctions se bornent à des soins matériels, le devient beaucoup moins lorsqu'ils s'étendent à un autre genre de surveillance, met moins d'importance que nous à mille petites choses que nous regardons comme essentielles dans l'éducation de nos filles, et se permettra plus aisément les relâchements que lui demandera sa propre commodité. Il lui sera agréable de sortir tel jour, ou à telle heure, et elle passera plus aisément sur une leçon mal prise ou mal sue. Elle consentira plus aisément, par un jour froid, à abréger une promenade qui lui sera pénible. Enfin, nous n'avons d'intérêts que ceux de nos enfants, c'est ce qui nous rend fermes à leur égard ; la bonne en aura de particuliers, dont ils sauront profiter pour la plier à leur caprice ; en sorte qu'une petite fille élevée de cette manière se sentira plus libre avec sa bonne qu'avec ses parents. Elle aura dans sa journée beaucoup de petites actions qui, sans être précisément répréhensibles, craindront les yeux de sa mère ; et quand l'âge aura amené l'affection, la confiance sera encore longtemps à s'établir, supposé même qu'elle s'établisse jamais parfaitement.

Empêchez qu'une bonne se mette entre votre fille et vous. Votre autorité doit être son guide comme son soutien ; mais il faut qu'à chaque instant elle puisse y avoir recours, qu'elle puisse dire positivement : « Madame votre mère le veut. » Ne lui permettez pas de se faire craindre personnellement.

(Mme Guizot.)

Serviteurs.

Exigez les qualités et les vertus indispensables de la bonne à laquelle vous confierez vos enfants. La probité ne suffit pas. Prenez vos informations touchant la moralité, les habitudes, le langage et même les manières. Le choix fait, surveillez et sachez ce qui se passe. Sans dénier une juste mesure de confiance, après vous être dûment assurée qu'on la mérite, restez la souveraine maîtresse, comme vous êtes l'unique mère. Pour l'autorité, non plus que pour l'affection, ne permettez point qu'on vous supplante. Une mère peut se faire aider dans l'éducation de son enfant ; il ne convient jamais qu'elle abdique.

Après la grave question de ces premiers serviteurs surgira bientôt celle des maîtres. Heureux les enfants dont le père et la mère peuvent être et demeurer longtemps les seuls instituteurs ! Cela n'est pas toujours possible ; et, en dehors même des impossibilités, plus d'un cas se présente où, vu le caractère soit des parents, soit des enfants, il y a de vrais avantages à ce qu'un étranger soit officiellement chargé de l'instruction proprement dite. Cette voix moins familière d'une personne qui impose d'autant plus qu'on la voit moins souvent peut avoir plus d'empire sur l'enfant et obtenir de lui, par suite, un travail plus actif, plus soutenu, plus fructueux.

Que dire du choix des maîtres ? Il serait à souhaiter que tous fussent sincèrement chrétiens, même ceux qui devront apprendre à vos fils les arts d'agrément. S'ils ne le sont pas, veillez d'autant plus à ce qu'ils se tiennent dans les limites précises de leur office. Qu'ils sachent et sentent à quel point vous tenez à ce qu'ils demeurent, toujours et en toute manière, prudents, réservés, convenables ; et le plus possible pour vos fils, mais surtout pour vos filles, assistez aux leçons que vous leur faites donner par des maîtres de sexe différent. Toute mère doit comprendre d'emblée que ce devoir est indispensable; et je le dis plus spécialement des leçons données par les artistes.

Si pour une raison quelconque vous décidez de confier vos enfants à des éducateurs publics, il sera ordinairement sage et salutaire de ne les mettre tout à fait en pension que quand ils auront pris de la famille tout ce qu'elle a pu leur donner en fait d'éducation proprement dite : je veux dire, en fait d'avancement moral et religieux, de vertus domestiques, de politesse, d'amour des parents et des proches, et enfin d'esprit de famille. C'est, en effet, durant les années de l'adolescence qu'il y a le plus de chance de jeter et de fixer dans les âmes les racines de ce précieux esprit qui, pour le malheur de la société moderne, devient chaque jour chez nous et plus faible et plus rare, et que l'éducation publique tend manifestement à diminuer plutôt qu'à augmenter. Je vous dis cela de vos fils, et à plus forte raison de vos filles, qui, bien plus souvent que leurs frères, pourront être élevées ou par vous ou près de vous sans quitter le toit paternel.

(Mgr Gay.)

Conversation.

La mère devrait se donner la peine d'être un peu aimable avec ses enfants. Que n'est-elle parfois en société avec eux sans moraliser, sans reprendre, sans même instruire? Une conversation libre et enjouée les forme toujours, fait éclore l'esprit qu'ils ont et leur communique le nôtre. C'est là pour nous une occasion de les connaître et une indication pour les diriger.

Quand nous avons l'air de nous amuser avec eux pour notre compte, ils sont ravis, et bientôt jaillissent mille traits heureux; il sort de leur tête des idées que nous n'aurions pas imaginé qui y existassent, et qui peut-être n'y existaient pas.

Qu'elle est déplacée la sévérité qui regarde l'art de la conversation comme futile? Comment méconnaître la valeur des agréments de l'esprit quand on voit à quel point ils servent à répandre une innocente joie? Des vieillards, des malades, des affligés même soulèvent un moment le poids de leur existence douloureuse pour jouir d'un récit piquant, d'un rapprochement inattendu. Ils sont distraits, ranimés par l'effet de cet art heureux qui donne de la grâce et du relief à ces petits détails dont se compose la vie. Que de gens auxquels on ne peut faire d'autre bien! et il en faut faire à tout le monde.

On donne des maîtres en abondance pour des talents bien plus frivoles encore; et le plus charmant de tous, le plus fréquemment en exercice, celui qui semble appartenir le plus intimement à la personne même, le talent de la conversation, est négligé. Sans doute, il ne peut encore, dans le premier âge, être préparé que de loin ; mais l'éducation n'est pas à cet égard sans influence. Il y a quelque chose à conserver dans cette imagination de l'enfance qui anime tout, qui met tout en scène ; dans cet esprit, rare parmi nous, qui, sans s'occuper éternellement de la société, puise les sujets de ses tableaux, ainsi que leurs couleurs, dans la nature.

Mais, dans leurs moments les plus aimables, gardons-nous de louer nos enfants. Dès que leur amour-propre est en activité, le charme du naturel s'évanouit, et la prétention, l'affectation même, le remplacent. C'est pour les efforts vertueux de la volonté qu'une mère sage réserve l'éloge ; elle ne le prodigue point à la grâce, point au piquant de l'esprit, pas même à la sensibilité. Rien de ce qui ne coûte aucun sacrifice n'a de vrai mérite à ses yeux. Qu'elle laisse apercevoir une impression agréable si elle l'éprouve ; l'idée de l'avoir amusée ou attendrie sera un encouragement suffisant. Un sourire est la juste récompense d'un mot heureux, comme une caresse d'un mot sensible.

(Mme Necker de Saussure.)

Vanité.

Gardez-vous de cette admiration mal déguisée que beaucoup de femmes laissent percer à chaque parole ou à chaque action de leurs enfants, et en face de laquelle le reproche adressé par Dieu au grand prêtre Héli pourrait retentir de nouveau : « Pourquoi avez-vous aimé vos enfants plus que moi? »

Les plus réservées arrêtent les exclamations toujours sur le point de leur échapper, mais leur conduite et leurs regards seuls suffisent pour expliquer à tout le monde, même à l'enfant qui en est l'objet, la nature de leurs sentiments. Aussi, cet enfant ne s'y laisse-t-il pas tromper. Il en profite bien vite pour se poser en phénix et pour se permettre en cette qualité un orgueil, un entêtement, une présomption qu'on jugerait encore intolérable, fût-il aux yeux de tous ce qu'il est à ceux de sa mère.

Comment pourrait-il en être autrement? Outre l'admiration permanente de ses parents, n'entend-il pas souvent l'expression de celle des étrangers? » La mère va la quêtant partout. Elle cite devant lui ses bons mots, elle les provoque, elle les commente. La politesse exige qu'on applaudisse; on rappelle, en battant des mains, le petit acteur déjà si plein de lui-même; on lui crie *bis* après chaque trait d'esprit, on les répète, on en rit, on en cause. Il y a là tout ce qu'il faut pour faire tourner une jeune tête, vide encore de toute autre chose et très disposée à se nourrir de vanité.

Voilà ce qui produit ces petites créatures bouffies de suffisance et gonflées de présomption, qui ne conservent de l'enfance ni l'innocence, ni la timidité, mais qui joignent à son inexpérience toute l'assurance à laquelle donnent seuls droit de longs travaux et une bonne vie.

(Mme de Marcey.)

Défauts de l'éducation.

L'ennemi mortel de l'autorité et du respect, c'est l'enfant gâté.

Gâter un enfant, c'est manquer aussi tristement que possible au respect qui est dû à la dignité de sa nature, à l'intérêt que réclament ses destinées et son honneur.

On rit quelquefois en parlant de ces enfants gâtés : je n'en ai jamais ri ; jamais la vue d'un enfant gâté n'a pu m'arracher un sourire. Rien n'est moins plaisant. C'est pour moi quelque chose d'effroyable, effroyable dans le présent, effroyable dans l'avenir.

La justice et la vérité percent souvent jusque dans la légèreté même des paroles du monde : c'est un enfant terrible, dit-on quelquefois avec une agréable insouciance, ou même avec une certaine satisfaction de vanité. — Oui, terrible, et plus qu'on ne le voudra quelque jour !

Il y a bien des manières de gâter un enfant : on gâte son esprit par l'exagération inconsidérée des louanges.

On gâte son caractère en lui laissant faire toutes ses volontés ; on gâte son cœur en s'occupant de lui à l'excès, en l'adorant, en l'idolâtrant.

Toutes ces manières de gâter les enfants, cet art si triste de dépraver un âge qui est l'espérance de la vie entière, peuvent se réduire au développement de deux funestes principes, source de toute perversité humaine : la mollesse et l'orgueil.

Rien ne peut donner une idée de ce que deviennent les enfants qui sont gâtés par la mollesse, qui sont gâtés parce qu'on leur fait trop de caresses, parce qu'on leur témoigne une tendresse trop sensible, parce qu'on accorde à leurs goûts, à leur appétit, à leurs regards, à leur paresse, à leurs désirs tout ce qu'ils veulent.

On les flatte, on les laisse flatter par tout le monde, par des petits esclaves, par des femmes serviles, qui cherchent à s'insinuer auprès d'eux par des complaisances basses et dangereuses, suivent toutes les fantaisies et nourrissent comme à plaisir leurs petites passions les plus dépravées.

Bientôt les grâces trompeuses de l'enfance s'effacent, la vivacité s'éteint, la tendresse apparente du cœur se perd : tout à coup on découvre en eux, avec effroi, une désolante sécheresse d'âme, une dépravation profonde ; et, en fin de compte, ces jolis enfants deviennent véritablement effroyables ; on s'aperçoit alors, mais trop tard, qu'il n'y a pas d'êtres plus durs, plus méchants, plus hautains, plus violents, plus égoïstes, plus ingrats, plus injustes, plus odieux, que les enfants gâtés par la mollesse !

Les parents faibles et inconsidérés qui se jouent avec les caprices et les passions naissantes de leurs fils et de leurs filles, qui ne cherchent qu'à s'en divertir pendant leur enfance, jusqu'à leur permettre toutes sortes d'excès, n'ont pas médité ces choses, n'ont pas prévu tout ce qu'ils auront à souffrir un jour de la licence, de l'ingratitude et des emportements de ces malheureux enfants.

Avant tout, disait un ancien philosophe, avant tout que la vie des enfants soit frugale, leurs vêtements simples et de même sorte que ceux de leurs condisciples. Ne les laissez pas tomber dans la paresse et l'oisiveté. Rien ne dispose plus à la colère qu'une éducation délicate et efféminée.

Il faut écarter des enfants la flatterie ; qu'ils entendent la vérité, qu'ils connaissent quelquefois la crainte et toujours le respect, qu'ils aient de la déférence pour leurs supérieurs, qu'ils n'obtiennent rien par colère.

Les enfants gâtés par orgueil offrent, sans doute, un triste spectacle, mais un spectacle moins hideux toutefois que les enfants gâtés par mollesse. L'orgueil de l'enfant, grâce à la naïveté de son jeune âge, n'a pu dépraver profondément encore toutes ses belles et nobles qualités. Il reste du moins chez ces fières natures de grandes ressources d'éducation, tandis que chez les enfants gâtés par la mollesse, il ne reste rien que la corruption, le vice, un égoïsme sauvage et sensuel.

(Mgr Dupanloup).

Respect.

Presque tout est d'abord chez les enfants idée fausse ou préjugé. Ils se trompent sur la plupart des choses qu'ils jugent par eux-mêmes, et la plupart de leurs idées justes ne leur appartiennent pas; en sorte que la plupart des idées qui ont dirigé leur enfance sont destinées à subir un changement fondamental. Ainsi, pour un enfant, un homme de quarante ans est très vieux; la chambre qu'il a mesurée de ses premiers petits pas lui laisse des souvenirs d'une dimension énorme; rien n'est savant comme son maître, parfait comme son père et sa mère. Ces idées changeront nécessairement; il s'apercevra de ce que son maître ignore, découvrira dans les parents les plus dignes de sa tendresse quelques-unes des imperfections inséparables de la nature humaine. Ces découvertes pourraient n'être pas sans danger si, dans l'âge où la raison n'a pas encore tout son développement, les affections tout leur empire, elles frappaient l'enfant d'une manière subite; si cette jeune intelligence, énorgueillie tout à coup jusqu'à juger l'objet de son culte, croyait pouvoir regarder d'en haut ce qu'elle avait jusqu'alors si humblement adoré. Cette admiration, que l'enfant avait conçue sans savoir pourquoi, céderait tout entière à la vue d'un défaut dont il saurait se rendre compte. L'arrogance de son jugement, égale à la faiblesse de sa vue, concentrerait toute son opinion sur le seul fait qu'il serait en état d'apprécier; et une impatience de son père, une bévue de son maître, les exposerait de sa part au plus insolent dédain.

Mais les habitudes du respect ont été imposées à sa pensée, ses affections lui en font un besoin. La première fois qu'un défaut se révèlera à lui dans quelqu'un des objets de sa vénération, à peine osera-t-il se l'avouer; et cette impression ne laissera pas de trace.

Il faut donc veiller avec un soin scrupuleux à ne permettre aux enfants aucune légèreté de paroles sur ce qui doit être l'objet de leur respect. L'irréflexion des enfants ne nous permet pas de laisser la liberté à leurs actions, de même la fugitive mobilité de leur imagination nous oblige d'imposer un frein à leurs idées, auxquelles ils pourraient se laisser emporter sans en prévoir les conséquences. Rien ne les dispose à la licence de l'esprit comme la trop grande liberté de la parole; elle enivrera l'esprit et passera ensuite facilement de la pensée aux actions; il est à peu près impossible d'espérer que, malgré toutes les recommandations qu'on aura pu lui faire, un enfant garde les formes du respect envers la personne que ses discours n'auront pas respectée dans l'absence.

(Mme Guizot.)

Imitation.

Il faut empêcher les enfants de contrefaire les gens ridicules; car ces manières moqueuses et comédiennes ont quelque chose de bas et de contraire aux sentiments honnêtes. Il est à craindre que les enfants ne les prennent, parce que la chaleur de leur imagination et la souplesse de leur corps, jointes à leur enjouement, leur font aisément prendre toutes sortes de formes pour représenter ce qu'ils voient de ridicule.

Cette pente à imiter, qui est dans les enfants, produit des maux infinis quand on les livre à des gens sans vertu qui ne se contraignent guère devant eux. Mais Dieu a mis, par cette pente, dans les enfants de quoi se plier facilement à tout ce qu'on leur montre pour le bien. Souvent, sans leur parler, on n'aurait qu'à leur faire voir en autrui ce qu'on voudrait qu'ils fissent.

Quoique vous veillez sur vous-même pour n'y laisser rien voir que de bon, n'attendez pas que l'enfant ne trouve jamais aucun défaut en vous;

souvent il apercevra jusqu'à vos fautes les plus légères.

Saint Augustin nous apprend qu'il avait remarqué dès son enfance la vanité des maîtres sur les études. Ce que vous avez de meilleur et de plus pressé à faire, c'est de connaître vous-même vos défauts aussi bien que l'enfant les connaîtra, et de vous en faire avertir par des amis sincères. D'ordinaire ceux qui gouvernent les enfants ne leur pardonnent rien et se pardonnent tout à eux-mêmes : cela excite dans les enfants un esprit de critique et de malignité; de façon que quand ils ont vu faire quelque faute à la personne qui les gouverne, ils en sont ravis et ne cherchent qu'à la mépriser.

Évitez cet inconvénient : ne craignez point de parler des défauts qui sont visibles en vous et des fautes qui vous auront échappé devant l'enfant. Si vous le voyez capable d'entendre raison là-dessus, dites-lui que vous voulez lui donner l'exemple de se corriger de ses défauts en vous corrigeant des vôtres; par là vous tirerez de vos imperfections même de quoi instruire et édifier l'enfant, de quoi l'encourager pour sa correction; vous éviterez même le mépris et le dégoût que vos défauts pourraient lui donner pour votre personne.

Ne prenez jamais sans une extrême nécessité un air austère et impérieux qui fait trembler les enfants. Souvent, c'est affectation et pédanterie dans ceux qui gouvernent ; car, pour les enfants, ils ne sont d'ordinaire que trop timides et honteux. Vous leur fermeriez le cœur et leur ôteriez la confiance, sans laquelle il n'y a nul fruit à espérer de l'éducation.

(Fénelon.)

Bouderie.

La disposition d'où a pu naître un défaut ne s'efface pas avec le défaut par où elle s'était fait reconnaître : elle peut être contenue et non soumise, et nous aurons souvent, dans le cours de l'éducation, à la combattre sous diverses formes. La violence de l'enfant peut se changer en bouderie, la bouderie faire place à une opiniâtreté d'esprit qui ne laisse plus ni raison ni bonne foi.

La bouderie est une des formes de l'humeur. Elle ne peut être tout à fait sincère dans les caractères actifs. Elle se produit chez l'enfant indolent ou faible ; il boude parce qu'il est fâché, ou parce que l'humeur qui a suspendu chez lui le cours de tout autre idée l'a laissé tomber dans une apathie, une atonie dont il faut tâcher de le tirer. S'il est encore à cet âge où l'autorité des parents peut, sans se compromettre, céder à la faiblesse de l'enfant, on tâchera de le distraire de son humeur par quelque amusement capable de le tenter, ou, plus tard, par une plaisanterie qui l'égaie et le ranime. S'il y résiste, il ne faut pas continuer trop longtemps des tentatives inutiles; il s'apercevrait qu'il est l'objet de l'attention, et le désir de faire effet et d'occuper de lui se joindrait à l'humeur qui pourrait alors devenir incurable. Il faudra prendre le parti d'attendre la fin d'une fantaisie que fera cesser la première cause accidentelle capable de réveiller l'imagination mobile d'un enfant, et qui, à mettre les choses au pis, ne survivra pas à l'interruption apportée par les repas ou le sommeil.

La bouderie est une action sinon toujours faite à dessein, toujours du moins tendant vers un but. C'est un effort de la faiblesse pour se faire obéir là où elle n'a pas le pouvoir de commander. Les femmes boudent aussi bien que les enfants, mais non pas comme les enfants. Lorsqu'un homme témoigne de l'humeur, c'est qu'il en a; et alors, comme les enfants, en effet, il la témoigne à tout le monde, personne ne peut le tirer de son silence ou échapper aux boutades de sa morosité. L'humeur d'une femme choisit celui dont elle veut faire son esclave. Sombre en sa présence, s'éloigne-t-il, elle redevient gracieuse et sociable; ou si elle veut marquer moins de tristesse que de ressentiment, pour lui seul, entre tous les autres, seront ces regards froids, cette parole qui a tant de peine à sortir; et ce cœur, accablé avec lui seul, sous le poids d'un chagrin inexorable, redeviendra, avec les autres, léger, accessible à la gaieté la plus vive, ouvert à tout, excepté aux soins qu'on prend pour l'adoucir.

Après une bouderie ou un entêtement, il suffit que l'enfant sente l'absurdité de ses paroles et de sa conduite; en voulant l'humilier davantage, vous courez risque de reperdre le terrain que vous venez de gagner. Un enfant qui a quelque fierté ne se laisse pas écraser sans résistance ; et si on le presse trop rudement, il pourra mettre son honneur à braver l'humiliation à laquelle on ne lui permet pas d'échapper.

Après la bouderie ou l'entêtement, il reste à l'enfant un certain malaise, utile après la faute; mais seulement quand on a soin de le faire promptement cesser en mettant à la place la joie de la bonne conscience, ou du moins des bons désirs; autrement, il détruit la confiance. Un enfant qui vous croit constamment occupé du souvenir de sa faute et craint à chaque parole qu'il dira de se l'entendre rappeler et reprocher, évite de vous parler, et s'écarte le plus qu'il peut d'un commerce qui lui est pénible. Les longues brouilleries établissent moins l'empire qu'elles ne détruisent l'intimité : il ne faut pas séparer trop longtemps ce qu'on veut pouvoir rapprocher.

(Mme Guizot.)

Imagination, frayeur.

Une grande vivacité dans la faculté de représentation, jointe à la grande mobilité, à la faiblesse de nerfs chez les enfants, rend vraiment bien criminel d'abuser de leur crédulité. On peut les rendre fous, imbéciles, sujets à des terreurs qui feront le malheur de leur vie entière. Sans aller même si loin, je dirai que l'influence de l'effroi sur le moral est immense. Il rend lâche, hypocrite, quelquefois perfide, et de plus il expose l'enfant à courir à sa perte dans le moindre danger réel.

Heureusement cette imagination si vive n'est pas créatrice. Les enfants livrés à eux-mêmes peuvent avoir peur d'un objet réel, d'un nègre, d'un ramoneur, des masques, et s'en retracer ensuite le souvenir avec effroi; mais ils se forgent peu de chimères. Rarement une idée les préoccupera sans qu'elle leur ait été suggérée. Il est donc aisé de remonter à la source de leurs terreurs; mais le mal une fois arrivé, le guérir n'est pas si facile.

Il faut d'abord, pour y réussir, en bien connaître la nature. Ce mal consiste, en général, dans l'apparition d'un fantôme dont l'aspect glace de frayeur ces pauvres enfants, et, par conséquent, le point essentiel est de ne pas évoquer ce fantôme. Les raisonnements sont presque toujours en pure perte. Pendant tous vos discours sur le peu de probabilité du danger, sur les inconvénients de la peur et la gloire attachée au courage, vous pouvez être certain que l'enfant a sa vision devant ses yeux, et que plus vous en parlez, plus vous lui donnez de consistance : l'expérience a prouvé qu'à tout âge il est comme inutile de combattre directement les chimères d'imagination. Laisser tomber la pensée dominante, chasser un sentiment par un sentiment plus fort, distraire, intéresser, aguerrir par le mouvement moral et physique, tel est, en général le régime contre la peur. Un remède plus direct pour une crainte particulière, c'est de substituer la présence de l'objet redouté à l'idée que l'enfant s'en formait. On ne se figure pas ce qu'on voit, et la réalité, même désagréable et rebutante, produit un effet calmant sur les sens. Ce moyen, s'il peut se pratiquer, est très efficace, mais c'est avec ménagement qu'on doit s'en servir.

En effet, toute nouvelle terreur, tout ébranlement communiqué aux nerfs retarderait la guérison indéfiniment, et il faut peu risquer dans ce genre. On recommande les jeux de nuit ; mais je dirai que ceux où l'enfant oublie la peur valent mieux que ceux où il la brave. Il ne faut pas se fier à son rire bruyant ; les grands éclats appartiennent souvent à la gaieté feinte, au besoin d'étourdissement, et ce ne serait peut-être pas le plaisir qui laisserait dans son souvenir le plus de traces. Ainsi les imitations de cris de bêtes féroces, les surprises trop fortes dans les ténèbres ont du danger. L'enfant, avide d'émotions, peut désirer avec ardeur la répétition des scènes ou des histoires un peu effrayantes ; mais ce goût ne doit être satisfait qu'avec bien du discernement. Il est difficile de distinguer si l'on entretient l'habitude de la peur ou si l'on forme celle du courage.

(Mme Necker de Saussure.)

Frayeur.

Ce n'est point de l'idée du danger que naît la peur chez les enfants, mais d'une impression subite, inattendue, d'un ébranlement de surprise trop fort pour leur frêle machine. Quand je dirai qu'un bruit fort et imprévu m'a fait peur, je ne chercherai pas à faire entendre par là qu'il m'ait donné l'idée d'aucun danger ; cependant, j'aurai réellement éprouvé l'impression de la peur.

Il est certain que la réflexion sur ce qui fait l'objet de nos craintes est une des meilleures manières de nous garantir, non seulement du danger, mais de la peur, de cette impression irréfléchie qui ne prend tant d'empire sur nous que parce que nous nous y abandonnons sans distraction. « L'effet de la lâcheté, dit miss Hamilton, est de diriger exclusivement sur nous-mêmes toute l'attention de notre esprit »; et elle cite à cette occasion l'exemple d'une femme qui, « si elle rencontrait sur son chemin une vache qui la regardât, jetait des cris de terreur, et s'enfuyait comme si elle eût vu un tigre du Bengale, et qui cependant laissait son fils, encore enfant, faire face au terrible animal et le détourner de la route. » Tel est l'égoïsme de la peur : c'est celui de toutes les impressions physiques. Tandis que les affections morales tendent à agrandir hors de nous le cercle de notre existence, les impressions physiques la bornent à nous-mêmes, la concentrent sur la sensation agréable ou douloureuse dont l'effet ne peut se faire sentir au delà de notre individu. Or, qu'il y ait quelque chose de physique dans la peur, c'est ce qui me paraît prouvé à n'en pas douter par les effets de l'obscurité, ceux de certains bruits, de certains ébranlements, de l'état de nos organes. J'ai quelquefois éprouvé, dans des moments de fatigue ou de maladie, une telle disposition à l'effroi que la nuit le craquement d'une boiserie me bouleversait de terreur. L'inexpérience cède, sans réflexion, à ces terreurs machinales comme à toute autre impression pénible. Un caractère faible cherche des prétextes pour n'y pas résister; une imagination vive y associe toutes les idées capables de produire des impressions analogues et s'en compose un système raisonné de pusillanimité. Un enfant qui a peur la nuit crie parce qu'il a peur, sans songer à se demander s'il a réellement peur de quelque chose; il éprouve un sentiment désagréable, et il l'exprime.

C'est cette disposition qu'il faut éviter d'abord d'augmenter ou d'entretenir chez les enfants par des émotions et des impressions analogues, et rien, je crois, n'y serait plus propre que de les tenir, sur les petits dangers qui les environnent, dans une ignorance capable de les exposer à de continuelles surprises. On veut que les enfants s'instruisent par leur propre expérience; l'expérience est bonne, mais c'est quand elle est proportionnée à la force de l'individu, quand l'impression qu'il en reçoit ne trouble pas ses idées au lieu de les éclairer, n'ébranle pas ses organes au lieu de les fortifier.

Ce sont les impressions machinales d'effroi dont il faut préserver non seulement les enfants, mais encore les mères, car l'effroi se communique : un enfant qui entendra sa mère jeter un cri de frayeur éprouve certainement un ébranlement de surprise fâcheux à lui donner.

La lâcheté n'est point la connaissance du danger, mais l'ignorance ou l'oubli des forces que nous avons à lui opposer. C'est donc le sentiment de ces forces qu'il faut cultiver dans les enfants sitôt qu'elles commencent à naître, et, pour cela, il ne faut pas les exposer à des épreuves qui les surpassent.

(Mme Guizot.)

Humanité.

Une grande difficulté dans l'éducation, c'est de faire régner la paix entre des enfants en bas âge. On y réussit néanmoins dans quelques familles, et l'on peut remarquer que ce sont celles où un ton de douceur et de politesse domine généralement. Les enfants n'osent pas répondre aux plaisanteries de leurs parents, mais ils se vengent sur leurs frères et sœurs de la peine qu'ils ont ressentie. Ils raillent à leur tour, sans mesure, sans goût, sans bonté, car ils n'entendent rien à ce genre. Leur grâce tient à la candeur, à la sympathie; ils sont aimables sans y songer, et deviennent lourds dès qu'ils y tâchent. L'habitude de la moquerie, jointe au talent d'observation qu'ils ont souvent, les porte dans la suite à tourner en ridicule leurs maîtres mêmes, et cet esprit, qui gagne des classes d'élèves entières, fait avorter les meilleurs fruits de l'instruction.

Il est encore une disposition appartenant à la sympathie dont il serait heureux de prolonger les effets : je veux parler de ce sentiment d'une égalité naturelle entre les hommes qui s'unit dans le premier âge à une idée vive de la différence des conditions. Cette conciliation, qui paraît difficile, s'opère toutefois naturellement. Chez l'enfant, l'éducation des yeux a été faite longtemps avant celle de l'esprit. Il a toujours vu les domestiques servir, les paysans travailler à la terre, les forgerons battre l'enclume, en un mot, les diverses professions s'exercer. Toutes les occupations lui font l'effet de lois de la nature imposées à certaines espèces en particulier, comme celles qui obligent les chèvres à grimper, les chats à guetter les souris et les canards à se plonger dans la rivière. Il n'a pas l'idée que chacun pût faire autre chose que ce qu'il fait; il en trouverait même l'essai ridicule, et il se prend pour longtemps à rire quand il y a échange de fonctions. Mais à travers ces impressions d'habitude il règne chez l'enfant un vif instinct d'humanité. Il est l'ami, le compagnon de tous ces êtres. Il rit, chante, s'amuse avec eux; il s'associe à leurs chagrins et ne met entre eux d'autre différence que celui de leur plus ou moins de bonté. Voilà ce que je voudrais qu'on sût conserver. Voilà vraiment le sentiment noble qui forme l'homme dans tous les états. Combien les parents pauvres ne doivent-ils pas y attacher de prix! Quelle dignité n'y a-t-il pas dans cette indépendance des dons de la fortune qui préserve les riches d'un sot orgueil et les indigents de l'envie! Il n'y a rien à faire qu'à maintenir ce sentiment d'égalité, car la nature a fait les frais de le placer dans toutes les âmes.

(Mme Necker de Saussure.)

Amour fraternel.

L'éducation, plus sévère autrefois, amenait plus promptement et plus naturellement entre frères et sœurs une union dont ils avaient plus besoin. Plus éloignés de leurs parents, traités avec moins d'indulgence, ils s'appuyaient l'un sur l'autre, et formaient une espèce de parti contre une autorité à craindre pour tous. Mais aujourd'hui que cette autorité n'offre plus guère qu'un refuge, que l'enfant qui recourt à sa mère peut espérer d'en obtenir protection, sans craindre d'attirer sur son frère ou sa sœur un châtiment sévère, l'affection fraternelle est un sentiment qu'il faut soigner : elle n'est pas entretenue par la nécessité de s'aider, et peut être troublée par le besoin de se défendre ou le désir de se supplanter, tentations bien séduisantes lorsqu'elles ne sont pas réprimées par une véritable crainte de nuire. Quel enfant arrivé à l'âge de comprendre pourrait se résoudre à en faire mettre un autre en pénitence, à le faire gronder sévèrement ? S'il s'y laissait emporter une fois, les larmes dont il serait la cause lui causeraient de tels remords qu'à moins d'être bien mal né, il n'y reviendrait pas à une seconde reprise.

L'amour fraternel, cultivé par la tendresse et l'indulgence, perdra peut-être quelque chose de cette énergie passionnée que pouvait lui donner autrefois la situation des enfants à l'égard de leurs parents, et qui se retrouvera encore dans quelques amitiés de collège, formées sous un régime nécessairement un peu plus sévère que celui de l'éducation domestique; mais il en recevra certainement une empreinte plus parfaitement morale... L'union des enfants contre des parents ou des maîtres est souvent une union de complices, et l'on a vu mettre l'honneur à dépouiller un verger ou assommer un maître d'étude.

(Mme Guizot.)

Activité.

Fournir des aliments continuels à l'activité des enfants, sans employer des stimulants trop énergiques, est peut-être l'abrégé de l'éducation.

L'humeur, la désorganisation morale, la mutinerie chez les enfants ayant presque toujours l'ennui pour cause, le secret de les rendre sages, c'est de donner de l'occupation à leur esprit.

Dans les familles pauvres, où la mère a du bon sens et de la douceur, les petits enfants sont peut-être plus raisonnables et plus avancés que dans les autres; aussi jouissent-ils d'un avantage particulier. Ils s'intéressent à tout ce qu'ils voient, ils le conçoivent et y prennent part. Toutes les occupations du ménage sont à leur portée; souvent ils peuvent s'y associer. Laver, étendre du linge, éplucher, cuire des légumes, cette suite de travaux variés dont ils sont témoins, qu'ils aident même à exécuter, donnent de l'exercice à leur esprit, leur inspirent le goût de se rendre utiles, tout en les amusant beaucoup. Occupés sans qu'on s'occupe d'eux, leur vie n'est pas en eux-mêmes, et ils ont le sentiment d'un intérêt commun auquel chacun doit concourir selon ses forces. Que peut-il y avoir de mieux pour un petit enfant ?

* * *

On pourrait tirer un grand parti du besoin d'agir chez les enfants. Des sentiments trop lents à se développer prendraient aisément l'essor par l'attrait d'un plaisir si simple. L'amitié fraternelle, parfois assez tardive à se déclarer, me servira d'exemple. Un premier enfant, qui a longtemps été le seul objet des soins et des complaisances de sa mère, voit souvent arriver un petit rival avec chagrin. La jalousie, cette disposition de frère aîné, se déclare chez lui si l'on n'y prend garde. On lui en fait honte, on le gronde, on le force à céder ses joujoux au nouveau-né aussitôt que celui-ci en a la fantaisie. Qu'arrive-t-il de là ? Qu'il l'aime chaque jour un peu moins ; son aspect ne réveille en lui que des idées pénibles, il se venge sur lui d'avoir eu des chagrins à son occasion, et il s'établit entre les enfants un ton de chicane et d'envie qui reparaît souvent dans les intervalles des jeux, et ne se prolonge parfois que trop durant la vie. Vous auriez prévenu cet inconvénient en donnant le plus tôt possible à l'aîné un rôle actif auprès du plus jeune. S'il eût en apparence aidé à l'endormir, à l'habiller, si, après avoir prudemment fait asseoir le plus grand par terre, on eût posé le petit sur ses genoux, il en aurait rougi de plaisir, la sympathie la plus vive aurait agi, il se serait cru le père de son frère et eût conçu pour lui la plus tendre affection.

Nous aurions tort assurément si, en cherchant à développer les affections, nous commencions par exiger des sacrifices. On ne peut obtenir le dévouement avant d'avoir laissé grandir le sentiment qui le motive. C'est pourtant la faute qu'on commet souvent. Arrive-t-il un petit pauvre à la porte, on tient des discours touchants à l'enfant; on l'exhorte à la bienfaisance, et la conclusion est qu'il doit donner le pain ou la poire qu'il tient dans sa main. C'est très mal vu. Envoyez-le chercher un gâteau, tel vêtement, tel objet enfin qui cause à coup sûr un vif mouvement de joie au petit indigent, et bientôt votre enfant trouvera un tel plaisir à donner que pour se le procurer il se privera de son bien même.

Un sentiment encore indécis ne peut combattre avec avantage ni l'intérêt personnel ni l'amour-propre. Il serait imprudent de le mettre aux prises avec des penchants plus forts que lui; mais raffermissez-le par l'exercice, que le souvenir d'efforts heureux, d'entreprises couronnées par le succès, vienne à s'y associer, et le plaisir qu'aura donné l'activité sera mis sur le compte du sentiment.

L'idée de tirer parti du goût des enfants pour agir, en faisant commencer plus tôt pour eux la vie réelle, animée de ses divers intérêts, cette idée, dis-je, deviendra vraisemblablement un jour le pivot principal de l'éducation.

(Mme Necker de Saussure.)

Timidité.

C'est de l'inhabileté à disposer de soi-même que naissent ces excès de timidité qu'on voit quelquefois paralyser les facultés d'un enfant et même d'une personne raisonnable. L'enfant dans la liberté de la solitude, accoutumé à se livrer à ses mouvements, n'a point appris à les diriger.

Nos actions tirent leur grâce et leur convenance de leur fidélité à représenter nos dispositions intérieures. Rien n'est plus choquant qu'un rire forcé, des manières fausses ou affectées, en un mot, toute forme extérieure en désaccord avec le mouvement intérieur dont elle doit être l'expression. Toute action qui ne nous est pas commandée par un sentiment réel, manque en nous de direction ; nous ne savons de quelle manière l'accomplir, de là l'embarras qu'elle nous cause. Rien de plus embarrassé, de plus honteux qu'un enfant de qui on exige un acte de politesse, parce qu'il n'a pas en lui ce qui commande la politesse ; et c'est avec le sentiment d'une sorte de honte qu'il se décide à une action sans aucun rapport avec les motifs qui la déterminent. L'embarras est le même pour une jeune fille à qui les regards du monde imposent une contenance à laquelle elle n'est pas accoutumée. Elle ne sait quelle situation prendre, car aucune ne lui est plus commandée par une intention dont elle puisse se rendre compte. Elle regarde à gauche pour ne pas regarder à droite, à droite pour ne pas regarder à gauche. Aucune des positions qu'elle prend n'a d'autre but que d'en éviter une autre qui manque de naturel, parce qu'elle manque de motif. Elle sent ce défaut de naturel et la gaucherie qu'il lui donne ; sa gaucherie en augmente avec son anxiété.

Cette même gaucherie se manifestera toutes les fois que nous n'aurons pas su nous rendre propres les motifs de nos actions et de nos paroles, que ce que nous dirons, ce que nous ferons, ne sera pas la représentation d'un mouvement existant en nous. Plus l'habitude de la liberté est grande, moins on sait tirer parti d'une situation un peu contenue : un sauvage ne peut se mouvoir dans les vêtements que nous sommes accoutumés à porter sans gêne. Si les hommes sont dans le monde moins timides que les femmes, c'est qu'ils y gardent davantage leur caractère, leurs mouvements, leurs habitudes. Pour les y voir embarrassés, vous n'avez qu'à leur donner des habitudes qu'ils ne puissent y porter : rien n'est gauche comme un libertin dans la bonne compagnie, rien n'y est timide comme un écolier. Accoutumés à l'excès de la liberté, ils demeurent, comme le sauvage, sans mouvement sous les formes de la bienséance.

Pour donner aux enfants la facilité à se mouvoir dans toutes les situations, on doit les préserver de l'habitude d'agir uniquement sous l'impulsion du moment ; il faut qu'ils connaissent d'autres motifs déterminants que leur goût ou leur désir et puissent se donner, pour agir, une autre raison que d'en avoir envie.

Ainsi, convaincue qu'il faut élever les enfants dans l'habitude de la liberté, je crois qu'il est bon de les exercer un peu à la contrainte et, sans les faire vivre dans le monde, de les y placer quelquefois de manière à les obliger de se contenir dans une certaine réserve qui est le préservatif de la timidité comme de l'étourderie. Un enfant réservé est rarement timide.

(Mme Guizot.)

AUTORITÉ & OBÉISSANCE

Longtemps avant l'âge où l'enfant se rend compte de ses motifs, on peut, sans mettre en jeu la crainte, sans employer d'autre ressort que la sympathie et la plus simple prévoyance, on peut, dis-je, lui donner l'habitude de la docilité. Dès lors, malgré des vicissitudes et des orages que notre imparfaite sagesse ne peut ou ne sait pas toujours prévenir, nous sommes généralement en possession de la puissance, et il ne nous reste qu'à en bien user.

Une sévérité outrée fait le tourment des pères et des enfants dans chaque famille, autant qu'une autorité juste et douce y répand de paix et de bonheur.

Les motifs de persuasion par lesquels on essaye d'influer sur la volonté dans l'éducation sont souvent faux, niais, absurdes. Les enfants en sont peu les dupes, et le conflit qui s'établit entre eux et nous, cette dissimulation, cette hésitation réciproques, sont destructives de l'énergie même que nos ménagements avaient pour but de respecter...

Dans les siècles d'énergie, le pouvoir des parents sur les enfants était illimité. La force de la volonté, comme la plupart de nos qualités, se propage par l'exemple, et il en est de même de la mollesse, de la ruse, du goût pour la temporisation.

Ce qui est certain, c'est que si les parents font l'abandon de leurs droits en théorie, ils les reprennent au besoin par le fait. Aussitôt que votre enfant s'exposera, je ne dis pas à un danger réel, mais à un inconvénient léger, imaginaire peut-être, lorsque seulement il vous impatientera à un certain point, vous le prendrez dans vos bras, vous l'emporterez.

Qu'un enfant qui n'a pas été imbu avec le lait de l'idée que la volonté paternelle est quelque chose de sacré; qu'un enfant avec qui l'on a toujours traité d'égal à égal, en le raisonnant, en le persuadant, voie quelque chose d'odieux dans ce brutal abus de la force, il ne faut pas assurément s'en étonner. L'emploi du raisonnement suppose, chez l'être à qui on l'adresse, le droit de n'être pas convaincu; celui de la sollicitation, le droit de n'être pas tenté de la chose qu'on l'engage à faire; il y a donc trahison dans votre conduite, et la révolte, souvent les cris aigus de l'enfant, montrent qu'il en a le sentiment. Vous pouvez compter qu'à l'avenir, toutes les fois que vous recommencerez une exposition de motif, il anticipera sur la catastrophe, et ne vous écoutera que tout juste ce qu'il faut pour vous mettre dans votre tort en vous réfutant. De là naît une relation insupportable, celle d'un père et d'un enfant, chacun timide et hypocrite à sa manière, chacun visant à obtenir ce qui lui plaît sans en venir aux éclats, se défiant l'un de l'autre, et finissant par de l'humeur ou par une rupture ouverte. Ce dernier dénouement est dans le fait celui qui plaît le plus à l'enfant. Il vous force, pour vous punir, à user de violence, et vous êtes obligé à être un tyran, faute d'avoir su être un père. Des caractères chicaneurs, égoïstes, capricieux, intraitables, quoique sans consistance réelle, sont le fruit, hélas! trop ordinaire de cette imparfaite subordination.

Il est, dans la première éducation, une idée principale qui doit dominer toutes les autres et leur servir de centre de ralliement. Cette idée est celle de la protection. Que la mère s'empare avec force d'un tel principe, et le système entier de sa conduite s'ordonnera. Elle verra s'établir les plus heureuses proportions entre la sévérité et l'indulgence, entre l'amour et la fermeté. Sans amour, la protection n'est pas vigilante; elle ne s'étend pas jusque sur le bonheur, sur tous les intérêts de la jeune existence; sans fermeté, sans le degré de sévérité qui l'accompagne nécessairement, il n'y a plus de protection. Ce qui plie ne peut servir d'appui, et l'enfant veut être appuyé. Non seulement il en a besoin, mais il le désire; mais sa tendresse la plus constante n'est qu'à ce prix. Si vous lui faites l'effet d'un autre enfant, si vous partagez ses passions, ses vacillations continuelles, si vous lui rendez tous ses mouvements en les augmentant, soit par la contrariété, soit par un excès de complaisance, il pourra se servir de vous comme d'un jouet, mais non être heureux en votre présence, il pleurera, se mutinera, et bientôt le souvenir d'un temps de désordre et d'humeur se liera avec votre idée. Vous n'avez pas été le soutien de votre enfant, vous ne l'avez pas préservé de cette fluctuation perpétuelle de la volonté, maladie des êtres faibles et livrés à une imagination vive; vous n'avez assuré ni sa paix, ni sa sagesse, ni son bonheur, pourquoi vous croirait-il sa mère?

(Mme Necker de Saussure.)

*
* *

Selon que l'âge de votre enfant le comporte, aidez-le à se vaincre; et tant que la raison ne lui est point venue, prudemment, paisiblement, affectueusement, mais avec fermeté et constance, imposez-lui la vôtre. Qu'il sente votre autorité aussi bien que votre tendresse. Que pas même un instant il ne puisse croire qu'il est le maître. Il sera de bonne heure très habile à employer, pour vous faire céder, tous les moyens qui sont à son usage, et d'abord les pleurs et les cris ; ne cédez pas, ce point est de grande conséquence. Accoutumez-le peu à peu à l'obéissance, tâchant de la lui rendre facile en ne lui demandant jamais que des choses justes, raisonnables, discrètes, et en les lui demandant toujours avec bonté et tranquillité. Rendez-la-lui même douce et agréable en le récompensant de temps en temps, quand il se sera parfaitement soumis, spécialement en choses qui lui coûtent. Je dis de temps en temps, car il ne semble pas à propos de récompenser un enfant toutes les fois qu'il remplit un devoir. La récompense, dans l'éducation, ne doit guère être qu'un encouragement ; autrement, au lieu d'aider le sens moral, elle le fausse en favorisant la cupidité, ce qui est développer l'égoïsme. Qu'en outre la récompense soit ordinairement de nature à élever l'âme de l'enfant ; qu'elle aille à lui réjouir le cœur plutôt qu'à satisfaire ses sens.

Quand il s'agira de punitions, vous pourrez suivre utilement l'ordre inverse. Mais d'abord, dites-vous-le bien, il faut punir l'enfant : le moins possible sans doute, et avec ménagement ; jamais par caprice, jamais avec précipitation, jamais avec colère ; mais il faut le punir quand il a réellement mérité d'être puni. Ecoutez l'Ecriture : c'est un roc immortel contre lequel viennent se briser tous les sophismes de la sagesse mondaine. « Celui qui laisse dormir la verge, dit l'Esprit-Saint, traite son fils comme s'il le haïssait ; et au contraire celui qui aime son enfant l'instruit, le reprend, et le corrige avec sollicitude. » Et ailleurs : « La sottise et la folie sont liées au cœur de l'enfant ; la verge de la discipline », c'est-à-dire la correction, « les fait disparaître. » Devenant plus doux à tant d'égards, l'esprit du Nouveau Testament modifie-t-il ces graves préceptes ? Nullement, car saint Paul, s'adressant à tous les parents chrétiens : « Prenez garde, il est vrai, dit-il, de pousser vos fils à la colère » par des sévérités injustes ou même outrées ; « mais élevez-les dans la discipline et la correction du Seigneur. » Concluez-en qu'éliminer la correction et le châtiment de l'éducation humaine, soit en principe et par suite d'un système qu'il faudrait en vérité qualifier d'insensé, soit en fait par une faiblesse honteuse et une lâcheté déplorable, c'est donner le démenti à Dieu, rompre la tradition universelle du genre humain, trahir le mandat divin dont on est investi, et ouvrir devant ses enfants des sentiers tout remplis de péchés, de malheurs et de ruines.

(Mgr Gay).

**

Jamais il n'y aura pour un enfant de contentement intérieur, si tout ce qu'il y a de raisonné dans son esprit ne s'unit pas à ses meilleurs sentiments pour le porter à la soumission, premier devoir de cet âge et celui qu'il conçoit le mieux. L'imposer stricte et littérale, tout en l'ennoblissant par les motifs élevés qui doivent diriger la vie entière, telle est à cet égard la tâche des parents.

Ne motivez pas les ordres que vous donnerez à l'enfant. Justifier sans cesse vos commandements, c'est vous mettre sur le pied de l'excuse, c'est en appeler à son jugement et en provoquer les objections. Et si votre ton impératif interdit ensuite toute réplique, vous tombez dans une sorte de contradiction ; car lorsqu'un raisonnement est tellement évident qu'il n'y rien à répondre, pourquoi commander? Vous vous défiez apparemment de cette même raison que vous érigez en juge ; autant valait la laisser dormir en paix.

Dans ces éternelles explications, l'intérêt personnel des enfants est presque toujours le motif des ordres qu'on donne ; mais alors l'autorité en est affaiblie, le considérant de la loi tend à l'annuler. Alléguez-vous le plaisir présent? l'enfant le nie ; l'utilité future? il s'en soucie peu.

L'obéissance doit être prompte. Tout le temps qui s'écoule entre l'ordre et l'exécution est une révolte de l'amour-propre. Commandez d'un seul mot, et qu'il soit sans appel. Plus on met de douceur dans l'éducation, plus il est nécessaire que la fermeté y soit quelque part ; et rien ne donne de la considération aux parents comme le sentiment qu'ils ont de leurs droits. Cela seul les distingue des autres personnes qui conseillent, exhortent, avertissent toute la journée.

Compatissantes de leur nature et souvent timides, souvent préoccupées de la crainte de n'être pas aimées, les mères sont sujettes à employer l'humble forme de la prière pour obtenir ce qu'elles veulent de leurs enfants ; mais un grand inconvénient est attaché à cette forme. La prière, adressée par les mères, renverse les rapports naturels et produit un échange de rôle. A force de s'entendre solliciter, les enfants se croient forts pour accorder des faveurs ; ce sont eux qui ont pour nous des bontés, et c'est nous qui sommes les ingrates. De là vient qu'ils ont rarement de la reconnaissance pour leurs parents et qu'ils n'en ont pas surtout pour leur mère.

Une chose que la mère ne comprend pas assez, c'est qu'elle répond des devoirs de ses enfants envers elle-même comme de tous leurs autres devoirs. Il s'agit de former en eux la moralité, et, dès lors, combien serait blâmable la subtilité qui les dispenserait de remplir leur première obligation sur la terre !

(Mme Necker de Saussure.)

Corrections.

Ne reprenez jamais l'enfant ni dans son premier mouvement, ni dans le vôtre. Si vous le faites dans le vôtre, il s'aperçoit que vous agissez par humeur et par promptitude, et non par raison et par amitié; vous perdez sans ressource votre autorité. Si vous le reprenez dans son premier mouvement, il n'a pas l'esprit assez libre pour avouer sa faute, pour vaincre sa passion et pour sentir l'importance de vos avis; c'est même exposer l'enfant à perdre le respect qu'il vous doit. Montrez-lui toujours que vous vous possédez; rien ne le lui fera mieux voir que votre patience. Observez tous les moments pendant plusieurs jours, s'il le faut, pour bien placer une correction. Ne dites point à l'enfant son défaut sans ajouter quelque moyen de le surmonter, qui l'encourage à le faire; car il faut éviter le chagrin et le découragement que la correction inspire quand elle est sèche.

Mais, quoiqu'on ne puisse guère espérer de se passer toujours d'employer la crainte pour le commun des enfants, dont le naturel est dur et indocile, il ne faut pourtant y avoir recours qu'après avoir éprouvé patiemment tous les autres remèdes. Il faut même toujours faire entendre distinctement aux enfants à quoi se réduit tout ce qu'on leur demande, et moyennant quoi on sera content d'eux ; car il faut que la joie et la confiance soient leur disposition ordinaire, autrement on abat leur courage.

(Fénelon).

Obéissance.

Ce dont il faut surtout se garder quand on veut obtenir la soumission, c'est de plaisanter. Le badinage suppose l'égalité, et aussitôt qu'on rit, on abdique. Jouez souvent avec votre enfant, témoignez-lui l'amour le plus tendre, mais une fois l'obéissance exigée, ne riez plus, ne caressez plus, ne priez pas même. Vous exercez un droit sacré, et le sentiment de ce droit s'affaiblit dans l'âme de l'enfant comme dans la vôtre quand vous faites jouer tant de ressorts divers.

Les enfants essayent de mille tours pour mener à bien leurs petits projets ou pour désarmer votre résistance. Séduction, importunité, bouffonnerie, tout est mis en œuvre par eux ; souvent on leur voit hasarder une foule de contraventions tellement graduées qu'on ne sait pas trouver le moment de les arrêter. C'est à notre manière faible et molle de commander que sont dues ces tentatives. Nous avons parlé légèrement, on nous a écoutés de même. Avant de prononcer aucun arrêt, il faut qu'un plus grand sérieux, quelque chose de plus imposant dans la contenance, annoncent à l'enfant que la mère arrive, et que la compagne des jeux s'évanouit. L'important est alors l'expression de la sécurité et du calme. Si, loin d'élever la voix, on la baisse tout à coup, on paraît s'adresser à ce qu'il y a de plus intime chez l'enfant, à sa conscience.

Les gronderies et les cris ébranlent les enfants plus qu'ils ne les corrigent et causent plus de larmes que de vrai repentir. Il faut se souvenir que les punitions (et les fortes réprimandes en sont une) ont pour unique but d'améliorer intérieurement les dispositions ; tout autre motif nous rend condamnables, tout autre résultat nous déclare inhabiles et maladroits. Dans l'éducation, le devoir de protéger le bonheur ne doit céder le pas qu'à celui de protéger l'innocence, condition nécessaire du bonheur et d'un plus haut prix que lui.

(Mme Necker de Saussure.)

Autorité.

Par rapport à vos garçons, prenez garde, mères chrétiennes, de ne pas vous laisser ravir votre autorité au point que vous les craigniez plus qu'ils ne vous craignent eux-mêmes. Et pour que cela ne vous arrive pas, châtiez-les la première fois qu'ils commencent à faire envers vous quelque acte d'insubordination, d'indépendance, de mépris pour votre autorité.

Les malheurs actuels de la société ont leur source dans l'insubordination de la jeunesse, et cette insubordination vient de ce que le principe d'autorité est méconnu et foulé aux pieds.

Les enfants, dans certaines familles, n'ont jamais pu apprendre ce que c'est que l'autorité ni quelle est son importance. Avant l'âge de raison, ils commandent déjà, puisqu'ils réussissent à obtenir tout ce qui leur plaît; cet âge venu, pleins d'eux-mêmes, il n'obéissent plus. Il ne s'est trouvé autour d'eux personne pour leur dire: Ceci est un devoir, il faut l'accomplir; c'est la volonté de ton père, de ta mère, qui a le droit de te commander et à qui tu dois obéir. Les parents doivent commander, non pas comme des égaux qui encouragent, mais comme des supérieurs qui usent de leur droit.

Par rapport à vos filles, réprimez en elles la vanité. La première comme la plus impérieuse passion des jeunes filles, c'est la vanité. Elles naissent, dit Fénelon, avec un désir violent de plaire. Les chemins qui conduisent les hommes à l'autorité et à la gloire leur étant fermés, elles tâchent de se dédommager par les agréments de l'esprit et du corps; de là vient leur conversation douce et insinuante; de là vient qu'elles aspirent tant à la beauté, et à toutes les grâces extérieures et qu'elles sont si passionnées pour les ajustements. « Mais il faut convenir, dit l'abbé Pichenot, que si les jeunes filles apportent en naissant le germe de ce défaut, c'est en grande partie à leur éducation qu'on doit en attribuer le progrès et le développement. »

Une fille vaniteuse ne pense qu'à se parer et à plaire, et elle y pense pendant ses prières, qu'elle fait sans attention, pendant ses occupations ordinaires, pendant la sainte messe, et jusque dans l'église où elle scandalise par sa dissipation. Elle ne s'acquitte pas mieux de ses devoirs envers ses parents; car une personne vaniteuse est essentiellement désobéissante et médisante, et assez souvent elle est querelleuse et jalouse. Elle est sur la voie qui conduit à l'impureté par une pente des plus rapides, si elle n'y a pas déjà succombé. (L'abbé Collomb.)

*
* *

Le dévouement, voilà la force de l'autorité, voilà sa paternité; il est aisé de comprendre que l'autorité dans la famille ne peut être autre chose que le dévouement, sous peine de se détruire elle-même.

Il y a une modération d'autorité qui fait sa force, comme il y a une jalousie d'autorité qui la rend impopulaire et la décrie; et généralement dans l'autorité l'impuissance et la jalousie se donnent la main : l'autorité est impuissante parce qu'elle est jalouse, elle est jalouse parce qu'elle est impuissante. Aussi l'autorité paternelle, plus impuissante que jamais, est-elle devenue plus soupçonneuse aussi. Son jeu est une lutte, sa voix une plainte prolongée.

Si pour la famille un reflet de l'obéissance des saints se retrouvait dans les enfants, l'autorité serait toujours un service, un dévouement; mais elle ne serait plus une torture et un effort sans résultat. Et si les chefs de famille comprenaient et leur intérêt et leur devoir, ils tendraient à rendre l'obéissance telle, non par le despotisme, ils feraient fausse route; non par la rigueur, non par la faiblesse, non par un procédé humain quelconque, mais par la foi. Ils établiraient dans l'âme de leurs enfants le christianisme sur des bases larges et profondes, et les pousseraient à la sainteté comme ils les poussent à la fortune.

La famille est monarchique, essentiellement monarchique, et dans son inviolable hérédité elle a toutes les qualités, mais peut avoir tous les défauts des monarchies. Toutefois, malgré ces défauts, tout ce qui tiendra pour elle à l'élément monarchique sera un moyen de force et de durée, et tout ce qui la démocratisera un affaissement : des expériences nombreuses l'ont prouvé.

L'enfant, la jeunesse surtout, ne plieront jamais sous l'autorité qu'ils n'estimeront pas. Il y a dans les cœurs nouveaux un sentiment de droiture innée qui s'élève au-dessus de tout ce qui est méprisable et lui refuse ses hommages, alors que des passions les entrainent eux-mêmes sur la voie du mépris. Mais cette jeunesse, peu habituée à se vaincre, veut trouver encore dans les dépositaires du commandement des qualités charmantes, ces moyens d'attraction qui tempèrent l'humiliation de la dépendance et en dissimulent les liens. Dans les siècles libres-penseurs surtout, les pères ont besoin de défendre leur autorité par la grâce du commandement et par la bienfaisance visible de cette autorité.

A celui qui ne voit pas dans la foi l'origine de l'autorité; pour celui qui ne se soumet pas au droit divin, c'est-à-dire qui n'admet pas la délégation de la puissance par Dieu, l'autorité ne s'impose que par la peur, la force ou l'amour. La peur, elle peut disparaître, et les représailles du poltron émancipé sont terribles; la force, elle peut faillir et s'épuiser, et dès qu'elle baisse la révolte relève la tête; seul l'amour peut remplacer la foi pour arriver à se joindre à elle, de même que la foi mène infailliblement à l'amour.

O pères, faites-vous aimer, faites chérir votre puissance, emparez-vous des cœurs pour parvenir aux volontés. Arrondissez, pour ainsi dire, les angles du commandement, polissez-en le bâton, et doublez de velours la main de justice. N'abordez pas la jeunesse révoltée avec le châtiment (nous ne dirons pas l'enfance.) Ne refusez pas de reconnaître le fils qui refuse de s'incliner devant vous : qu'il s'incline devant votre bonté celui qui s'est roidi devant votre pouvoir.

(Mme de Marcey.)

Obéissance.

Je regarde l'obéissance ponctuelle comme la condition nécessaire de la moralité et de la fermeté du caractère chez l'enfant.

L'obligation de commander pour les parents est donc étroite ; mais leur faute ordinaire consiste à vouloir commander et éclairer en même temps, deux tâches nécessaires, mais successives. On ne le croirait pas : le plus mauvais moment pour discuter avec un enfant la convenance d'un acte, est celui où l'on exige cet acte de lui. Toujours partial alors, intéressé à éviter ou à obtenir telle chose, il n'écoute guère et ne raisonne pas de bonne foi. Je vous ai donc donné, mon fils, des ordres nets, précis, sans m'assujettir à les motiver et sans souffrir aucune réplique. Toute explication, pour être satisfaisante, doit appeler les objections et les réfuter. Mais je voulais d'autant moins admettre les vôtres que vous auriez revêtu de mille prétextes vos vrais motifs, qui tous n'étaient qu'affaire de goût ou de répugnance. Rien ne m'a paru plus fatal pour la vérité du caractère chez l'enfant comme pour la dignité chez le père, que cet état d'hésitation où tous deux se tâtent réciproquement, chacun usant de finesse pour amener l'autre à ses fins. L'esprit actuel de chicane, de contradiction, d'argutie sans opinions fixes, tel que vous avez déjà pu le remarquer chez vos amis, est dû, je n'en doute pas, à ces vaines tentatives de persuasion que les pères ont substituées à l'exercice de leurs droits les plus justes.

L'obéissance est tellement une condition nécessaire pour l'éducation, elle est si bien le premier devoir que l'enfant conçoive et la route qui mène à l'observation de tous, qu'il n'y a pas sous ce rapport de différence à mettre entre les deux sexes. Toutefois, la docilité, cette disposition intérieure qui nous porte à remplir facilement ce devoir, peut bien être l'objet d'une culture particulière chez les jeunes filles. Une fois les jeunes garçons livrés à l'éducation publique, ils sont plus souvent conduits par des règles générales et moins par la volonté des individus ; les femmes, au contraire, sont appelées à porter souvent, et peut-être toute leur vie, le joug d'une obéissance personnelle. Puisque tel est leur sort, il faut bien les y accoutumer ; il faut qu'elles apprennent à céder sans murmure, même intérieur. Leur gaieté, leur santé, leur égalité d'humeur gagneront également à une docilité prompte et cordiale.

Ainsi, nous exhorterons toujours les mères à exercer sans crainte l'autorité que Dieu leur a confiée, puisque celle-là aussi est sacrée. Quand elles pourraient obtenir l'accomplissement de leurs desseins d'une autre manière, il importerait encore de dresser leurs filles à la soumission. Nous leur rappellerons que les longues expositions de motifs provoquent les objections et semblent montrer qu'on s'attend à la résistance. C'est avec les petites filles surtout qu'il importe de prévenir les répliques, l'habitude de contredire, d'ergoter à tout propos.

(Mme Necker de Saussure.)

***

Mères chrétiennes, vous êtes investies de l'autorité comme d'un manteau divin et couronnées comme d'un diadème. Sans doute, chacune de vous la partage avec son époux; l'époux a même ici la part première et principale; mais après lui et avec lui, vous avez cette autorité, et c'est sur elle avant tout qu'est fondée la famille. Il y a là un mandat sacré sur lequel Dieu vous jugera, et là se trouve aussi votre premier secret pour former vos fils et vos filles. Il faut certainement exercer ce mandat en toute humilité, discrétion et sagesse, tenant compte, par exemple, du caractère, de l'âge et de l'ensemble des circonstances; mais l'exercice en est indispensable. Vous devez exiger que l'on vous obéisse, faisant réellement plier la volonté de vos enfants sous la vôtre, après avoir plié la vôtre sous celle de Dieu, dont vous tenez la place et au nom de qui vous commandez. Il n'y a pas d'éducation sans discipline, c'est-à-dire sans obéissance, et partant sans une autorité qui s'affirme et s'impose. Les mères ont à s'examiner sérieusement sur ce point, et beaucoup d'entre elles doivent à Dieu et à leurs fils de réformer en ceci leur conduite, peut-être même leurs idées. Il semble, en effet, de nos jours, qu'on ne doive plus donner d'ordre à personne, mais conduire les inférieurs uniquement par la persuasion; il semble que si l'on ne gagne pas amiablement la volonté humaine, on ne puisse, sans offenser sa dignité ou même sa liberté, prétendre la courber et encore moins la rompre. On sent partout, dans l'ordre social, ces tendances déplorables ; elles existent dans beaucoup de familles. Les causes de ce mal sont multiples : la première, sans contestation, est la diminution de la foi, d'où naît l'abaissement du sens chrétien et même du sens moral. Et comment, quand on ne croit plus en Dieu, au moins d'une foi pratique, pourrait-on croire efficacement aux délégations de Dieu, c'est-à-dire au caractère sacré dont il revêt parfois les hommes, et aux ministères qu'il leur confie? Défendez-vous de ces défaillances à la fois coupables et funestes. Sachant et vous rappelant qui vous êtes et qui est celui qui vous a députées, écoutez l'antique ou plutôt l'éternelle sagesse vous donner cette leçon : « Qu'il est bon à l'homme de porter le joug dès sa naissance. » Vous entendez, le joug. Croyez-le, en effet : qui n'aura pas d'abord obéi comme il faut, ne se commandera jamais comme il faut à lui-même. Et si, au lieu de se soumettre simplement au pouvoir légitime, sans lui demander toujours au préalable le pourquoi de ses injonctions, un enfant n'a jamais suivi que sa propre lumière, ou ce qu'il nommait ainsi, ou encore les attraits qu'on lui présentait pour le préserver d'une révolte, il a toutes les chances possibles de devenir, s'il ne l'est déjà, un être orgueilleux, égoïste, despote. Quiconque enfin n'aura pas respecté, profondément et habituellement respecté l'autorité de son père et de sa mère, finira par ne respecter rien, ni personne, ni les hommes, ni Dieu. C'est donc une grave obligation qui vous incombe à toutes de nourrir vos enfants de ce pain de l'autorité, de les accoutumer à l'obéissance, et, au besoin, de les y contraindre. Vous leur devez de garder toujours vis-à-vis d'eux votre supériorité naturelle et votre dignité d'état. Cet appui leur est nécessaire ; ce fondement doit porter l'édifice entier de leur vie ; et vous ne sauriez leur faire plus de mal que de les amener ou seulement les induire à moins considérer et révérer leur mère.

(Mgr Gay.)

Autorité. — Corrections.

Il est des caractères de plus d'une sorte : des caractères ardents qu'il faut modérer, des caractères timides qu'il faut encourager, des caractères indociles qu'il faut plier au joug, des caractères indolents qu'il faut stimuler et aiguillonner. Examinez ce qu'il y a de défectueux dans le caractère de vos enfants, et tâchez de le redresser et non pas de le changer, ce qui serait forcer la nature. Pour cela, profitez du défaut lui-même pour le faire servir au bien : par exemple, si votre enfant est babillard, profitez de cette inclination pour le faire parler sur ce qu'il a lu, sur ce qu'il a entendu dans les instructions, dans les catéchismes. S'il est curieux, désireux de savoir, racontez-lui la vie des saints, mettez en ses mains de bons livres d'histoire. Est-il actif, turbulent ? choisissez-lui une occupation qui soit de son goût, chargez-le du soin de quelque affaire qui ne le laisse pas désœuvré.

Corrigez ses défauts dans la tenue, qui doit être naturelle, simple, modeste, lui faisant observer les règles de la civilité que vous devez plus ou moins connaître, selon votre condition et l'éducation que vous avez reçue.

Comment faut-il corriger ? — Avec autorité. Si la dignité de père est la plus haute, la première des dignités qui ait existé en ce monde, celle de la mère est la seconde; si le père est roi dans sa famille, la mère est reine, et elle doit faire valoir cette autorité sans se laisser jamais intimider ni par l'âge, ni par le ton de hauteur, d'audace et d'arrogance, ni par le rang de son enfant. Prenez garde aussi qu'une trop grande familiarité ne vous abaisse trop à son niveau et ne l'enhardisse à vous outrager; car l'Esprit-Saint vous dit que si vous jouez avec vos enfants, ils vous mépriseront.

Le père et la mère doivent se soutenir mutuellement, être parfaitement d'accord quand il s'agit d'infliger une punition à un enfant. Vous, mères, si vous avez des observations à faire à votre époux sur les corrections, peut-être trop violentes, qu'il inflige à vos enfants, ne les faites jamais en leur présence, à moins qu'il ne soit tellement emporté par la colère qu'en voulant corriger il s'expose à estropier.

Prenez garde aussi de ne pas donner raison à vos enfants contre leurs instituteurs ou leurs institutrices. Il importe de leur faire respecter l'autorité de ceux à qui vous confiez une part des soins de leur éducation.

« Pourquoi, dit le P. Francoz, la correction réussit-elle si peu? Parce que la passion l'applique; elle n'est trop fréquemment qu'un torrent d'invectives qui déborde sur le jeune coupable. On semble prendre l'occasion de se venger, tant les paroles sont violentes et les gestes furieux. Croyez-le, on n'enseigne pas la vertu par le vice; on ne maîtrise pas les passions étrangères en laissant libre cours aux siennes.

(L'abbé Collomb.)

***

Quand faut-il corriger? Il faut corriger quand vous êtes vous-mêmes dans le cas de faire la correction convenablement. Elle serait faite d'une manière bien inconvenante quand vous êtes trop irrité : vous diriez et vous feriez alors des choses dont vous vous repentiriez bientôt après, car la colère pervertit le jugement. Et quand le jugement et le bon sens font défaut, peut-on dire ou faire quelque chose de bon et d'avantageux? Attendez que vous soyez revenus au calme pour faire la correction; vous punirez alors pour corriger et non pour satisfaire votre mauvaise humeur.

Ne faites pas non plus la correction publiquement, à moins que la faute n'ait été publique. Dans ce cas, désavouez-la devant ceux qui en ont été témoins, et dites-leur que vous vous réservez de la châtier en temps et lieu. Une réprimande publique irrite et ne corrige pas celui qui la reçoit et mortifie ceux devant qui elle est faite.

(L'abbé Collomb.)

AMOUR-PROPRE

Les enfants gâtés par l'orgueil sont assez souvent de bonnes et riches natures; mais quels dangers s'y rencontrent pour leur éducation!

Rien ne peut dire jusqu'où va quelquefois leur indocilité, leur impertinence, leur vanité, leur ostentation, leur dureté, leur hauteur, leur insolence même! Si l'éducation, au lieu de corriger à temps ces dispositions vicieuses, vient à les entretenir et à les fortifier, ils feront sentir un jour à leurs parents tout le poids de cet orgueil nourri par de fatales complaisances.

Hélas! il le faut avouer ici, c'est le plus souvent l'orgueil des parents qui excite, qui développe, qui élève l'orgueil des enfants.

Je ne saurais assez le redire, soit aux parents, soit aux instituteurs: Prenez-y garde, plus cet enfant que vous devez élever est une belle et riche nature, plus vous devez éviter que l'orgueil ne le déprave. Si cette belle nature est une nature forte, de cet enfant qui pouvait être un homme distingué et peut-être un homme supérieur, vous ferez un tyran, un être odieux. Il se regardera comme étant d'une autre espèce que le restant des hommes. Les autres ne lui sembleront mis sur la terre que pour lui plaire et le servir, pour prévenir toutes ses volontés, adorer tous ses caprices et rapporter tout à lui comme à une divinité.

Si cette riche nature, malgré sa richesse, est une nature vaine et faible, l'éducation de votre orgueil en fera un sot, un impertinent, un être vil et faux; parlant de tout à tort et à travers, incapable d'une étude grave, d'un succès élevé; tout au plus ce qu'on appelle un aimable cavalier, c'est-à-dire un fat inutile à lui-même et aux autres, et qui souvent, si les circonstances s'y prêtent, finit à vingt-cinq ans par se déshonorer, lui et sa famille.

Le plaisir qu'on veut tirer des jolis enfants produit un effet pernicieux. Ils s'aperçoivent qu'on les regarde avec complaisance, qu'on observe tout ce qu'ils font, qu'on les écoute avec plaisir. Par là, ils s'accoutument à croire que le monde sera toujours occupé d'eux.

J'ai vu des enfants qui croyaient qu'on parlait d'eux toutes les fois qu'on parlait en secret, parce qu'ils avaient remarqué qu'on l'avait fait souvent; ils s'imaginaient n'avoir rien en eux que d'extraordinaire et d'admirable. Il faut donc prendre soin des enfants, sans leur laisser voir qu'on pense souvent à eux.

(Mgr Dupanloup.)

Il y a dans la tâche de l'éducation des moments où le désintéressement, ce premier de nos devoirs, est prêt à nous manquer. Dans la conscience de notre profonde tendresse, nous oublions qu'elle n'a rien à réclamer pour son propre compte, et ce qui la blesse nous saisit comme une ingratitude; il faut alors se garder de la plainte, la plus dangereuse de toutes faiblesses, et qui met la supériorité du côté de l'offenseur.

J'ai toujours été persuadée que l'éducation n'avait de force contre le mal que le goût du bien. On ne réprime point une mauvaise disposition, on en fortifie une bonne, et je ne sache de moyen d'extirper un défaut que de faire croître une vertu à la place.

Pour préserver les enfants des ridicules de l'amour-propre, l'important n'est pas de rabaisser leurs succès à leurs propres yeux, mais de leur apprendre ce qu'ils peuvent valoir aux yeux des autres. C'est là la grande difficulté de l'éducation particulière, et ce qui peut y rendre les récompenses si dangereuses, car, si l'on veut éviter d'avoir recours à l'intérêt, il faut nécessairement s'adresser à l'amour-propre, et, dans ce cas, on court grand risque d'en fausser la mesure. Il manque à l'enfant élevé chez ses parents des égaux au milieu desquels il puisse recevoir en éloges tout juste la valeur de son mérite ; il ne peut guère avoir affaire qu'à des supérieurs et attend d'eux seuls la récompense qu'il ambitionne. C'est un bon sentiment que le désir d'être estimé et loué de ses supérieurs ; il tend constamment à nous élever, nous préserve de l'orgueil puisqu'il vient de la conscience que nous avons de la supériorité d'autrui. Mais quoique l'amour-propre sache toujours se faire bonne part, les éloges reçus dans l'intérieur de la famille n'auront jamais l'effet d'une distinction de collège ; l'amour-propre n'y trouvera jamais une de ces récompenses qui peuvent devenir le but du travail de l'année.

Dans l'éducation domestique, l'amour-propre de l'enfant n'a point de théâtre, et celui qu'on pourrait lui faire ne lui convient pas. L'écolier en a un vaste, brillant, et cependant fait à sa taille. Le monde où il vit est un monde réel, mais un monde d'enfants, animé d'intérêts où il a sa grande et véritable part ; là, le thème est une affaire et le barbarisme un événement ; l'ambition y poursuit des distinctions dignes d'elle, et rien n'est trompeur dans les gloires de l'école, car elles n'en sortent pas, ou du moins ne s'élèvent jamais plus haut que l'importance d'une gloire d'école. Le plus fort d'un collège sait très bien que toute cette considération dont il brille dans les murs du collège n'est rien au delà, et vous ne le verrez jamais se targuer dans le monde de ses succès de classe. Lors même qu'une récompense plus éclatante attirera sur lui les regards du public, la nature de cette récompense toute spéciale ne lui permettra pas d'y voir autre chose que ce qu'elle est, un encouragement accordé à ses efforts, un honneur que le public veut bien lui faire par intérêt pour sa jeunesse et les espérances qu'elle permet de concevoir. Il n'y verra point une importance acquise, mais un motif pour travailler à l'obtenir, et un prix universitaire, le plus beau triomphe qui puisse exciter les désirs et les émotions d'un jeune cœur, n'aura jamais pour l'amour-propre les inconvénients d'une composition montrée à cinq ou six amis ou connaissances.

(Mme Guizot.)

*
* *

Le penchant naturel qui nous porte à nous estimer nous-mêmes est sujet à plusieurs déviations qui se montrent souvent dès l'âge tendre. L'égarement qui paraît être le plus commun, c'est celui qui va chercher le mérite non pas dans la personne même, mais dans ce qui l'environne et ce qu'elle possède à l'exclusion de la multitude. Ce sera donc le nom, la parenté, la fortune, le luxe, la demeure, les distinctions de toute espèce et souvent les plus ridicules. Souvent aussi les hommes s'attachent à des qualités personnelles à la vérité, mais qui ne sont pas des qualités morales et qui d'elles-mêmes n'ont pas de prix : c'est la beauté de la figure et de la taille, c'est l'élégance des manières et de la mise, c'est l'adresse ou la force, c'est le timbre de la voix, ce sont encore les talents, etc. L'instituteur devra prévenir cette funeste illusion dans ses élèves ou tâcher de la détruire si elle les avait déjà gagnés. Il dira donc :

« Il n'y a qu'une beauté qui ne passe pas comme celle de la fleur de nos champs, c'est celle d'un cœur honnête et bon. La force du corps peut être utile, mais il y a des animaux qui sont beaucoup plus forts que l'homme le plus vigoureux. — Ce n'est pas ce qui nous entoure qui nous donne du prix, mais ce que nous sommes nous-mêmes. — Mieux vaut l'honnête manœuvre que le monarque qui déshonore son trône par des sentiments bas et une conduite ignoble, etc.

Rien ne stimule autant l'application et la diligence dans les enfants que le sentiment qu'ils acquièrent de leurs progrès. Tâchez donc de leur inspirer ce sentiment en louant leurs efforts et leurs moindres résultats. Le divin Maître en usait ainsi envers ses disciples. Ayez soin aussi de ne jamais les laisser dans l'embarras, mais aidez-les dans leur travail par quelques légères indications qui les mette sur la voie de trouver le reste, et qui leur en laisse le plaisir. Il y aura beaucoup de fautes à corriger. Elles ne doivent pas vous surprendre et encore moins vous irriter. L'humeur ne vous gagnera pas le cœur de vos élèves, elle ne leur ouvrira pas l'esprit, elle ne doublera pas leurs forces et leur vie. Ceci n'est réservé qu'à la bonté de l'instituteur et à la reconnaissance de ses élèves.

(P. Girard.)

Quand on examine attentivement l'influence qu'exerce un vif amour-propre, on finit par se persuader que, s'il accompagne fréquemment les succès obtenus par de grandes facultés déjà développées, il porte néanmoins préjudice à leur premier développement. Il arrête dans deux sens opposés, si l'on peut le dire, la croissance de l'esprit, et ne fait que favoriser certains efforts de travail et de mémoire. D'une part, il est évidemment contraire à la recherche de la vérité, puisqu'une fois qu'il s'est prononcé en faveur d'une opinion, il ferme tout accès à la lumière ; il oblige souvent celui qu'il gouverne à poursuivre une route contraire au bon sens, à la morale, à l'intérêt même. D'autre part, il est nuisible au vrai talent, parce qu'il étouffe les dispositions qui en favorisent la naissance.

Un amour-propre trop excité trouble, agite l'être chez lequel il règne, et l'empêche de recevoir des impressions pures du dehors. Qui ne sait que, quand de petites passions personnelles nous préoccupent, tout ce qui est étranger à notre intérêt du moment passe inaperçu? Certaines sensations sont trop fortes, d'autres trop faibles; l'accord entre la nature et nous est rompu; il n'y en a même plus entre nous et les autres hommes : nos rapports avec eux sont altérés; et le plus fâcheux encore, c'est que l'amour-propre détruit cette bienveillance mutuelle qui nous ouvre l'accès de leur cœur. De même que l'amour fait naître l'amour, la sympathie aussi se propage et, sans elle, il n'est guère d'influence à exercer. Comme elle nous donne le secret de ce qui se passe chez les autres, elle leur atteste aussi la vérité de nos sentiments. Il faut se pressentir les uns les autres pour s'entendre, et cela seul est une nuance d'affection. C'est quand on les reconnaît pour des êtres de même nature, pour des frères, qu'on leur fait partager ses émotions.

Le point de vue de l'amour-propre est bien différent. Tout en nous persuadant que nous sommes supérieurs aux autres, il nous place en infériorité vis-à-vis d'eux. C'est devant leur tribunal qu'il nous faut comparaître par la pensée, et dès lors, il nous porte à les redouter. Sitôt que nous les voyons comme des juges, nous ne pouvons plus les aimer. Tout ce que nous faisons pour les captiver est intéressé, hypocrite;

le talent vrai, le talent sincère ne trouve plus à se déployer.

Ces remarques sont applicables à l'enfance. Le germe du talent est de la nature du talent même, et il est bien plus aisé à étouffer. Faire vivre un enfant dans cet état d'irritation où le tient l'envie de supplanter les autres et la crainte d'être supplanté, c'est lui nuire de mille manières, c'est agacer ses nerfs mobiles, c'est altérer son humeur, c'est le porter, en cas de revers, à trouver un refuge dans le dénigrement, dans dans la moquerie, froide disposition qui flétrit le cœur.

S'il y a de l'avantage à pouvoir faire arriver un être borné à un degré d'instruction qu'il paraissait incapable d'atteindre, à quel prix un tel avantage n'est-il pas souvent payé! Que de prétentions excitées auxquelles la société ne veut pas faire droit! Que de palmes de collège, dont le souvenir ne sert qu'à produire du mécontentement, de l'aigreur et la triste idée qu'on est injustement jugé!

Les parents feraient-ils instruire leurs fils chez eux qu'ils ne seraient pas encore certains de les garantir de toute exaltation d'amour-propre. Il est de fait qu'il se forme souvent dans l'éducation domestique une vanité plus irritable, plus aveugle et plus déplacée que dans l'éducation publique la mieux combinée pour l'exciter.

(Mme Necker de Saussure.)

Orgueil.

La désobéissance est un des fruits de l'orgueil. La désobéissance, c'est-à-dire le défaut de soumission aux ordres des supérieurs légitimes, la révolte contre la direction et les conseils de ceux qui sont chargés de nous conduire, d'où procède-t-elle, sinon de l'orgueil? On ne veut avoir pour règle que sa propre volonté ; on se croit supérieur à tout et parfaitement capable de se gouverner soi-même, et dès lors on compte pour rien les autorités les plus sages et les plus légitimement établies.

Dans une maison d'éducation, l'indocilité, la désobéissance peuvent venir de la légèreté : on doit être alors plus indulgent dans la répression ; mais lorsqu'elles procèdent, comme il arrive le plus souvent, de l'orgueil, oh! alors il faut être d'une inflexible fermeté, et surtout attaquer cette désobéissance dans son principe, c'est-à-dire dans l'orgueil. Qu'on ne l'oublie pas : c'est toujours l'orgueil qu'il faut combattre dans les enfants désobéissants.

Il faut leur parler souvent de la grande et belle vertu de la reconnaissance, leur en faire sentir le devoir sacré, la noblesse ; flétrir devant eux l'ingratitude, leur en montrer la bassesse, la honte, et quelquefois les noirceurs.

Sur tout cela, il faut leur parler nettement, sans ménagement; je le dirais même : il n'y faut pas mettre de délicatesse. Grossièrement aveuglés sur eux-mêmes, ils ne comprendraient point.

L'indocilité, l'esprit d'indépendance, l'esprit de contradiction, la manie de toujours se justifier, de ne vouloir jamais convenir d'une faute proviennent du mauvais esprit qu'engendre l'orgueil.

(Mgr Dupanloup.)

Amour-propre.

Ne refusez pas à vos enfants les éloges bien et légitimement acquis. Ils doivent savoir et sentir que c'est un mérite, et un grand mérite dans un enfant, que de bien faire ses tâches, d'obéir avec exactitude à la volonté de ses parents, en leur absence comme en leur présence. Ayez soin seulement qu'ils soient fiers non d'avoir rempli leur devoir en telle ou telle occasion, mais de ce qu'on les croit incapables d'y manquer : ainsi le sentiment de leur mérite sera pour eux un engagement à le soutenir.

Le sentiment du devoir est le vrai contrepoison de l'orgueil. Il ne naîtrait jamais en nous si nous n'avions à nous comparer qu'à nous-mêmes, puisque nous ne pouvons nous trouver au-dessus de nos devoirs; mais, demeurassions-nous au-dessous, nous trouverions encore des gens au-dessous de nous. Le devoir que nous remplissons sans y attacher aucun orgueil sera négligé par un autre, et nous nous sentirons fiers de valoir mieux que lui. C'est là l'espèce d'amour-propre que l'éducation doit s'attacher à réprimer; il n'en peut sortir que du mal : le désir de rabaisser les autres, ce qui nous donne toujours moins de peine que de nous élever au-dessus d'eux; un détestable plaisir à découvrir des défauts en autrui. L'injustice, la jalousie, enfin ce qu'il y a de plus mauvais dans l'amour-propre, vient uniquement de cette disposition à fixer notre attention, non sur ce que nous avons de bon en nous, mais sur ce que nous avons de meilleur que les autres. Il ne sera pas difficile d'y trouver un remède. Opposez comparaison à comparaison; que l'enfant qui se vante de courir mieux que celui-ci soit aussitôt averti qu'il saute moins bien que celui-là. Ne laissez jamais son orgueil se gonfler d'une supériorité quelconque sans le rappeler au souvenir de quelque infériorité, soit à l'égard de celui qu'il déprime ou de quelque autre.

Beaucoup de gens se sont élevés contre l'usage de l'émulation; ils y ont vu précisément le danger d'accoutumer les enfants à s'enorgueillir d'une comparaison désavantageuse à leurs camarades, et à chercher leur plaisir et leur savoir dans l'abaissement des autres. Ce danger sera réel et grand toutes les fois que vous proposerez à l'enfant, pour objet d'émulation, non une vertu, une qualité, un talent, mais une personne. Si deux enfants sont continuellement l'un à l'autre objet de comparaison, si l'un ne peut rien faire qu'on ne le donne à l'autre pour exemple, et que l'éloge accordé à celui-ci renferme nécessairement un reproche pour celui-là, il est certain qu'entre deux rivaux sans cesse en lutte et humiliés tour à tour, chaque victoire deviendra une vengeance, la faute et le malheur d'un adversaire un sujet de triomphe, et, perverti par la rivalité, le plaisir d'atteindre le but perdra tout ce qu'il a d'honorable. Il faut donc généralement éviter l'emploi de l'émulation dans l'éducation particulière, où la concurrence se concentre d'ordinaire entre deux enfants, toujours les mêmes, toujours en présence, en sorte que leur attention se fixe beaucoup plus sur l'antagoniste que sur l'objet même du combat.

L'éducation publique est à l'abri d'un pareil inconvénient. On voit rarement dans les collèges ou dans les pensions s'établir entre deux enfants une rivalité particulière et soutenue. Par l'organisation même des écoles publiques, ce danger est prévu et prévenu. Le but qu'on y propose à l'ambition des élèves n'est point de vaincre tel ou tel de leurs camarades en luttant avec lui corps à corps, mais d'atteindre à des récompenses, des honneurs offerts également à tous, vers lesquels ils tendent tous par une même route, et qui excitent assez vivement leurs désirs pour absorber leur attention, et l'empêcher de se fixer sur les obstacles que la supériorité des plus forts oppose aux succès des moins avancés.

(Mme Guizot.)

Vanité.

Ne craignez rien tant que la vanité dans les filles. Appliquez-vous donc à leur faire entendre combien l'honneur qui vient d'une bonne conduite et d'une vraie capacité est plus estimable que celui qu'on tire de ses cheveux ou de ses habits. La beauté, direz-vous, trompe encore plus la personne qui la possède que ceux qui en sont éblouis; elle trouble, elle enivre l'âme; on est plus sottement idolâtre de soi-même que les amants les plus passionnés ne le sont de la personne qu'ils aiment. Il n'y a qu'un fort petit nombre d'années de différence entre une belle femme et une autre qui ne l'est pas. La beauté ne peut être que nuisible, à moins qu'elle ne serve à faire marier avantageusement une fille. Mais comment y servira-t-elle, si elle n'est soutenue par le mérite et la vertu? Elle ne peut espérer d'épouser qu'un jeune fou, avec qui elle sera malheureuse, à moins que sa sagesse et sa modestie ne la fassent rechercher par des hommes d'un esprit réglé, et sensibles aux qualités solides. Les personnes qui tirent toute leur gloire de la beauté deviennent bientôt ridicules : elles arrivent, sans s'en apercevoir, à un certain âge où leur beauté se flétrit ; et elles sont encore charmées d'elles-mêmes, quoique le monde, bien loin de l'être, en soit dégoûté. Enfin, il est aussi déraisonnable de s'attacher uniquement à la beauté que de vouloir mettre tout le mérite dans la force du corps, comme font les peuples barbares et sauvages.

De la beauté passons à l'ajustement. Les véritables grâces ne dépendent point d'une parure vaine et affectée.

Je voudrais faire voir aux jeunes filles la noble simplicité qui paraît dans les statues et dans les autres figures qui nous restent des femmes grecques et romaines ; elles y verraient combien des cheveux noués négligemment par derrière, et des draperies pleines et flottantes à longs plis, sont agréables et majestueuses. Il serait bon même qu'elles entendissent parler les peintres et les autres gens qui ont ce goût exquis de l'antiquité.

Si peu que leur esprit s'élevât au-dessus de la préoccupation des modes, elles auraient bientôt un grand mépris pour leurs frisures, si éloignées du naturel, et pour les habits d'une figure trop façonnée. Je sais bien qu'il ne faut pas souhaiter qu'elles prennent l'extérieur antique, il y aurait de l'extravagance à le vouloir; mais elles pourraient, sans aucune singularité, prendre le goût de cette simplicité d'habit si noble, si gracieuse et d'ailleurs si convenable aux mœurs chrétiennes. Ainsi, se conformant dans l'extérieur à l'usage présent, elles sauraient au moins ce qu'il faut penser de cet usage : elles satisferaient à la mode comme à une servitude fâcheuse, et elles ne lui donneraient que ce qu'elles ne pourraient lui refuser.

(Fénelon).

⁂

Rien ne favorise le développement de l'amour-propre comme une certaine facilité toujours assurée du succès, parce qu'elle se contente de peu. La vanité, au contraire, ne s'attache point aux connaissances acquises par de longues études; si l'on sait ce qu'elles valent, on sait aussi ce qu'elles ont coûté, et l'on n'imagine pas avoir à tirer gloire du marché. Je n'ai point vu de femme fière de bien savoir le latin ou les mathématiques, mais j'ai vu des têtes tournées de vanité pour une certaine petite instruction attrapée à la volée, et rien n'est plus aisé que de se croire savant quand on n'est pas arrivé jusqu'aux difficultés de la science. Il faut donc garantir avec soin, les femmes surtout, de ce demi-savoir auquel les dispose la nature de leur esprit, plus prompt qu'exact, et plus pénétrant que conséquent. Il le faut d'autant plus que leur situation dans le monde ne les en préserve ni ne les en guérit. Qu'un homme sache mal, dès qu'il voudra appliquer son savoir aux choses, ses mesures se trouveront fausses, et l'impossibilité de se tirer d'affaire l'avertira sur-le-champ de sa méprise. Le savoir d'une femme s'applique le plus souvent à la conversation, où elle peut être longtemps ridicule sans en souffrir; et plus elle saura mal, plus elle sera empressée à se parer de cet oripeau, qu'elle croira très propre à éblouir, et dont elle ne pourra tirer d'autre profit. Ce qui est superficiel ne sert qu'à l'étalage; il n'y a de jouissances solitaires que dans les études approfondies. Le vrai plaisir du savoir, c'est l'étude. L'instruction n'est sans danger, au moins de ridicule, que lorsqu'on sait assez pour comprendre qu'on ignore beaucoup, et qu'on peut se faire une idée assez nette de ce qu'on connaît pour s'arrêter et consentir à demeurer sans opinion sur ce qu'on ne connaît pas.

Cette modération de l'esprit ne s'acquiert pas à neuf ans; on la possède rarement à trente. Une femme doit savoir se garantir du ridicule d'avoir toujours raison; les grâces de l'ignorance ne lui manqueront pas, pourvu qu'elle sache les accepter, et, suffisamment avertie des difficultés de l'étude, elle comprenne qu'elle ne peut savoir ce qui ne lui aura donné aucune peine.

(Mme Guizot.)

* *

Les femmes sont d'ordinaire encore plus passionnées pour la parure de l'esprit que pour celle du corps. Celles qui sont capables d'étude, et qui espèrent de se distinguer par là, ont encore plus d'empressement pour leurs livres que pour leurs ajustements. Elles cachent un peu leur science; mais elles ne la cachent qu'à demi, pour avoir le mérite de la modestie avec celui de la capacité. D'autres vanités plus grossières se corrigent plus facilement, parce qu'on les aperçoit, qu'on se les reproche et qu'elles marquent un caractère frivole. Mais une femme curieuse et qui se pique de savoir beaucoup, se flatte d'être un génie supérieur dans son sexe; elle se sait bon gré de mépriser les amusements et les vanités des autres femmes, elle se croit solide en tout, et rien ne la guérit de son entêtement. Elle ne peut d'ordinaire rien savoir qu'à demi; elle est plus éblouie qu'éclairée par ce qu'elle sait; elle se flatte de savoir tout; elle décide, elle se passionne pour un parti contre un autre dans toutes les disputes qui la surpassent, même en matière de religion : de là vient que toutes les sectes naissantes ont eu tant de progrès par les femmes qui les ont insinuées et soutenues. Les femmes sont éloquentes en conversation et vives pour mener une cabale. Les vanités grossières des femmes déclarées vaines sont beaucoup moins à craindre que ces vanités sérieuses et raffinées, qui se tournent vers le bel esprit pour briller par une apparence de mérite solide. Il est donc capital de ramener sans cesse votre fille à une justicieuse simplicité. Il suffit qu'elle sache assez bien la religion pour la croire et pour la suivre exactement dans la pratique, sans se permettre jamais d'en raisonner. Il faut qu'elle n'écoute que l'Eglise, qu'elle ne se prévienne pour aucun prédicateur contredit ou suspect de nouveauté. J'aime bien mieux qu'elle soit instruite des comptes de votre maître d'hôtel que des disputes des théologiens sur la grâce. Occupez-la d'un ouvrage de tapisserie qui sera utile dans votre maison et qui l'accoutumera à se passer du commerce dangereux du monde; mais ne la laissez point raisonner sur la théologie, au grand péril de sa foi. Tout est perdu si elle s'entête du bel esprit et si elle se dégoûte des soins domestiques. La femme forte file, se renferme dans son ménage, se tait, croit et obéit; elle ne dispute point contre l'Église.

(Fénelon.)

VÉRITÉ

Une sorte de ruse semble innée chez les enfants; ils ont appris à éviter la fausseté en paroles, qu'ils mentent encore en action, car les actions elles-mêmes sont des mensonges quand elles ont pour but de persuader ce qui n'est pas. Il s'y glisse même un artifice très compliqué, puisque c'est un langage trompeur qui exprime une chose fausse. Les pauvres enfants ne font cependant pas de bien profondes combinaisons, mais ils ont presque en naissant des inspirations d'hypocrisie, promptes et subtiles à la fois....

Presque tous s'abstiennent de caresser leur bonne devant leur mère, tant ils ont la clef du cœur maternel!

Il n'est rien, sans doute, de plus attrayant que les développements gracieux, les scènes comiques et piquantes auxquelles ces petites finesses donnent lieu. Les ruses des jeunes filles surtout ont tant de gentillesse, les caresses qui les accompagnent tant de séduction, qu'on ne peut les envisager d'un œil sévère; on rit de ces stratagèmes, on les raconte devant l'inventeur : c'est là un tort plus grave qu'on ne pense. De tels moyens doivent être reconnus pour ce qu'ils sont, de l'artifice ; et, chez les femmes particulièrement, une rectitude parfaite est la sauvegarde sur laquelle on peut le mieux se reposer.

Mais quelle n'est pas, pour tout être humain, l'importance de la vérité du caractère ! L'influence de cette qualité sur l'ensemble de la moralité est si grande, qu'il semble inutile de la signaler. L'enchaînement du vice et de la fausseté est inévitable. On s'apprend d'abord à dissimuler parce qu'on a fait le mal; on continue à faire le mal parce qu'on s'est appris à dissimuler. Personne ne conteste ces observations ; ce sont des maximes reconnues. Chacun sait que la sincérité est une vertu garant de toutes les autres ; mais ce qu'on ne sent pas assez dans l'éducation, c'est à quel point la possession de cette vertu est un intérêt pressant, immédiat, personnel, pour chaque élève. On ne s'aperçoit pas du rang que l'opinion même la plus frivole accorde par le fait à la véracité.

(Mme Necker de Saussure.)

* *
*

Nos projets pour l'avenir, bien que fondés sur des conjectures, reposent néanmoins sur quelques données. Nous croyons savoir quelle sera, dans telle occasion, la conduite de telle personne, et cette connaissance plus ou moins exacte, c'est à l'étude de son caractère que nous la devons. Si une pareille étude était impossible, si une profonde obscurité nous dérobait complètement la vue d'un être moral, dès lors il cesserait d'exister pour nous. Ne pouvant jamais compter sur lui, nous le laisserions de côté sans mot dire, et nous irions chercher de la certitude autre part. C'est là ce qui nous arrive avec les êtres faux, affectés, avec tous ceux qui ont coupé le pont de communication entre leur âme et celle des autres. Ils sont frappés de nullité, quoi qu'ils fassent. S'ils nous amusent ou nous instruisent, c'est à la manière des livres; s'ils nous servent, c'est à la manière des instruments. Mais eux, ce ne sont pas des personnes; ils n'ont pas pour nous de réalité. En abolissant leur témoignage, ils ont commis en quelque sorte un suicide moral, et leur existence reste inaperçue. Voyez-les se débattre dans le néant, entasser les gestes, les expressions fortes; nul ne prend garde à eux, l'on sourit et l'on passe.

Les paroles, ce moyen de s'entendre si charmant, si facile, les paroles n'ont point par elles-mêmes de valeur fixe; elles en prennent chez chaque individu une particulière dont on est averti par des indices très délicats, mais qui, dans leur ensemble, trompent rarement. Cette valeur peut être fort élevée. Tel mot, prononcé par tel homme, répond de sa conduite à jamais; ce mot est *lui* ; il saura le soutenir, quoi qu'il en coûte. Il empreint sa moindre expression du sceau de son âme auguste, et produit une impression profonde en la prononçant. En revanche, les protestations les plus fortes de tel autre homme ne comptent pas; ce sont des assignats démonétisés dont on ne regarde plus le chiffre.

En obligeant donc votre enfant à être vrai, vous lui assurez l'existence morale, vie plus importante à conserver que la vie physique, puisqu'on ne trouve plus de repos quand on l'a perdue et qu'on est au contraire condamné à la plus humiliante agitation. Nul ne parle des chagrins secrets, fruits amers du manque de vérité dans le caractère; on se tait sur la douleur de n'être jamais cru, jamais compté, jamais placé au poste honorable de la confiance, situation qu'il faut toujours cacher, toujours masquer sous de vaines paroles, qui ne servent qu'à la constater.

L'esprit d'association, celui d'entreprise, en multipliant les transactions augmentent le désir de s'entendre vite. Les gens fins font perdre trop de temps, et quand on ne se défierait pas de leur probité, on éviterait d'avoir affaire à eux, parce qu'on ne sait jamais ce qu'ils veulent. De même, dans l'éducation, d'habiles instituteurs ont trouvé que des rapports actifs et sérieux, entre des enfants chargés de fonctions importantes les rendaient difficiles sur la sincérité, et faisaient régner parmi eux un souverain mépris, je ne dis pas seulement pour le mensonge, mais pour toute ombre de fausseté.

(Mme Necker de Saussure).

.* *

J'ai rangé les caresses parmi les récompenses, et j'ai conseillé d'en priver, à l'occasion, les enfants que l'on veut punir. En dehors même de ces cas particuliers, il est parfaitement licite et simple qu'une mère caresse son fils ou sa fille, et cela même est nécessaire. Cependant, qu'elle ne les accable pas, comme font plusieurs, des marques de sa tendresse; cela n'est bon ni pour elle ni pour eux. Le cœur de chair se peut faire là des festins que Dieu ne bénit point, et nous sommes convaincus que l'âge est très précoce où l'on commence d'amollir les enfants en les caressant trop. Que votre tendresse pour eux soit vive, qu'elle se témoigne aussi; mais, au nom du ciel, qu'elle soit sage, contenue, chaste; qu'en un mot elle demeure chrétienne. Certes, Marie était tendre à son enfant Jésus; mais regardez ce que votre sens chrétien vous découvre des formes de cette tendresse céleste, et dites-moi si, dans son fond ou dans son expression, la vôtre y a toujours ressemblé?

Ne dites rien que de vrai à vos enfants, évitant de les tromper même dans les plus petites choses. Inspirez-leur la plus vive horreur du mensonge;

beaucoup n'y sont que trop portés. Ne les poussez jamais à dissimuler leurs méfaits par de trop fortes menaces ou des réprimandes excessives.

Encouragez-les aux aveux, et que toute faute confessée, surtout si elle l'est spontanément, soit une faute pardonnée. Ne les fatiguez pas par des exigences ou trop minutieuses ou trop multipliées. Il faut savoir passer beaucoup de choses à un enfant. C'est très particulièrement en fait d'éducation que le mieux peut devenir l'ennemi du bien. Ne vouloir rien tolérer d'un être naturellement si faible et forcément si imparfait, outre que ce n'est ni équitable ni bon, c'est travailler à le rendre lui-même intolérable. Une bonne mesure de liberté laissée à l'enfant importe à son triple développement physique, intellectuel et moral. Cette liberté est pour lui comme l'air et le soleil : elle lui dilatera le cœur, le disposera à la confiance et l'entretiendra dans la joie; or, parmi tant de sentiments qui peuvent remplir ces jeunes âmes, il n'en est pas de plus salubre, de plus fécond que la joie. Ai-je besoin de vous exhorter à combattre vigoureusement en elles leur inclination naturelle à l'orgueil et à la vanité? On ne peut observer sans effroi l'imprudence et la légèreté avec lesquelles tant de mères, même parmi les chrétiennes, favorisent chez leurs enfants, et particulièrement chez leurs filles, l'amour de l'apparence, le goût de la parure, enfin l'estime et la passion de la beauté extérieure.

Habituez de bonne heure vos enfants au travail. Encore que l'homme y soit destiné, il n'y est point porté par nature, et la paresse est l'un de ses défauts les plus ordinaires. Aidez vos fils et vos filles à le vaincre en leur rendant d'abord le travail attrayant, ce qui est presque toujours possible; puis en le ménageant, en le variant, et en le faisant suivre de récréations d'autant plus amusantes et prolongées que le travail a été plus difficile, et qu'ils s'y sont plus courageusement appliqués.

(Mgr Gay.)

***

Le langage n'est pas le tout, et les ruses doivent être déjouées; il faut les comprendre, les déconcerter et montrer qu'on n'est jamais dupe. En venir à l'explication n'est pas nécessaire; ce qui ne peut être prouvé ne doit pas non plus être reproché. Si vous recevez avec la plus parfaite froideur les caresses intéressées, et avec un tendre épanchement tout mouvement sincère et qui part du cœur, l'enfant, averti par sa conscience, ne se méprendra pas sur vos motifs. Les prétextes seront traités de même, et sans leur donner le nom qu'ils méritent, vous y verrez toujours une raison de refus. Les exagérations, les vanteries, les récits suspects n'obtiendront également de vous qu'un morne silence. Rien ne vous placera si haut dans l'esprit de l'enfant, rien ne vous assurera mieux de son respect pour vos lumières que l'épreuve qu'il fera de votre pénétration.

Si nous avons obtenu que la vérité ait été respectée durant un temps assez long, nous sommes en possession d'un moyen puissant, nous pouvons montrer de la confiance. Notre estime, qui se mesure sur le degré d'exactitude des assertions, rend l'enfant attentif à ses paroles. Et quand nous ne doutons plus de ce qu'il affirme, quand son plus simple témoignage produit à l'instant chez nous une pleine conviction, le sentiment de joie et de dignité qui remplit son âme lui montre le prix de la bonne foi.

Mais l'essentiel de beaucoup, c'est d'être parfaitement vrais nous-mêmes; tous les autres intérêts doivent être sacrifiés à celui de la vérité. Tromper un enfant, c'est non seulement lui donner un pernicieux exemple, c'est nous perdre auprès de lui pour l'avenir; c'est renoncer à l'éducation entière dont nous ne pouvons plus être les instruments. Comment ne sent-on pas que notre crédit sur l'esprit des enfants ne se fonde que sur la persuasion profonde et intime que nous sommes incapables de les abuser? Et qu'on ne pense pas que leur crédulité soit longtemps aveugle; peut-être le serait-elle s'ils n'avaient pas lieu de douter de nous. Mais on ne prend pas la peine de leur cacher la mauvaise foi avec quelque soin, et l'acte de fausseté qu'on se permet le plus avec eux, les promesses vaines, finissent toujours par être reconnues pour ce qu'elles sont, et font époque dans leur esprit.

Tout est réparable auprès des enfants, hors le mensonge. Soyez impatient, colère, injuste, ce sera très fâcheux, mais peut-être ils l'oublieront. Ce sont des torts dont la volonté n'est pas complice, et les souvenirs ineffaçables ne s'attachent qu'aux péchés d'intention. Vous avez, je le sais, un arrière-motif qui vous excuse ; mais ce motif, inintelligible pour l'enfant, ne vous justifie point à ses yeux. Ce qu'il lui importe de savoir, c'est qu'il peut vous croire : tout l'avenir dont il se fait l'idée est renfermé dans cette question. S'il vous a toujours trouvé littéralement vrai, votre puissance morale est encore entière, tandis que, s'il vous a une fois trouvé faux, vous n'êtes plus qu'une force matérielle et irrégulière, dont l'emploi, ne pouvant jamais être prévu, ne saurait être pris en considération.

L'idée du devoir est formée chez l'enfant ou ne l'est pas. Ne l'est-elle pas, vous ne pouvez agir sur lui que par l'espérance ou par la crainte. Les enfants qui n'ont jamais été trompés croient à des promesses comme à des faits, et un fil suffit pour les conduire. Ont-ils été déçus, les chaînes ne suffisent plus.

La vérité la plus scrupuleuse chez les instituteurs ne manque pas de se reproduire chez les élèves, et la docilité de ceux-ci en est la suite. Une éducation sincère peut seule être à la longue une éducation douce; car, puisqu'il est des points qu'on veut décidément obtenir, il faudrait bien recourir à la violence si les paroles restaient sans effet. Voilà ce qu'une mère éclairée sentira bientôt et persuadera, s'il se peut, à ses divers auxiliaires.

(Mme Necker de Saussure.)

* *

Il faut tâcher de faire en sorte que les filles s'étudient à parler d'une manière courte et précise. Le bon esprit consiste à retrancher tout discours inutile et à dire beaucoup en peu de mots; au lieu que la plupart des femmes disent peu en beaucoup de paroles. Elles prennent la facilité de parler et la vivacité d'imagination pour l'esprit.

Si vous ne formez leur esprit à la vraie prudence, elles s'attacheront à la fausse, qui est la finesse.

Montrez-leur, par des exemples, comment on peut sans tromperie être discret, précautionné, appliqué aux moyens légitimes de réussir. Dites-leur : La principale prudence consiste à parler peu, à se défier bien plus de soi que des autres, mais point à faire des discours faux et des personnages brouillons. La droiture de conduite et la réputation universelle de probité attirent plus de confiance et d'estime, et par conséquent, à la la longue, plus d'avantages, même temporels que les voies détournées. Combien cette probité judicieuse distingue-t-elle une personne, ne la rend-elle pas propre aux plus grandes choses!

Mais ajoutez combien ce que la finesse cherche est bas et méprisable; c'est ou une bagatelle qu'on n'oserait dire, ou une passion pernicieuse. Quand on ne veut que ce qu'on doit vouloir, on le désire ouvertement, et on le cherche par des voies droites, avec modération. Qu'y a-t-il de plus doux et de plus commode que d'être sincère, toujours tranquille, d'accord avec soi-même, n'ayant rien à craindre ni à inventer? Au lieu qu'une personne dissimulée est toujours dans l'agitation, dans les remords, dans le danger, dans la déplorable nécessité de couvrir une finesse par cent autres.

Avec toutes ces inquiétudes honteuses, les esprits artificieux n'évitent jamais l'inconvénient qu'ils fuient : tôt ou tard ils passent pour ce qu'ils sont. Si le monde est leur dupe sur quelque action détachée, il ne l'est pas sur le gros de leur vie; on les devine toujours par quelque endroit; souvent même ils sont dupes de ceux qu'ils veulent tromper, car on fait semblant de se laisser éblouir par eux, et ils se croient estimés quoiqu'on les méprise. Mais au moins ils ne se garantissent pas des soupçons; et qu'y a-t-il de plus contraire aux avantages qu'un amour-propre sage doit chercher, que de se voir toujours suspect? Dites peu à peu ces choses, selon les occasions, les besoins et la portée des esprits.

Observez encore que la finesse vient toujours d'un cœur bas et d'un petit esprit. On n'est fin qu'à cause qu'on se veut cacher, n'étant pas tel qu'on devrait être. Faites honte aux enfants quand vous les surprendrez dans quelque dissimulation. De temps en temps privez-les de ce qu'ils aiment, parce qu'ils ont voulu y arriver par la finesse, et déclarez qu'ils l'obtiendront quand ils le demanderont simplement; ne craignez pas même de compatir à leurs petites infirmités pour leur donner le courage de les laisser voir. La mauvaise honte est le mal le plus dangereux et le plus pressé à guérir; celui-là, si on n'y prend garde, rend tous les autres incurables.

Désabusez-les des mauvaises subtilités par lesquelles on veut faire en sorte que le prochain se trompe, sans qu'on puisse se reprocher de l'avoir trompé; il y a encore plus de bassesse et de supercherie dans ces raffinements que dans les finesses communes. Les autres gens pratiquent, pour ainsi dire, de bonne foi la finesse; mais ceux-ci y ajoutent un nouveau déguisement pour l'autoriser. Dites à l'enfant que Dieu est la vérité même; que c'est se jouer de Dieu que de se jouer de la vérité dans ses paroles; qu'on doit les rendre précises et exactes, et parler peu pour ne rien dire que de juste, afin de respecter la vérité.

Gardez-vous donc bien d'imiter ces personnes qui applaudissent aux enfants lorsqu'ils ont marqué de l'esprit par quelque finesse. Bien loin de trouver ces tours jolis et de vous en divertir, reprenez-les sévèrement, et faites en sorte que tous leurs artifices réussissent mal, afin que l'expérience les en dégoûte. En les louant sur de telles fautes, on les persuade que c'est être habile que d'être fin.

(Fénelon.)

* * *

La vérité! voilà ce qui manque trop souvent aux femmes; voilà ce qu'il faut de toute nécessité qu'elles acquièrent pour que leurs qualités, mêmes les meilleures, aient quelque valeur. On sait quelles conséquences l'apparence même de la fausseté a pour l'autre sexe; mais a-t-on assez réfléchi aux maux qui en résultent pour une femme? Un homme peut toujours se réhabiliter dans l'opinion; ses actions peuvent prouver la noblesse de ses sentiments, indépendamment de son langage, et d'ailleurs il est toujours le maître chez lui : ses droits dans la vie domestique restent les mêmes.

Une femme, au contraire, n'a plus de ressource quand on sait qu'elle manque de sincérité. Rien ne peut la préserver de tomber dans le mépris ou la nullité, lorsqu'en abusant du langage elle a faussé et mis hors d'usage son unique instrument de persuasion; on se dispense de l'écouter dès qu'on a cessé de la croire.

C'est ainsi que l'extrême faiblesse des mères tend à priver leur filles de ce qu'on peut appeler l'existence morale, c'est-à-dire la confiance de leurs alentours. Sans justice et sans vérité, on n'est pas une créature humaine, on n'est qu'un phénomène capricieux. Nul ne compte sur vous, nul ne fonde sur vous aucune espérance; les mots dont vous vous servez n'ont point de sens, les formes extérieures restent chez vous, mais l'âme est absente. Il n'y a personne au logis. Ne peut-on pas le dire de bien des femmes?

Veillez donc avant tout sur la simplicité de cœur, sur la probité chez les jeunes filles; allez au fond de tous les motifs et dénoncez sans cesse les prétextes. Vous, mères, ne vous servez jamais d'aucun subterfuge. Que la crainte d'affliger un moment, que celle même d'être moins aimées ne vous empêchent pas d'exposer les choses telles qu'elles sont; qu'il règne dans tous les rapports entre vos filles et vous une parfaite droiture. Alors seulement vous vous estimerez mutuellement, vous aurez foi les unes aux autres; alors vous ferez d'elles des âmes vivantes, des personnes qui compteront un jour dans leurs familles, peut-être dans la société, indépendamment de leurs agréments. Sans cela, les agréments ne font qu'orner de vains simulacres.

Il ne s'agit assurément pas ici de déprécier la grâce; mais, selon nous, la grâce qui vient du fond a seule un effet infaillible. Qu'est-ce qui nous touche le plus dans les jeunes filles? n'est-ce pas cette transparence, cette candeur, ravissants attributs de l'innocence et de la jeunesse? Une femme parfaitement sincère garde quelque chose d'un charme pareil, et celle qui l'a perdu est réduite à l'imiter aussitôt qu'elle cherche à plaire.

(Mme Necker de Saussure.)

FACULTÉS INTELLECTUELLES

S'il importe de donner aux enfants des connaissances, il importe encore plus de développer leurs facultés : c'est de ce développement que dépend essentiellement la perfection de l'homme ; c'est là ce qui constitue ses moyens personnels pour atteindre les divers buts qu'il se propose. Après l'exactitude qu'il peut mettre à conformer ses actions aux règles de la morale, ses facultés sont le premier élément de son bonheur. Celui qui ne les a pas suffisamment perfectionnées se voit, en bien des circonstances, privé des avantages qu'il pourrait retirer des lumières qu'il a acquises.

Le développement des facultés facilite l'acquisition des connaissances. La mémoire, par exemple, lorsqu'elle est unie à l'esprit d'observation et au jugement, permet de faire des progrès rapides dans l'histoire naturelle ; lorsqu'elle est unie au goût, à la délicatesse et à la perfection des organes, elle assure les progrès dans les beaux-arts. Quelquefois même les facultés peuvent suppléer aux connaissances dont on est privé. Ainsi, avec du jugement, de la sensibilité, une imagination vive, on saura, sans avoir étudié l'art de la rhétorique, entraîner ses auditeurs.

Il faut cultiver dans l'enfant toutes les facultés de l'homme, sans en négliger aucune. Les pouvoirs intellectuels et moraux se présentent au premier rang : l'esprit d'observation, la mémoire, le jugement, le raisonnement, l'esprit inventif, l'imagination, la conscience, le sentiment et le goût du beau.

(Naville).

*
* *

Si l'on s'attache exclusivement à cultiver quelques-uns de ces nobles pouvoirs, on risque de porter des atteintes funestes à la perfection et au bonheur de l'homme.

Les pouvoirs intellectuels s'aident mutuellement et ne peuvent souvent se passer les uns des autres. L'imagination vient au secours du raisonnement, le jugement règle l'imagination, etc.

Plusieurs travers d'esprit et de caractère prennent leur source dans une culture incomplète de nos dispositions intellectuelles. Appliquez un enfant presque exclusivement aux sciences mathématiques : plus avancé en âge, il voudra retrouver partout le genre de démonstration auquel il est accoutumé; et, comme les vérités de témoignage et les sciences morales n'en sont pas susceptibles, il tombera dans un malheureux scepticisme. Ne développez que son imagination, vous l'entraînez dans une foule d'écarts, vous donnez prise sur lui à toutes sortes d'enthousiasmes et lui préparez des amertumes sans nombre. Mieux aurait valu, sans doute, que vous n'eussiez cultivé que sa mémoire, il en aurait été quitte pour devenir une bête savante.

Il est une erreur que nous devons signaler, parce quelle est grave et assez généralement répandue. On considère les mathématiques comme une étude propre à perfectionner le jugement. Mais comment le calcul servirait-il à développer la faculté même dont l'usage est d'apprécier les probabilités qui se refusent à tout calcul? Le mathématicien procède à l'aide d'axiomes et de définitions; c'est dans le domaine des vérités nécessaires que ses recherches sont circonscrites; quelque profondes qu'elles puissent être, elles n'exigent de lui que de l'attention, du raisonnement. Aussi peut-on être fort mathématicien et n'avoir pas le sens commun lorsque l'on traite des intérêts habituels de la vie.

Quant aux enfants qui, appartenant à des classes peu fortunées, sont voués par leur condition à des travaux mécaniques, il ne faut pas s'imaginer que le développement de leurs facultés n'ait pour eux qu'une faible importance. On peut avancer, au contraire, qu'il leur est d'autant plus essentiel, qu'il doit leur procurer les ressources et la considération qu'ils ne peuvent attendre de leur position sociale. Il est vrai qu'il ne faut pas s'appliquer à perfectionner celles de ces facultés dont le développement pourrait leur inspirer de l'éloignement pour les vocations auxquelles ils sont destinés ; mais les exercices les plus mécaniques peuvent gagner à une culture judicieuse de l'esprit, et la facilité d'invention est une ressource précieuse, même pour les simples artisans.

Mais, quelles que soient les dispositions et la carrière présumée de l'enfant, il est deux facultés qui doivent être cultivées en lui avec une attention particulière, et auxquelles, pendant tout le cours de son éducation première, on doit accorder une prééminence marquée sur toutes les autres : la conscience et le jugement.

L'esprit et les talents, si la conscience n'est pas au moins à leur niveau, sont des dons funestes qui ne peuvent que faire le malheur de ceux qui les possèdent et de la société au milieu de laquelle ils exercent leur influence.

Après la conscience, la faculté la plus importante c'est le jugement. Sans le jugement, l'homme est incapable de régler sa conduite, de tirer de ses talents un parti avantageux, de se prêter à ce qu'exigent successivement les positions diverses dans lesquelles il se trouve. Sans le jugement, l'imagination est pour lui une source de funestes écarts, la mémoire ne lui sert qu'à faire ressortir sa sottise, l'esprit d'observation multiplie ses erreurs, l'esprit d'invention devient sa ruine. Sans le jugement, les facultés morales elles-mêmes perdent souvent leur prix; la bienfaisance dégénère en une prodigalité funeste, la générosité du caractère en un chevaleresque enthousiasme que la raison ne peut approuver. Les projets les plus philanthropiques, lorsqu'ils sont proposés par un homme sans jugement, prennent une teinte de ridicule que les égoïstes, dont la société abonde, saisissent avec avidité pour justifier leurs préjugés, leur inertie ou leur basse avarice.

Toutes les facultés doivent être cultivées simultanément. Si nous ne suivons pas cette route, nous ne pouvons pas espérer d'établir entre elles l'harmonie qui seule peut donner à chacune d'elles sa véritable valeur.

La mémoire usurpe, dans l'éducation des enfants, une place prodigieuse au grand détriment de leurs intérêts intellectuels et moraux. Elle devrait être bornée exclusivement au rôle modeste de dépositaire, de conservatrice; lui confier une vérité de raisonnement ou de sentiment avant de l'avoir soumise au discernement des facultés qui doivent naturellement l'apprécier, c'est intervertir l'ordre des choses. Le signe n'a de valeur qu'autant qu'il représente une idée : le mettre dans la tête de l'enfant sans l'idée qui lui correspond, c'est faire une funeste abstraction de son intelligence, et l'habitude, comme on dit, à se payer de mots. Néanmoins, de quoi sont remplis presque tous les livres que l'on destine à l'instruction des enfants? De termes inintelligibles pour eux. A commencer par le vocabulaire destiné à leur donner les premières notions pratiques d'orthographe, on les traite en vrais perroquets.

(Naville.)

* *

A l'âge de sept ans révolus, les enfants ont déjà un développement intellectuel qui est très remarquable. Pour l'apprécier, replacez-vous devant leur berceau. Envisagez le point d'où ils sont partis, et vous aurez de la peine à comprendre comment, en si peu de temps, ils ont pu faire tant de chemin. Leur esprit était alors une table rase où rien encore n'était écrit. Leurs facultés n'était encore, comme le dit le mot, que de simples pouvoirs; et les voilà devenues des puissances très actives avec beaucoup d'acquis en fait de connaissances même morales et religieuses. Entendez-les causer librement sur les objets qui sont à leur portée et qui les intéressent; ce sera pour vous le moyen de mesurer leurs progrès en tout genre, et vous pourrez vous convaincre que le plus grand développement intellectuel se fait dans les premières années de la vie. . . . .

L'enfant juge admirablement bien du caractère des personnes qu'il a autour de lui, à commencer par sa mère, son père et les compagnons de sa vie ; et il sait comment il doit s'y prendre avec eux pour obtenir ce qu'il désire.

Il juge à merveille de la bonne ou mauvaise conduite des autres à son égard, et il montre aussi pour la justice, bien entendu toujours dans le cercle étroit de sa vie, un sentiment aussi délicat que profond. . . . .

N'oublions pas que les impressions reçues dans l'âge tendre deviennent les plus profondes, et que si elles paraissent se perdre quelquefois dans la fougue de la jeunesse et le tumulte des affaires, elles reviennent ordinairement plus tard et reprennent tout leur empire.

(P. Girard.)

*
* *

J'ai parlé déjà de la faiblesse coupable des parents qui ne craignent pas de sacrifier à la mollesse et au soin physique de leurs enfants l'instruction de l'esprit, et l'éducation morale elle-même. Je dois signaler ici un tout autre défaut : je veux parler de la dureté orgueilleuse de certains autres parents, et de l'odieuse cupidité d'un trop grand nombre d'instituteurs qui, pour obtenir à leur nom la gloire des prix du concours ou l'honneur de brillants examens, condamnent de pauvres enfants pendant des mois entiers, tout le jour et une partie des nuits, à un travail sans relâche et font succomber, sous le poids d'une fatigue ininterrompue, ces faibles corps et ces organes que la nature n'a pas encore affermis.

J'ai vu des jeunes gens heureusement doués et que ces excès de travail, dans un trop jeune âge, avaient réduits à l'impuissance, à l'imbécillité intellectuelles pour toute leur vie entière.

L'éducation est essentiellement progressive; mais sa marche ne doit jamais être violente ni ses progrès précipités, autrement l'enfant n'y résisterait pas.

Une des contraintes intellectuelles les plus fréquentes et les plus dignes de compassion, c'est d'appliquer violemment à l'étude des langues anciennes de pauvres enfants qui n'y ont que peu de goût, une aptitude médiocre, et auxquels on n'offre d'ailleurs aucun secours réel pour les aider à réussir dans un travail si difficile.

Avant tout, il ne faut appliquer un enfant qu'aux études dont il est capable; il faut donner à son éducation un fondement possible; il faut travailler à son développement intellellectuel dans un milieu qui ne l'étouffe pas.

(Mgr Dupanloup.)

Les facultés intellectuelles, comme toutes les autres, ne se développent que par l'exercice. Plus l'esprit est actif, plus elles s'exercent d'une manière efficace. Cette activité est naturelle à l'enfant. Il aime à créer et à détruire; il annonce, par l'agitation de son corps, le mouvement continuel de son âme. Il faut, profitant de cette disposition, lui présenter une instruction assez variée pour lui donner l'occasion de développer toutes ses facultés. Mais actif dans ses jeux, et lorsqu'il s'exerce sur des objets de son choix, il n'est que trop souvent engourdi quand il est question d'étude. Pour le tirer de cet engourdissement, il convient de choisir dans le champ de l'instruction des objets qui l'intéressent, qui soient analogues à ses idées, à ses plaisirs, à ses goûts, à ses affections.

Or, son activité morale se modifie avec l'âge. Elle est d'abord concentrée dans le cercle de sa famille, des personnes qui prennent soin de lui, des jeux qui l'amusent, des faits qui se peignent à son imagination sous des traits merveilleux. Plus tard, ses affections s'étendent sur un plus grand nombre d'objets et de personnes. Ses condisciples jouent alors un rôle important dans sa vie, et les relations qu'il entretient avec eux développent avec énergie dans son âme les sentiments de la justice et de la bienveillance. Il éprouve, à cette époque, un besoin d'émotions qui lui fait rechercher les récits de voyages, de naufrages, de mœurs singulières. Si, s'emparant de cette disposition pour la modifier et la diriger, on porte alors son attention sur ces phénomènes du monde sensible, où se distingue, comme à l'œil, la sagesse qui a présidé à l'organisation des choses, on ouvre son âme aux suggestions d'une louable curiosité et aux sentiments d'une pieuse admiration pour le Créateur.

A l'exercice de l'intelligence sont attachés des plaisirs nombreux et purs. L'étude peut rebuter l'élève lorsqu'elle consiste seulement en un travail de mémoire; mais la méthode rationnelle imprime à l'esprit ce mouvement intellectuel qui lui est si agréable, et elle l'indemnise de ses efforts par la conscience qu'il acquiert de sa propre excellence. Rendre l'étude agréable.

Sous le rapport de la moralité, elle présente des avantages nombreux et divers. En supprimant l'ennui, elle tarit une source abondante de défauts et de vices; l'ennui engendre l'aversion du travail, la paresse, la malice, le mensonge. Que de tristes effets résultent de l'opposition continuelle qu'il met entre les penchants de l'enfant et ses devoirs! En assurant à la conscience l'influence qu'elle doit posséder comme pouvoir directeur, elle devient pour l'élève la solide garantie du bon usage qu'il fera de ses autres facultés, et elle le préserve ainsi des amertumes qui pourraient être la suite du développement qu'on leur donne.

(Naville.)

⁎⁎⁎

L'autorité est mal obéie, ou pas du tout, lorsque la conviction ne vient pas à son secours.

La grande maxime que l'instituteur ne perd pas un instant de vue dans son noble travail, est celle-ci : « L'homme agit comme il aime, et il aime comme il pense. » Dès lors, le bon éducateur cherche à graver profondément dans l'âme de la jeunesse toutes les belles et grandes vérités qui peuvent éveiller en elle et nourrir de pures et nobles affections, assuré qu'il est qu'elles iront se fondre dans les mœurs.

L'enseignement doit marcher à pas lents, tout comme à petits pas. Les instituteurs, mesurant les enfants à leur propre taille, sont fréquemment tentés d'accumuler les difficultés dans une leçon, tandis qu'il faut les isoler pour les faire surmonter l'une après l'autre. De là, l'ancienne règle de l'art d'enseigner : étudier peu de choses à la fois, mais bien et beaucoup la même. C'est ainsi que l'on peut faire de profondes et, par conséquent, de durables impressions sur les jeunes esprits.

Il est même nécessaire, si l'on veut atteindre ce but si désirable, de revenir sur le passé. L'expérience a comparé les jeunes têtes au sable mobile, qui reçoit facilement les figures que nous voulons y tracer, mais qui, par son incohérence, les perd tout aussi vite, sensible qu'il est à la moindre haleine des vents. De là vient cette autre maxime en pédagogie : « La répétition est l'âme de l'instruction. »

Quelle sera la mesure à garder par rapport aux règles de la langue? Depuis longtemps, la saine didactique nous crie : « Peu de règles, beaucoup d'exercices. » Les règles sont toujours abstraites, sèches, et par là même peu faites pour plaire aux enfants, lors même qu'ils peuvent les comprendre. Nous devons donc en être très économes en général, supprimer toutes celles qui dépassent leur conception qui leur sont inutiles, et celles encore qui ne concernent que des minuties que l'on peut toucher en passant et sans appareil doctoral dans une instruction où les élèves sont toujours appelés à parler. Souvenons-nous que la multitude des exemples répétés et analysés est le meilleur code de langue, puisqu'il fait passer dans une pratique raisonnée les règles que dans une autre méthode il aurait sèchement à prescrire.

(P. Girard.)

*
* *

« Faites servir l'enseignement de la langue à la culture des jeunes esprits et celle-ci à l'ennoblissement du cœur », tel est l'appel que j'adresse à tous les instituteurs de l'enfance.

Je voudrais d'abord que tous sentissent bien

vivement à quel point ils s'avilissent eux-mêmes lorsque, dans l'enseignement de la langue, ils n'ont en vue que les mots et les tournures, sans se mettre en peine du noble esprit qui pourtant à lui seul pense, sent, aime, veut et agit, et qui seul encore forme la parole sur les lèvres, ou qui la place au bout de la plume pour la retracer aux yeux. En apprenant à parler à son enfant, la mère la plus ordinaire ne se sert de la langue que comme d'un simple moyen d'arriver à l'esprit pour le former, et voilà que l'instituteur, qui lui succède et qui ne manque pas de se placer beaucoup au-dessus d'elle dans sa pensée, descend, dans la réalité, incomparablement au-dessous.

Les élèves se trouvent mal à leur aise à de semblables leçons de langue où ils sont si maltraités. Ces exercices si abstraits, si secs, si raides, ne disent rien à l'humanité, qui pourtant vit déjà tout entière dans les élèves, et qui de sa nature tend à se développer de plus en plus et à tous égards. C'est là la source de la stérilité de ces exercices et des dégoûts qu'ils engendrent, qu'ils prolongent et qu'ils perpétuent par leur longueur et leur fréquent retour. On réussit à faire apprendre par cœur aux enfants. Leur mémoire est ordinairement assez complaisante pour cela. A défaut de l'intelligence et du cœur, elle s'exerce, elle se fortifie; et l'enfant, qui sent cet accroissement de force, jouit au moins de ce pauvre genre de succès... L'oiseau apprend à la longue à redire nos paroles. Les comprend-il pour cela et sait-il en tirer quelque parti?

Quand bien même un instituteur ne se croirait pas tenu à faire servir l'enseignement de la langue à la culture de l'esprit et du cœur, et bornerait ses obligations à l'enseignement de la grammaire, il trouverait dans la définition même de l'art qu'il professe le précepte de s'occuper avant tout du développement de la pensée de son élève. Cet art ne se proclame-t-il pas, celui qui apprend à parler et à écrire correctement la langue? Mais pour tenir parole, ne devrait-il pas commencer par apprendre à penser clairement et raisonnablement? A moins que ce soit à tort que Boileau nous dit :

Ce que l'on conçoit bien s'énonce clairement,
Et les mots pour le dire arrivent aisément.

(P. Girard.)

* *

C'est avec les enfants surtout que *chi va piano va sano*, car la route est longue et les forces petites. Il faut donner du temps au temps, dit le proverbe, et nous ne devons pas espérer qu'en éducation plus qu'ailleurs il se laisse jamais devancer. Notre hâte n'y peut rien, notre activité, notre intelligence n'ont qu'une bien faible prise sur les matériaux que nous employons ; soumis à leur propre nature, ils suivent leur propre loi et ne se développent qu'à leur jour. Vous aurez, pendant des mois entiers, enseigné inutilement une chose avec toutes les peines imaginables, et tout à coup elle se trouve sue sans que vous puissiez comprendre comment. Je ne dis pas que toutes les peines prises jusque-là aient été perdues, mais beaucoup auront été appliquées à faux ; vous aurez donné comme parfaitement clair un raisonnement hors de la portée de l'intelligence à laquelle vous l'adressiez, et les idées que vous vous flatterez d'avoir fait bien entendre n'auront été qu'acceptées de complaisance ou de fatigue ; enfin, vous n'aurez pas mieux réussi à comprendre qu'à être compris.

La force de l'homme manque de données pour mesurer la faiblesse de l'enfant, et, en essayant de l'entraîner à sa suite, elle brise ou perd le fil qui doit le conduire.

(Mme Guizot.)

ÉTUDES

Moyens d'instruction.

Nous voir employer certains instruments, les crayons, les ciseaux, le compas, la règle, mettre en œuvre diverses matières est un grand objet d'intérêt pour les enfants. Les engager à nous aider dans l'exécution de quelque travail à leur usage, leur faire mesurer bien exactement la table, le secrétaire, la maison même dont nous entreprenons l'imitation dans des proportions convenues, est la plus agréable introduction aux leçons d'arithmétique et de géométrie. Un commencement de pratique donne à la théorie un corps et une réalité qui assurent singulièrement le succès de l'instruction.

Il ne faut pas l'oublier, le sentiment de l'activité est la source pour l'enfant de ses jouissances les plus vives. Il est bien éloigné de le savoir; cette idée est trop fine et trop impalpable pour qu'il la saisisse, mais cela est. Il croit aimer tel ou tel objet, tel ou tel jeu; mais c'est le mouvement qu'il prend à cette occasion qui fait sa joie.

Il voit le plaisir où il n'est pas, mais il le trouve, et il se développe en le cherchant.

(Mme Necker de Saussure.)

Leçons de choses.

Comme les premiers objets dont les enfants sont frappés sont le dedans d'une maison, ses diverses parties, les domestiques et les services différents, les meubles et les ustensiles du ménage, il n'y a qu'à suivre leur curiosité naturelle pour leur apprendre agréablement l'usage de toutes ces choses, et leur faire entendre, autant qu'ils en sont capables, les raisons solides qui les ont fait inventer, leur faisant voir les incommodités dont elles sont les remèdes. On les accoutumerait ainsi à admirer la bonté de Dieu dans toutes les choses qu'il nous fournit pour nos besoins; l'industrie qu'il a donnée aux hommes pour s'en servir; le bonheur d'être né dans un pays bien cultivé, et dans une nation instruite et polie; à prendre des idées nobles de toutes ces choses que la mauvaise éducation et la vanité de nos mœurs nous fait mépriser, et ne point tant dédaigner une cuisine, une basse-cour, un marché, comme font la plupart des gens élevés honnêtement. Enfin, on les accoutumerait à faire des réflexions sur tout ce qui se présente, qui est le principe de toutes les études. Car on se trompe fort quand on s'imagine qu'il faut aller chercher bien loin de quoi instruire les enfants. Ils ne vivront ni en l'air ni parmi les astres, moins encore dans les espaces imaginaires; ils vivront sur la terre, dans ce bas monde, tel qu'il est aujourd'hui, et dans ce siècle si corrompu.

Il faut donc qu'ils connaissent la terre qu'ils habitent, le pain qu'ils mangent, les animaux qui les servent, et surtout les hommes avec qui ils doivent vivre et avoir affaire; et qu'ils ne s'imaginent pas que c'est s'abaisser que de considérer tout ce qui les environne. Dans une grande famille il y aura plus de matière pour ces instructions que dans une moindre; et il y en aura plus encore si les enfants sont tantôt à la ville et tantôt à la campagne. Aussi les enfants de qualité qui peuvent avoir toutes ces commodités ont besoin de savoir plus de choses que les autres. A mesure que l'âge avancerait, on leur en dirait davantage, et on ferait en sorte de les instruire passablement des arts qui regardent la commodité de la vie, leur faisant voir travailler et leur expliquant chaque chose avec grand soin. On leur ferait donc voir, ou dans la maison ou ailleurs, comment on fait le pain, la toile, les étoffes; il verraient travailler les tailleurs, les tapissiers, des menuisiers, des charpentiers, des maçons et tous les ouvriers qui servent aux bâtiments. Il faudrait faire en sorte qu'ils fussent assez instruits de tous ces arts pour entendre le langage des ouvriers et pour n'être pas aisés à tromper. Cependant, cette étude serait un grand divertissement pour eux; et comme les enfants veulent tout imiter, ils ne manqueraient pas de se faire des jeux de tous ces arts en s'efforçant de les imiter. Il ne faudrait ni s'y opposer durement, ni s'en moquer, mais les aider doucement, leur montrant ce qu'il y aurait de chimérique dans leurs entreprises et ce qui serait faisable. Ce serait une occasion de leur apprendre beaucoup de mécanique, et ils auraient le plaisir de réussir en quelque chose qui est très grand en cet âge. Il serait bon aussi de leur apprendre le prix commun des ouvrages qu'ils pourront commander et des choses qu'ils pourront acheter suivant leur condition, et même de celles qu'ils feront acheter par d'autres.

(L'abbé Fleury.)

Langues étrangères.

Il peut être nuisible, à certains égards, de se livrer à l'étude d'une langue étrangère avant de posséder passablement la sienne. Comme c'est par le moyen des mots que nous pensons, plus les mots de notre langue nous sont familiers, plus nous pensons avec facilité; mais ils nous le deviennent, d'autant plus que nous nous en servons plus exclusivement. L'étude d'une double langue, dans l'âge où la pensée se forme, doit donc nuire au développement intellectuel. D'ailleurs, les forces de l'esprit sont limitées ; si on les absorbe par des travaux de mémoire, ce ne peut être qu'au détriment des autres facultés. L'expérience semble venir à l'appui de ces considérations, car les peuples chez lesquels il est d'usage de faire apprendre aux enfants plusieurs langues à la fois fournissent peu de penseurs originaux et profonds.

L'enfant doit apprendre les langues étrangères en les comparant avec la sienne. Il devra déduire de cette comparaison les rapports et les différences entre les deux syntaxes. Il ne faudra donc pas, dans ces exercices, dépasser le point auquel il est parvenu dans l'étude de sa langue maternelle ; mais il n'est pas nécessaire de se régler exactement sur la marche suivie dans l'enseignement de cette dernière.

(Naville.)

Langage.

La facilité à s'exprimer, qui est très inégale chez les enfants, n'est point généralement proportionnée à la mesure de leur intelligence. Souvent une élocution agréable et rapide ne prouve autre chose que le talent de retenir des phrases faites, tandis qu'une manière de parler plus laborieuse et moins régulière dénote un travail intérieur et le soin de confronter l'expression avec la pensée. Ce dernier cas n'est pas celui où il y a le moins à espérer de l'avenir, non que la mémoire des mots ne soit en elle-même une faculté précieuse, mais parce qu'elle dispense souvent de la combinaison des idées ceux qui n'ont pas un goût particulier pour cet exercice d'esprit.

Les enfants apprennent les langues diverses avec une extrême facilité. Les sons s'enchaînent dans leur souvenir comme les images, et un mot entraînant à sa suite tous les mots dont il a été accompagné, les idiomes ne se mêlent pas ensemble dans leurs petits discours.

L'habitude de parler correctement la langue maternelle sera toujours la plus essentielle pour les enfants. Une faute qui, pour ne pas être grave, n'en est pas moins très difficile à réparer en éducation, c'est de négliger à cet égard l'emploi des dons si particuliers du premier âge. Les anciens n'avaient pas ce tort à se reprocher, et les soins qu'ils donnaient dès le berceau à l'énonciation paraîtraient actuellement minutieux et pédantesques. Mais dans les pays surtout où la prononciation est vicieuse et où les locutions le sont souvent, des soins pareils seraient un correctif heureux au mauvais effet de l'exemple. Il ne s'agit pas seulement ici d'un agrément; ce qui tient au plus puissant moyen d'influer sur l'imagination ne saurait être envisagé comme frivole. Le langage est l'extérieur de l'âme, et quel empire sur le bonheur et la moralité des autres n'exerce-t-on pas par ce moyen !

(Mme Necker de Saussure.)

Langues étrangères.

Dans l'enfant, le travail de l'intelligence est prodigieux.

Parmi les enfants que gâte la première éducation intellectuelle, il y en a de deux sortes :

Il y a ceux à qui on ne fait rien faire, puis il y a ceux à qui on fait trop faire.

La première éducation, si elle est trop sage et prévoyante, profitera sans doute des étonnantes dispositions de l'enfance et de cette merveilleuse ouverture de l'esprit à toutes choses pour lui donner dès lors des idées simples, justes, claires, précises.

Mais elle se défiera de la manie de créer de petits prodiges de six ou huit ans, qui sont des enfants médiocres à quinze ou vingt.

Si elle est réelle et sans vanité, elle s'appliquera constamment à former la parole de l'enfant et tout son langage à une pureté convenable ; mais elle attachera peut-être une faible importance à lui apprendre deux ou trois langues étrangères, dont plus tard, dans le cours de son éducation publique, il ne pourra pas conserver l'usage ; et dont les notions confuses suffisent néanmoins quelquefois pour arrêter l'élan de l'esprit dans les études plus sérieuses.

Le défaut que je signale ici n'est pas médiocre. Sans doute, il peut y avoir de grands avantages à apprendre et à parler de bonne heure quelques langues étrangères ; mais cette étude, mal faite, mal commencée, mal suivie, peut avoir aussi les plus graves inconvénients.

Fénelon, en parlant de la manie, qui régnait au temps où il vivait, de faire apprendre aux jeunes enfants l'italien et l'espagnol, allait jusqu'à dire qu'il y avait beaucoup plus à perdre qu'à gagner dans cette étude.

« Quand même, disait-il encore, vous pourriez avancer beaucoup l'esprit d'un enfant sans le presser, vous devriez encore craindre de le faire ; car le danger de la vanité et de la présomption est toujours plus grand que le fruit de ces éducations prématurées qui font tant de bruit. »

J'ai vu des enfants condamnés à ne rien faire pendant les plus belles années de leur jeunesse, de quatorze à dix-huit ans, parce que de six à dix ans on les avait accablés de travail et épuisés.

Du reste, ces premières études doivent être extrêmement simples, j'oserai presque dire qu'elles ne le seront jamais trop. Elles consisteront dans la lecture, l'écriture, les premiers éléments du calcul, quelques notions d'histoire et de géographie. Cela suffit abondamment pour ces premières années; l'important, c'est que tout cela soit bien enseigné, bien appris, bien su. Peu et bien, très peu et très bien : voilà le grand principe.

(Mgr Dupanloup.)

***

Plus on tarde à surmonter la difficulté d'introduire l'enseignement régulier, plus elle augmente. Le mieux peut-être serait de s'y prendre d'assez bonne heure pour que le mot de leçon ne fît pas encore peur aux enfants. Dès l'âge de deux ou trois ans on pourrait prétendre donner la leçon, tout en la rendant un jeu véritable. Faire imiter des cris d'animaux, reconnaître des objets représentés sur des estampes, demander de prononcer un mot, puis une phrase distinctement, de distinguer des couleurs, de compter jusqu'à trois, quatre ou cinq, et d'autres exercices de cette force, occuperaient une minute ou deux. Il suffirait d'obtenir un petit acte d'obéissance, quel qu'en fût l'objet, pourvu que ce fût à une heure réglée et que la mère l'exigeât sérieusement, bien qu'avec douceur. Une fois la chose passée en coutume, il devient aisé d'amener tout espèce d'enseignement.

Après même qu'on a laissé passer l'âge heureux où tout est facile, il reste encore une ressource à employer. Annoncez d'avance à votre enfant la décision de lui donner une leçon à telle époque et que des préparatifs bien ostensibles confirment dans l'intervalle l'idée de votre intention ; vraisemblablement son insouciance l'empêchera d'abord de s'opposer à votre dessein et il se trouvera ensuite engagé par la connaissance qu'il en aura eue. Pour chaque augmentation de travail on peut procéder de même.

Sans doute, une mère aimable et attentive ne perd jamais entièrement le plaisir de vue ; mais tout en rendant la leçon le plus agréable possible, elle poursuit son dessein à travers l'amusement ou l'ennui qu'elle peut causer, sans se laisser déranger par des impressions fugitives.

Une application modérée ne nuit point à la santé des enfants, peut-être au contraire. La correspondance intime de nos deux natures fait présumer qu'un léger stimulant pour l'une des deux en est un pour l'autre. Toutefois, les leçons d'un maître, ne fussent-elles que d'une demi-heure, seraient trop longues ; il faut le loisir d'une mère, la possibilité qu'elle a d'y revenir deux ou trois fois le jour ; il faut aussi son talent pour observer les avant-coureurs de la fatigue et la prévenir. Mais toujours ne doit-elle pas se départir d'assigner des heures réglées, ou du moins une succession régulière d'événements.

L'inconvénient d'attendre les bons moments pour en profiter, c'est que l'enfant s'arrange bientôt pour qu'il n'y en ait point de favorable. S'il a été une fois ou deux la dupe de sa bonne grâce, il a soin d'avoir de l'humeur aussitôt qu'il voit l'intention d'enseigner s'annoncer sur votre visage.

Le commencement de la leçon sera donc invariablement fixé, tandis que sa durée, toujours très courte, pourra s'étendre plus ou moins selon l'occasion. Ce sera sur la longueur du temps plus que sur la force de l'attention que devront porter les ménagements. Mlle Edgeworth, qui a obtenu des résultats d'instruction vraiment merveilleux dans des leçons de cinq minutes, dit qu'il faut exiger à l'instant même une complète attention.

Quel avantage n'est-ce pas procurer à l'enfant que de l'accoutumer à recueillir à point nommé ses esprits dispersés... Ce qu'on appelle la présence d'esprit, cette qualité si précieuse, est peut-être une de celles que l'éducation peut le mieux donner.

Mais s'il est nécessaire dans l'instruction d'exiger les actes, on doit aussi en favoriser le succès par de nombreux encouragements... Les moindres efforts heureux d'une intelligence faible doivent obtenir les mêmes marques d'approbation que les plus rapides développements dans une plus forte.

Le désir de bien faire est très général chez les

enfants. Donnez à un petit enfant sa première leçon d'écriture, il s'appliquera de tout son cœur et sera très satisfait d'avoir à manier une plume.

Ce mouvement nous l'arrêtons trop souvent par nos gronderies, et ensuite parce que nous rendons la réussite hors de portée en imposant un travail trop prolongé. Les tâches interminables que l'essentiel est d'achever bien ou mal, les longues leçons à répéter comme on peut, éteignent à coup sûr le désir de bien faire. Non seulement l'écolier fait mal, mais de désespoir il fait lentement; il s'accoutume à niaiser en étudiant, et il entre dans cet état de sommeil de l'âme où il ne s'amuse ni ne s'instruit; état mauvais pour ses facultés, pour sa santé, même pour sa conscience, qui lui fait des reproches sourds pendant tout ce temps.

(Mme Necker de Saussure.)

Des Études.

Je ne crois pas qu'on doive commencer à montrer à lire avant six ans, si les naturels ne sont fort heureux; car c'est une étude fâcheuse. Il n'y a point de ce que les enfants cherchent, qui est le plaisir; et il y faut beaucoup de patience, dont ils n'ont point; jugeons-en par nous-mêmes. Quelle peine n'a-t-on point en âge de raison parfaite quand on apprend à lire l'hébreu ou l'arabe ! On est pressé par la curiosité, on veut de tout son cœur apprendre, on est accoutumé à étudier et à s'appliquer. Cependant, il est bien fâcheux d'arrêter si longtemps les yeux sur les mêmes figures, d'assembler si souvent les mêmes lettres, de suppléer par la mémoire ce qui manque à l'écriture, comme il en manque en toutes sortes de langues, de prononcer enfin, pour tout fruit de ce travail, des mots que l'on n'entend point. Et on trouve mauvais que de pauvres enfants, qui ne cherchent qu'à se réjouir, ne prennent pas en gré toute cette peine ! et on les châtie rudement quand ils ne s'ennuient pas assez longtemps sur leur livre ! Après tout, pourquoi les tant presser, surtout quand ils sont d'une condition honnête, où ils seront obligés de lire et écrire toute leur vie ? Craint-on qu'ils l'ignorent quand ils seront grands ? et en voit-on seulement qui arrivent à dix ou douze ans sans le savoir ?

Cependant, la dureté de ces premières leçons, les dégoûts pour longtemps de toute étude. Il faut avoir beaucoup de patience, les faire lire peu à la fois, augmentant insensiblement à mesure que la facilité vient, et leur apprendre en même temps des histoires ou d'autres choses qui les réjouissent.

(L'abbé Fleury.)

Moyens d'instruction.

Il est des penchants à peu près universels qui tendent à faciliter les progrès dans les diverses connaissances. Le goût si vif et si général chez les enfants pour les fleurs, les coquilles, les oiseaux et tous les brillants objets dont s'occupe l'histoire naturelle, l'intérêt excité par les récits de faits merveilleux et d'aventures héroïques qu'offre l'histoire, les impressions agréables causées par les arts de la musique et du dessin, la curiosité que mettent en jeu les phénomènes singuliers et mystérieux de la physique et de la chimie, le plaisir attaché à certains exercices de l'esprit et l'attrait piquant d'une légère difficulté qu'on se flatte de vaincre, enfin la satisfaction de sentir les idées s'étendre, de comprendre la raison de mille travaux dont on est témoin, et l'espoir de les exécuter soi-même, telles sont les sources naturelles d'où le goût de l'étude peut dériver. Voilà des mobiles dont l'éducation peut sans danger augmenter la force. Plus ils agissent chez les enfants, plus ils prouvent en eux de vie et de sève, plus ils sont d'un heureux augure pour l'avenir, et plus ils les rendent aimables dans le présent même.

(Mme Necker de Saussure.)

Géographie.

C'est sur le sol natal que doit se prendre la première leçon de géographie. L'enfant doit d'abord saisir avec réflexion tout ce qui l'environne, afin de recueillir autour de soi les points de comparaison, dont il aura besoin désormais pour se représenter la terre et le genre humain qui l'habite. Avec ces connaissances préliminaires, il passera aisément du connu à l'inconnu et du petit au grand. Il faut commencer cette instruction sur le terrain même pour en faire observer les objets en nature; après on les remplacera par un plan topographique qui représentera en petit les localités que l'œil aura saisies et qui se seront dessinées sur la toile intérieure qui conserve les images et les couleurs. De ce plan, l'enfant n'a plus qu'un pas à faire jusqu'aux cartes géographiques, à la mappemonde et au globe. Si vous y arrivez brusquement, sans cette introduction, vous ne commencez pas par le commencement, et l'enfant aura de la peine à lire même la carte de sa patrie.

(P. Girard.)

Calcul.

Si l'étude du calcul venait à dominer durant l'enfance, nous trouverions qu'elle donne à l'instruction une base beaucoup trop étroite et trop exclusive.

Que voyons-nous chez ces jeunes gens qui ont toujours suivi le fil des déductions les plus exactes, qui n'ont jamais tiré que des conclusions parfaitement justes de principes rigoureusement certains? Ont-ils le jugement plus sûr que les autres dans la pratique? Non, assurément. Une fausse analogie entre l'esprit d'examen qui règne dans leurs études et celui qui doit présider à la conduite habituelle devient pour eux une source d'erreur. Accoutumés à chercher toujours l'évidence mathématique, ils ont besoin de la trouver partout et font peu de cas des preuves morales. Pourtant il n'y a que des preuves morales dans la vie humaine. C'est sur la confiance qu'elles inspirent que repose notre bonheur à tous et celui des mathématiciens eux-mêmes. Alors, que leur arrive-t-il? Obligés, en leur qualité d'être vivants et d'êtres sentants, de se contenter de ces sortes de preuves, ils s'imaginent n'avoir été persuadés que par le seul genre de certitude qu'ils admettent. Et comme en mathématiques il n'y a jamais deux principes en opposition, comme la vérité, de quelque manière qu'on l'ait trouvée, n'est plus susceptible de controverse, ils n'écoutent aucune objection. Marchant aveuglément dans la route qu'ils ont choisie, ils n'examinent plus, ne s'informent plus, et de là vient qu'ils ne croient rien au point juste.

La route de l'esprit dans l'étude des langues est au contraire tout à fait conforme à celle qu'il est appelé à suivre en jugeant des choses de ce monde-ci. Là il y a des règles à observer, mais on s'attend aussi à rencontrer nombre d'irrégularités, d'anomalies ; il faut hésiter sans cesse entre la règle et l'exception, n'avancer qu'avec précaution, avec discernement ; c'est ainsi que se forme ce tact qui nous est toujours nécessaire. Dans une phrase difficile en langue étrangère, le sens paraît d'abord couvert d'un brouillard épais ; puis vient une clarté, puis une autre ; un mot connu vous met sur la voie, autour de celui-là se groupent d'autres mots, et la force du sens emporte le tout. Rien ne ressemble mieux au débrouillement de nos pensées ; c'est la marche des découvertes pour l'esprit humain.

(Mme Necker de Saussure.)

*
* *

La seule manière d'instruire les enfants, c'est la synthèse : méthode qui commence aux détails pour les rapprocher peu à peu et en faire un ensemble. C'est là commencer l'instruction de l'enfance par son commencement. Si vous mettez les généralités en tête, vous commencez par la fin.

L'âge tendre ne peut recevoir l'instruction que goutte à goutte.

L'Évangile ne nous offre pas une doctrine suivie, mais détachée, bien que toujours semblable à elle-même, toujours une, et dont tous les membres viennent d'eux-mêmes se rapprocher dans le cœur des chrétiens comme dans leur esprit.

Répandre sur l'instruction des enfants le charme de la variété est un avantage précieux, et ce n'est guère qu'à ce prix qu'ils nous accordent leur attention et leur travail. Maintes fois j'ai voulu en faire l'essai dans mon école, et même chez les élèves les plus avancés. J'avais choisi l'un des points de l'instruction directe, et je commençais à le développer, comme j'étais habitué à le faire, dans une leçon de philosophie. On m'écoutait au début; mais bientôt les yeux s'en allaient ailleurs avec l'attention et les pensées. Pour les ramener à moi, je me servais d'un moyen infaillible : c'était de faire entrer dans mon instruction quelque trait analogue de la vie, de l'histoire, de la nature. Ce trait, s'adressant à l'imagination, servait de passeport aux vérités que j'avais en vue, et j'y plaçais en même temps un signe de rappel. N'est-ce pas ainsi que le divin Maître s'y prenait dans son école? C'est par suite des expériences et des réflexions faites à ce sujet que je rattachai la doctrine évangélique à la géographie, sur une carte de la Palestine dans le commencement de notre ère. Les élèves voyageaient avec le Sauveur, recueillant les faits de sa vie et répétant les principales paroles qui étaient sorties de sa bouche en tel ou tel autre endroit. Une carte de l'Asie-Mineure et d'une partie de l'Italie, dessinée pour cet usage particulier, servait à suivre l'Apôtre des nations dans ses voyages et à recueillir ses leçons. L'instruction directe était ainsi revêtue de la variété que nous demandent les enfants pour prix de leur attention.

(P. Girard.)

Langage.

Que manque-t-il ordinairement à ceux auxquels on refuse le titre de gens d'esprit? Il leur manque peut-être moins la qualité totale de l'intelligence que la faculté de la détailler. Leur conduite est souvent très judicieuse, mais ils ne connaissent pas leurs propres motifs et ignorent par conséquent ceux qui font mouvoir les autres. Ils ne peuvent se rendre compte de rien, et cette incapacité provient de ce qu'ils ne manient pas avec facilité l'instrument avec lequel on divise les idées, on les sépare, on les classe et on parvient à les distinguer. Or, cet instrument, c'est le langage.

Il n'y a de culture d'esprit dans aucun genre chez celui qui ne sait pas apprécier exactement les termes divers, en évaluer au juste la portée, connaître jusqu'à quel point leur signification est ou n'est pas nette pour lui. Le mode d'instruction qui tend à former ce genre de capacité est peut-être de tous le plus salutaire; mais l'étude de la langue maternelle à elle seule n'est pas très favorable sous ce rapport.

Quand on enseigne une langue étrangère, on peut imposer à l'élève l'exercice si utile de la rédaction. Et comme il ne comprend chaque phrase qu'en la traduisant intérieurement, c'est, par le fait, dans la langue maternelle qu'il s'attache à chercher des expressions. C'est celle-là qu'il étudie à travers l'autre; car, qu'est-ce qu'étudier une langue, si ce n'est s'exercer à tout dire dans cette langue, à pouvoir y rendre les idées diverses dans leurs plus exactes proportions?

De plus, par une propriété de l'esprit assez singulière, l'élève s'aperçoit bientôt que les mots ne correspondent pas exactement dans les deux langues, qu'ils coupent dans les points différents le tissu continu de la pensée. Il se retourne donc de mille manières pour exprimer ce qu'a voulu dire l'auteur étranger; il passe en revue tous les synonymes, il les essaye l'un après l'autre; les moindres nuances des idées mêmes lui apparaissent, ce qu'il y a de plus fin prend un corps pour lui, et il acquiert de la sagacité, du discernement. Qu'y a-t-il de mieux?

(Mme Necker de Saussure,)

* * *

Il est des instituteurs qui n'ont aucune confiance dans la capacité des enfants. Ils se croient dans la nécessité de leur apprendre tout mot pour mot, et les réduisent au rôle triste et abject d'écouter, de lire, d'apprendre de mémoire ce qu'ils lisent ou entendent, pour le réciter fidèlement, comme ils viennent de le lire ou de l'entendre. Les jeunes têtes ne sont donc à leurs yeux que des vases où l'on peut mettre tout ce qu'on veut, et que l'on renverse ensuite pour trouver ce que l'on y a jeté. Cette méthode, si toutefois il est permis de lui donner ce nom, n'a que trop de partisans parmi les instituteurs de tous les pays. C'est elle qui nous produit tant d'adultes qui, incapables de penser par eux-mêmes, ne sont que les échos des paroles d'autrui. Par ce déplorable mécanisme, l'esprit reste sans culture, tant sous le rapport de son développement que sous celui des connaissances qu'on pense lui donner. Celles-ci ne sont confiées qu'à la mémoire des mots, puisque l'esprit ne les a pas rendues siennes par son travail, et cette mémoire cessera bientôt de répéter des paroles qui n'auront qu'effleuré la surface de l'âme, comme un fard léger que l'air emporte.

Le système opposé refuse toute instruction

directe aux enfants. Il veut que l'on s'en tienne à exciter leurs facultés intellectuelles pour qu'ils trouvent d'eux-mêmes tout ce que l'on désire leur apprendre. Sa maxime est que l'homme ne sait bien que ce qu'il sait de lui-même. Les instituteurs qui en ont fait leur règle donnent à leur procédé le nom de méthode socratique, tout enchantés de n'être, comme le sage d'Athènes, que des accoucheurs de l'esprit. Mais ne se trompent-ils pas? Socrate n'avait pas des enfants devant lui dans ses conversations; il avait des hommes d'âge mûr qui avaient fait des études et qui étaient dans les affaires. Les interlocuteurs comprenaient les questions que leur adressait le philosophe, tout comme celui-ci connaissait les opinions qu'il voulait redresser ou développer chez ceux qui conversaient avec lui.

...Or, il n'en est pas ainsi chez les enfants. Si par la pensée vous les remettez au berceau, vous trouverez sans doute que, conduits principalement par les soins maternels, ils ont fait pour leur âge beaucoup de chemin dans la culture intellectuelle; mais si vous envisagez le terme où il faut les conduire par l'éducation, vous verrez que ce qui reste à faire pour le développement de l'esprit ne peut pas se réduire à de simples questions qui ne font que demander et qui ne donnent rien. Où en seraient les sciences, les arts et les métiers si chacun était obligé de commencer à neuf et de tout inventer?

Il y a un juste milieu entre les deux extrêmes qui nous occupent, et c'est dans ce milieu que se rencontrent le bien et le vrai. La culture que l'on destine à l'enfance doit être le produit commun des leçons directes qu'on lui donne et de ce qu'elle est capable de trouver elle-même sur le chemin qu'on lui fraie.....

L'esprit ne gagne en force qu'en proportion de l'activité qu'il exerce, et c'est par des productions spontanées qu'il agit le plus, parce que pour trouver il est forcé de chercher ce qu'il désire et de le produire.

Les élèves se tromperont fréquemment dans ces exercices et, d'autres fois, ils hésiteront. En tout cela l'instituteur doit toujours bien se garder de leur reprocher leur ignorance; ce serait les rebuter et leur ôter le courage d'apprendre. Le divin Maître louait toujours la bonne volonté et relevait avec plaisir tout le bien qui se montrait dans ses auditeurs. Regardez ce modèle et imitez-le.

Pour tenir tous les élèves en haleine, pour être utile à tous, l'instituteur a de bons moyens à sa disposition. Il en fera usage sans divulguer son secret. L'un est de relever, sans flatterie comme sans affectation, tous ce que les faibles produiront de bon dans les exercices. Ce sera en même temps leur inspirer le courage d'avancer et leur donner du prix aux yeux de leurs condisciples. L'autre moyen consiste à signaler les fautes que feront ceux qui manifestent de la suffisance et des prétentions. Le redressement de leurs fautes doit se faire brièvement, avec bonté, et tout en leur rendant justice en ce qu'ils font bien. En général, l'instituteur doit familiariser tous ses élèves avec la grande vérité évangélique qui dit que les talents sont des dons gratuits du Créateur, que chacun doit faire valoir ceux qu'il a reçus, et que le Juge suprême exigera un jour en proportion de ce qu'il aura donné.

(P. Girard.)

*
* *

Il est des goûts naturels précieux pour l'avancement intellectuel des enfants. Mais combien de fautes à cet égard n'est-il pas facile de commettre? L'empressement à tirer parti d'un goût est souvent cause que nous le tuons. Si l'enfant, par exemple, se plaît à dessiner, on l'exhorte d'abord doucement à se livrer à cet exercice, on lui fait honte de l'abandonner; peu à peu la contrainte arrive, et dès lors le plaisir a fui. Souvent aussi on lui donne à satiété les jouissances qu'il a désirées. Lui croit-on du penchant pour l'histoire naturelle, vite arrivent les livres et les gravures à foison, peut-être de petites collections toutes faites. Ce dernier don est un moyen presque sûr de le dégoûter. Des échantillons de minéraux bien rangés, dont les noms barbares sont indiqués par des étiquettes qu'on recommande de ne pas brouiller, vont bientôt se confiner dans une armoire; l'enfant les montre avec orgueil une ou deux fois, puis il n'y pense plus; l'espoir de jamais trouver lui-même rien d'aussi joli n'entre pas un instant dans sa tête.

Voulez-vous dans ce genre faire naître le goût? excitez l'esprit de recherche, puis récompensez-le sobrement par le plaisir de la possession. Si vous dites à votre fils : Je compte aller chercher telle coquille pétrifiée, tel cristal qui se trouve non loin d'ici sur la colline, voulez-vous y venir avec moi? Il sautera de joie; bientôt il distinguera l'objet que vous désiriez et demandera comme une faveur d'en emporter quelques échantillons pour lui-même. Les comparer à son retour avec les descriptions ou les gravures sera un vrai plaisir pour lui, et, pour peu qu'il ait du talent, l'impulsion, peut-être, sera donnée.

Ceci pourrait trouver nombre d'applications. Il y a quelque chose de délicat, je dirai presque de chaste, dans les goûts qui se nourrissent de peu et languissent dans l'abondance. Vous pouvez en faire naître un au moyen du gravier de votre jardin et l'étouffer par la possession d'un musée.

(Mme Necker de Saussure.)

Les enfants savent peu, il ne faut pas les exciter à parler ; mais comme ils ignorent beaucoup de choses, ils ont beaucoup de questions à faire ; aussi 'en font-ils beaucoup. Leur curiosité est un penchant de la nature qui va comme au-devant de l'instruction ; ne manquez pas d'en profiter. Par exemple, à la campagne, ils voient un moulin, et ils veulent savoir ce que c'est ; il faut leur montrer comment se prépare l'aliment qui nourrit l'homme. Ils aperçoivent des moissonneurs, et il faut leur expliquer ce qu'ils font, comment est-ce qu'on sème le blé et comment il se multiplie dans la terre. A la ville, ils voient des boutiques où s'exercent plusieurs arts et où l'on vend diverses marchandises. Il ne faut jamais être importuné de leurs demandes : ce sont des ouvertures que la nature vous offre pour faciliter l'instruction ; témoignez y prendre plaisir ; par là, vous leur enseignerez insensiblement comment se font toutes les choses qui servent à l'homme et sur lesquelles roule le commerce. Peu à peu, sans étude particulière, ils connaîtront la bonne manière de faire toutes choses qui sont de leur usage, et le juste prix de chacune, ce qui est le vrai fond de l'économie. Ces connaissances, qui ne doivent être méprisées de personne, puisque tout le monde a besoin de ne se pas laisser tromper dans sa dépense, sont principalement nécessaires aux filles.

(Fénelon.)

Pour donner les premières connaissances aux enfants, on a voulu les instruire en jouant. De là mille inventions, mille ruses. Que manquait-il à ce système ? Bien des choses, et, entre autres, une à laquelle on ne renonce point impunément, la bonne foi.

On est également dépourvu de dignité et de grâce lorsqu'on prétend avoir un but qu'on n'a pas. Que fait la mère quand il s'agit d'introduire l'enseignement, à commencer par celui de la lecture ? Elle annonce un jeu nouveau et charmant dont les préparatifs ont été faits d'avance. Des fiches diversement colorées, des cartes peintes représentant des animaux, des fleurs, de jolis livres bien reliés avec des gravures enluminées, voilà de quoi ravir les regards. L'enfant d'abord est complètement dupe, il se met avec joie à sa leçon tant que l'attrait de la nouveauté dure encore; mais bientôt il trouve plus gai de varier le son des lettres, de dire O quand on lui montre A, puis de faire une gambade entre chaque mot, puis de se servir des matériaux de la leçon pour construire des maisons ou des tentes, puis enfin de se divertir comme il l'entend. La mère qui veut essayer de prendre la chose en plaisanterie, et poursuivre néanmoins son but, n'a qu'une gaieté contrainte. Elle tâche de ramener l'esprit vagabond; mais l'enfant voit son intention et la déjoue. Il s'amuse à la faire enrager, disposition bien mauvaise et que les desseins cachés des parents font naître à coup sûr. Quand vous avouez hautement la résolution d'enseigner, l'enfant s'y soumet à la longue et la respecte; mais si vous prenez un prétexte, il s'en empare avec opiniâtreté; il vous force à être d'accord avec vous-même et à jouer en effet si vous avez annoncé un jeu.

La promesse du plaisir est presque toujours déplacée dans l'éducation. D'abord, on n'est jamais bien sûr de la tenir, et puis le plaisir arrive d'autant moins qu'il a été annoncé d'avance. Donnez donc du plaisir aux enfants, donnez-en beaucoup, mais parlez-en peu. Il leur est bon, nécessaire même; c'est le soutien de leurs forces au moral comme la nourriture l'est au physique. Que l'abondance, que le choix y soit; mais n'ajoutez pas un prix d'estime au prix naturel, et n'occupez pas trop constamment l'enfant de ses jouissances.

Ce qu'il y a de pis, c'est de chercher à émouvoir sa sensibilité; c'est de prendre des airs touchants pour engager l'enfant à étudier, et un son de voix larmoyant quand il s'y refuse. Ce moyen, qui peut réussir une fois ou deux, se trouve ensuite si peu efficace, que la résistance de l'enfant finit souvent par nous affliger et nous fait douter de sa tendresse. Il n'est pourtant pas vrai qu'il ait le cœur dur, mais nous avons fait tout ce qu'il fallait pour l'endurcir.

(Mme Necker de Saussure.)

* *

En essayant de faire entrer dans une tête d'enfant autre chose que ce qui peut y tenir sa place, vous la fatigueriez d'efforts sans résultats. Avec tout le travail imaginable pour vous et votre fils, vous échoueriez dans l'entreprise de lui apprendre aujourd'hui ce qu'il saura sans peine dans six mois. Sachez attendre que le temps fasse son œuvre. C'est, comme le dit Pascal, des rivières, un chemin qui marche; il nous porte avec lui; mais les progrès qu'il fait faire aux hommes sont accélérés par le travail; pour profiter du temps, il faut qu'ils l'emploient. Les enfants profitent du temps qu'ils perdent; la force leur manque pour l'employer. Il ne faut donc pas espérer qu'une longue application les conduise à vaincre dans le moment la difficulté qui les aurait arrêtés d'abord, car cette difficulté vient de leur faiblesse, et ce qu'il y a de plus impossible à la faiblesse c'est un long effort. Un quart d'heure d'application forcée ne fera qu'ôter plus complètement encore, à un enfant de six ans, la possibilité de retenir ou de comprendre ce qu'il n'aura pas saisi à la première minute; huit jours d'attente suffiront peut-être pour la lui rendre. Il ne faut donc rien précipiter, et ne pas demander à une époque ce qui n'appartient qu'à l'autre, ce qui ne peut être usurpé sur l'avenir qu'avec des efforts infiniment au-dessus du profit. N'ayez pas l'ambition de pousser très vivement les progrès de votre fils dans ce premier âge de l'étude; multipliez plutôt les essais et variez les emplois de son intelligence. Elle s'ouvre à la fois sur beaucoup de points, mais ne s'ouvre que jusqu'à un certain degré, et nous sommes les maîtres d'y faire entrer beaucoup de choses diverses, aucune chose en forte mesure. Ainsi, lorsque par degrés les facultés d'application viendront à s'étendre, ajoutez de nouvelles études plutôt que de beaucoup augmenter la portée de chacune, et ne craignez pas, en occupant son esprit d'une assez grande variété d'objets, d'y faire naître, le moins du monde, la confusion.

Il n'y a aucune espèce de raison pour qu'il se fasse dans la tête d'un enfant la moindre confusion entre les éléments des notions d'histoire, de géographie, de calcul et autres qu'on aura soin de n'y faire entrer que par degrés et en très petite mesure, augmentée cependant progressivement selon que l'accroissement des forces en indiquera la nécessité.

(Mme Guizot.)

Attention.

Il faudrait toucher les enfants par des plaisirs plus innocents que ceux de manger, de posséder quelque chose et de se faire regarder; et je n'en vois point qui leur conviennent mieux que ceux de la vue : les beautés naturelles, les ouvrages de la peinture et de l'architecture, la symétrie, les figures et les couleurs. Comme la vue nous fait rapporter au dehors toutes ses impressions, ses plaisirs ne nous portent qu'à admirer et aimer les objets, et non pas à nous estimer nous-mêmes. Les sons agréables et les bonnes odeurs font le même effet à proportion, et c'est peut-être la raison pourquoi dans l'office solennel de l'Église, on a jugé à propos d'accorder quelque chose à ces trois sens. Je voudrais donc que la première église où l'on porte un enfant fût la plus belle, la plus claire, la plus magnifique; qu'on l'instruisît plus volontiers dans un beau jardin, ou à la vue d'une belle campagne, par un beau temps, et quand il serait lui-même dans la plus belle humeur. Je voudrais que les premiers livres dont il se servirait fussent bien imprimés et bien reliés; que le maître lui-même, s'il était possible, fût bien fait de sa personne, propre, parlant bien, ayant un beau son de voix, un visage ouvert, agréable en toutes ses manières; et comme il est difficile de rencontrer ces qualités jointes aux autres plus essentielles, je voudrais du moins qu'il n'eût rien de choquant ni de dégoûtant. Le peu de soin qu'on a de s'accommoder en tout ceci à la faiblesse des enfants, fait qu'il reste à la plupart de l'aversion et du mépris pour toute leur vie de ce qu'ils ont appris de gens trop vieux, chagrins ou maussades; et que le dégoût des écoles publiques, quand ce sont de vieux bâtiments qui manquent de lumière et de bon air, passe jusques au latin et aux études. Mais, quoi que l'on fasse pour engager les enfants à s'appliquer, il ne faut pas espérer qu'ils le fassent longtemps, ni que l'on puisse toujours les conduire par le plaisir. On aura souvent besoin de crainte. La joie dissipe, et se joignant à leur légèreté naturelle, elle les fait en un moment passer d'un objet à l'autre. Il est même à craindre qu'ils ne se familiarisent trop avec le maître, s'il est toujours en belle humeur, et qu'en cherchant à les réjouir il ne se rende trop plaisant et ne leur découvre quelque faiblesse. Il faut donc qu'il reprenne souvent le caractère qui lui convient le plus, qui est le sérieux, et qu'il montre quelquefois de la colère par ses regards et par le ton de sa voix, pour arrêter l'épanchement de ces jeunes esprits et les faire rentrer en eux-mêmes. Que si des menaces il faut passer jusques aux châtiments, on peut y ménager plusieurs degrés avant que d'en venir aux punitions corporelles, et on doit leur faire sentir qu'on ne les punit que pour leur manque d'application, ou

pour quelque autre faute qui appartient aux
mœurs, et non pas précisément pour leur ignorance ou pour leur peu d'esprit, afin qu'ils ne regardent pas la punition comme un malheur,
mais comme une justice. Surtout il faut faire
son possible pour n'avoir jamais contre eux de
véritable colère, quelque mine que l'on en fasse.
Je sais que cela n'est pas aisé ; la fonction d'enseigner n'est pas agréable. Si le disciple s'ennuie,
quoiqu'il voie souvent quelque chose de nouveau,
le maître doit s'ennuyer encore plus. En cet état,
le chagrin prend aisément, et il est à tout moment excité par la badinerie continuelle des enfants, si opposée à l'humeur d'un vieillard ou
d'un homme mûr.... Il est toujours plus utile au
disciple d'être conduit par la douceur et par la
raison. Au moins faut-il éviter avec grand soin
de maltraiter les enfants injustement, ne fût-ce
que d'une parole ou d'un regard. Quelque juste
que soit la réprimande, elle est toujours dure,
surtout en un âge où les passions sont si fortes et
la raison si faible. C'est une espèce de blessure
qui attire toute l'attention de l'âme, et l'occupe de
la douleur qu'elle ressent, ou de l'injustice
qu'elle s'imagine recevoir ; de sorte que, si l'injustice est effective, si l'enfant s'aperçoit, ou par
le jugement des autres, ou par celui de son maître même, lorsqu'il lui arrive de se démentir tant
soit peu, s'il s'aperçoit, dis-je que son maître
soit passionné, ou qu'il ne soit pas exactement

raisonnable, il ne manquera point de le haïr ou de le mépriser; et dès lors ce maître ne pourra plus lui être utile. Il ne faut pas s'imaginer que les enfants soient aisés à tromper là-dessus : ils sentent bien s'ils ont tort ou raison, et ils ont le discernement très fin pour reconnaître les passions au visage et à tout l'extérieur, quoiqu'ils ne sachent pas encore l'exprimer, et qu'ils ne fassent pas même réflexion qu'ils le remarquent. Ils ont cela de bon que leurs chagrins et leurs colères ne durent pas longtemps et qu'ils reviennent bientôt à la joie, qui leur est plus naturelle. Gardons-nous bien de nous y opposer, de les attrister en faisant durer trop longtemps la crainte ou de les décourager tout à fait en la poussant à l'excès ! Il vaut mieux qu'ils soient un peu trop gais, que d'être abattus et tristes contre leur naturel... Sitôt que la tempête est passée et qu'ils sont revenus à un sérieux raisonnable, c'est alors qu'il est bon de leur donner des instructions et qu'ils sont en état de les entendre; non qu'il faille exiger toujours d'eux assez de raison pour se condamner eux-mêmes; mais dans le temps qu'ils disent leurs méchantes excuses, ils ne laissent pas de voir qu'ils ont tort, et souvent ils se corrigent ensuite.

(L'abbé Fleury.)

Histoire.

Pour l'étude de l'histoire, il faut du choix et de l'ordre, autant et plus qu'en aucune autre étude. Celui qui se contente, comme l'on fait souvent, de lire au hasard le premier livre d'histoire qui lui tombe entre les mains, se met en danger de charger sa mémoire de beaucoup de fables ou de ne rien retenir, faute d'entendre ce qu'il lit. On doit donc donner aux jeunes gens des principes pour discerner les histoires qui leur seront utiles et pour les lire utilement. Mais pour bien faire, il faut avoir posé les fondements de cette étude dès l'enfance; car, quoique la nouveauté soit un grand charme dans l'histoire, rien n'est plus incommode que d'y trouver tout nouveau et n'y rien voir de notre connaissance; pas un lieu, pas un homme. L'histoire de la Chine est pleine de grands événements et d'exemples de vertus rares. Cependant, parce que nous n'avons jamais ouï parler d'Hiao ni de Chimtan-You, et que la géographie, même la plus récente, de ce grand pays ne nous est pas familière, cette histoire nous est d'abord très désagréable. La mémoire travaille continuellement; quand nous trouvons un nom propre, nous ne savons si nous l'avons déjà vu ou non; on se souvient de l'avoir vu, mais on a oublié qui il est; on prend un royaume pour un homme, un homme pour une femme; on ne voit point l'intérêt que l'on avait d'aimer ou de haïr l'autre. Enfin, l'esprit est tiré tout à la fois par tant de nouveautés différentes, qu'il est dans une peine continuelle. Au contraire, quand un homme qui a quelque étude lit Hérodote ou Tite-Live, il se reconnaît partout; les plus grands objets lui sont tous familiers. Toute sa vie il a ouï parler de Cyrus et de Crésus, de Rome et de Carthage. Mais il voit un grand détail qu'il ne savait point; et c'est cette nouveauté qui lui donne du plaisir, parce qu'il sait où rapporter tout ce qu'il apprend, et qu'il ne travaille point pour entendre ou pour retenir les principales choses. La peine est bien plus grande pour ceux qui n'ont point de lettres; aussi se plaignent-ils la plupart de leur mémoire. Ils devraient plutôt se plaindre de leur mauvaise éducation, qui fait que l'histoire grecque ou la romaine leur est presque aussi inconnue que celle des Chinois ou des musulmans à ceux qui ont fait des études ordinaires. Encore y a-t-il une différence bien grande. Il y a peu de gens parmi nous qui n'aient ouï parler d'Alexandre, de César, de Charlemagne; mais qui connaît Almamon ou Gengis-Kan, si ce n'est quelque peu de curieux?

On ne peut donc commencer trop tôt à donner aux enfants les principes de l'histoire. En même temps qu'on leur contera les faits qui servent de fondement aux instructions de la religion, il faut leur conter aussi ceux que l'on trouvera dans l'histoire les plus grands, les plus éclatants, les plus agréables et les plus faciles à retenir. Il faut choisir entre les autres ceux qui peuvent frapper l'imagination : la louve de Romulus, la mort de Lucrèce, la prise de Rome par les Gaulois, le triomphe de Pompée ou celui de Paul-Émile, la mort de César ; et si l'on peut leur faire voir des médailles, des statues ou des estampes, les images en seront bien plus vives et s'imprimeront bien plus avant dans la mémoire. C'est sans doute le plus grand usage de la peinture et de la sculpture ; et c'était un grand avantage aux anciens Grecs de pouvoir apprendre leur histoire, même sans savoir lire, en se promenant dans leurs villes ; car, de quelque côté qu'ils se tournassent, ils trouvaient ou des bas-reliefs ou des peintures excellentes, dans les temples et les galeries publiques, qui représentaient des batailles et d'autres événements fameux, ou des statues d'hommes illustres dont les visages étaient ressemblants, et dont l'habit et la posture marquaient le sujet qui les avait fait ériger. Dans la campagne même, on voyait des trophées, des tombeaux, des pyramides qui étaient autant de monuments historiques.

Il faut encore avoir grand soin de dire aux enfants quantité de noms propres d'hommes et de lieux, afin qu'ils leur soient familiers de bonne heure et qu'ils excitent leur curiosité. Je voudrais surtout leur nommer ceux qui font plus grande figure dans l'histoire du monde : Sésostris, Ninus, Nabuchodonosor, Cyrus, Hercule, Achille, Homère, Lycurgue, et les Romains à proportion ; mais je voudrais y joindre les noms de l'histoire moderne, dont toutefois on parle beaucoup moins aux enfants : Guillaume le Conquérant, Godefroy de Bouillon, Sanche le Grand, roi de Navarre, et tous les autres qui ont été les plus illustres depuis six cents ans. Je ne voudrais pas même omettre les Orientaux, et je voudrais qu'un enfant eût ouï parler des califes de Bagdad et du Caire, de la plus grande puissance des Turcs Sedjoucides, et de celle des Mogols ; leurs noms ne leur paraîtraient point si barbares dans la suite, s'il y étaient accoutumés de bonne heure. On se servirait de cartes de géographie pour les noms des lieux qu'il faudrait aussi leur apprendre, selon tous les temps et toutes les langues, autant que l'on pourrait. Je ne voudrais, dans le commencement de ces instructions, m'attacher à aucun ordre de dates ni de chronologie, mais suivre l'occasion de la curiosité des enfants pour leur dire tous ces noms et tous ces faits.

(L'abbé Fleury.)

Rien de si doux, selon nous, que d'avoir à sa disposition un recueil intérieur de belle poésie, et nous désirerions doter nos jeunes filles d'un pareil trésor. La poésie, en effet, nous fait voir d'en haut toutes choses, elle ôte à la douleur sa pointe la plus acérée en nous montrant nos propres misères comme les misères de l'humanité. A sa voix, l'existence s'élève et se dilate, les soucis, l'humeur se dissipent, l'action salutaire du temps est devancée pour nous. Dans sa solitude, dans les insomnies, dans ces moments d'oisiveté forcée qu'une santé souvent affaiblie ne multiplie que trop pour les femmes, son rythme cadencé apaise le trouble et ramène dans leur cœur la sérénité. Les femmes chargées de tant de soins de détail, et dont l'esprit pourrait aisément se rétrécir par l'occupation de minuties, les femmes ont surtout besoin de cette source de grandeur.

(Mme Necker de Saussure.)

Eloquence.

Sur la fin des études, comme depuis l'âge de quatorze ou quinze ans, ou plus tard encore, à proportion de l'esprit et du loisir de l'écolier, on pourrait lui faire connaître les règles les plus solides de la véritable éloquence. Je ne propose pas cette étude comme nécessaire, parce que l'on peut, sans être éloquent, être homme de bien, et même être habile jusqu'à un certain point, et que l'éloquence dépend pour le moins autant du naturel que de l'étude. Il faut toutefois avouer qu'elle est d'une grande utilité, et que c'est elle qui nous fait réussir, pour l'ordinaire, les affaires les plus grandes et les plus difficiles ; car je n'entends pas ici par éloquence ou rhétorique ce que l'on entend d'ordinaire, abusant d'un nom que les pédants et les déclamateurs ont décrié ; je n'entends pas, dis-je, ce qui fait faire ces harangues de cérémonies et ces autres discours étudiés qui chatouillent l'oreille en passant et ne font le plus souvent qu'ennuyer ; j'entends l'art de persuader effectivement, soit que l'on parle en public ou en particulier ; j'entends ce qui fait qu'un avocat gagne plus de causes qu'un autre ; qu'un prédicateur, humainement parlant, fait plus de conversions ; qu'un magistrat est le plus fort dans les délibérations de sa compagnie ; qu'un négociateur fait un traité avantageux pour son prince ; qu'un ministre domine dans les conseils, en un mot, ce qui fait qu'un homme se rend maître des esprits par la parole.

Plus l'écolier saura de choses et aura le raisonnement formé, plus il sera capable de cette étude d'éloquence, car elle ne fait que donner la forme au discours ; il faut que le bon sens et l'expérience en fournissent la matière. J'attendrais donc qu'un jeune homme eût des pensées et pût dire quelque chose de lui-même pour lui montrer la manière de le dire ; je ne laisserais pas de jeter de loin les fondements de cet art : premièrement, j'en établirais la morale et je lui ferais entendre, aussitôt qu'il en serait capable, que l'éloquence est une bonne qualité; que, comme la parole nous est donnée pour dire la vérité, l'éloquence nous est donnée pour faire valoir la vérité et l'empêcher d'être étouffée par les mauvais artifices de ceux qui la combattent, ou par la mauvaise disposition de ceux qui l'écoutent; que c'est abuser de l'éloquence que de la faire servir à ses intérêts et à ses passions; que son usage légitime est de persuader aux hommes ce qui leur est véritablement bon, et principalement ce qui peut les rendre meilleurs, leur peignant vivement l'horreur du vice et la beauté de la vertu, comme ont fait les pères de l'Eglise. Voilà ce que j'appelle la morale de l'éloquence.

L'art consiste à savoir bien parler et bien écrire en toutes les rencontres de la vie, non seulement dans les actions publiques, comme ces harangues qui ne se font que pour satisfaire à certaines formalités, mais dans les délibérations, dans les affaires ordinaires, dans les simples conversations : savoir faire une relation, écrire une lettre; tout cela est matière d'éloquence à proportion du sujet.

Non seulement la lecture, mais les conversations et les discours les plus communs de la vie sont de bonnes leçons d'éloquence. Ces exemples vivants et familiers serviront plus à la rendre solide et effective que les livres et tout ce qui sent l'école. Il est donc important d'apprendre à un jeune homme à en profiter, et de lui faire étudier sur le naturel tout l'art du discours. Faites-lui remarquer les adresses que les gens les plus grossiers emploient pour faire valoir leurs intérêts; avec quelle force les passions font parler et quelle variété de figures elles fournissent; enfin, comment la voix, le geste, tout l'extérieur est proportionné au mouvement de celui qui parle.

L'exercice de parler accoutumera un jeune homme à parler aisément de suite, sans hésiter ni se reprendre, à être hardi et attentif. Or, par cet exercice de parler, je n'entends pas tant ce que l'on appelle déclamation, qui n'est d'usage tout au plus que pour ceux qui doivent un jour parler en public, que des discours familiers, suivis et soutenus, comme sont ceux des gens qui parlent bien d'affaires, ou qui content bien une histoire en conversation.

(L'abbé Fleury.)

RELIGION

Dans l'éducation, pour le succès de nos efforts, il faut une haute intervention, laquelle ne dépend pas de nous. Tous les jours, on voit dans la même famille des enfants qui, sous le rapport moral, tournent bien différemment ; tous ont cependant reçu les mêmes leçons, les mêmes soins, les mêmes bienfaits, et néanmoins les résultats de la même éducation ne se ressemblent souvent pas. L'éducateur se rappellera ici ce que dit l'Apôtre des nations de ses disciples à Corinthe : « C'est moi qui ai planté, c'est Apollon qui a arrosé, mais c'est Dieu qui a donné l'accroissement. Or, celui qui plante n'est rien, ni celui qui arrose, mais c'est celui qui donne l'accroissement qui est tout. » Comment il fait croître dans nos élèves les semences de bien que nous déposons dans leur pensée et que nous arrosons, c'est son secret ; et cette influence invisible du Créateur sur la créature qu'il inspire et qu'il soutient est ce que nous appelons la grâce dont nous avons besoin pour prospérer. Pour l'obtenir, il faut la demander, car elle n'est accordée qu'à la prière, qui lui fraie le chemin des âmes.

Et quant à nous, instituteurs de la jeunesse, nous devons imiter le pieux laboureur qui, ayant ensemencé son champ, s'arrête auprès de sa herse attelée, découvre sa tête, élève au ciel ses regards, et recommande à l'auteur de tout bien les semences qu'il vient de confier à la terre. Nous aussi nous prierons le Ciel de donner l'accroissement qui ne dépend pas de l'homme, et nous engageons nos élèves à prier comme nous.

(P. Girard.)

***

Des instituteurs très pieux influent par le sentiment qui les anime; ils transmettent involontairement leur ferveur. Souvent, la persuasion se communique par les voies auxquelles on songe le moins.

Cette puissance de la sympathie, cette facilité avec laquelle une flamme allume une autre flamme dans l'âme d'un enfant, montrent quel peut être le pouvoir des femmes et relève prodigieusement leur condition. D'elles dépend la religion des races futures; leur influence prolongée peut déterminer les sentiments de piété chez leurs filles et laisser, dans les souvenirs de ces fils mêmes qui leur échappent, des traces que le temps n'efface point.

Mais comment, demanderont quelques parents, comment s'y prendra-t-on pour que les affections de ces jeunes créatures se dirigent du côté de Dieu et du devoir? Voilà qui paraît impossible. Croyez-moi, nous pouvons beaucoup obtenir, même avec de très jeunes enfants, en mettant graduellement sous leurs yeux les vérités religieuses associées à des images qui leur soient agréables, pour peu qu'il y ait dans notre manière l'expression de la tendresse et de la sérénité, et que nous soyons animés d'un esprit conforme à notre dessein. Les noms de Dieu et de Jésus-Christ doivent être de bonne heure rendus familiers aux enfants, et le pouvoir de ces personnes divines, leur sainteté et plus particulièrement leur amour, peuvent être tellement dépeints, tellement rendus sensibles par de naïves et simples représentations, que l'idée en pénètre profondément dans les jeunes âmes. Et dès lors, tandis qu'on donne à l'enfant les premiers éléments de l'instruction religieuse, on lui inspire le sentiment d'un saint respect et le goût des choses célestes. Mais ce qu'il faut éviter avec un soin particulier, c'est de le fatiguer par de longs discours et aussi d'exciter ces émotions avec trop de force. Un peu ici et un peu là sera la devise de sa mère. Et pour ce peu même, elle choisira les moments où l'enfant lui prête une oreille docile, et laissera toujours tomber l'entretien avant que le sujet devienne fastidieux et insipide. Rien n'aura pour aller au but plus de succès que les histoires courtes, telles que celles de Jésus-Christ prenant les petits enfants dans ses bras et les bénissant, ou Jésus-Christ rendant à la vie le fils de la veuve : et il y en a bien d'autres semblables.

Le point de vue moral est celui auquel il faut toujours revenir, parce que sous ce point de vue seul on juge de la sincérité et de la bonne direction des idées religieuses. Mais le propre de ces idées, c'est néanmoins de placer en première ligne les intérêts éternels, c'est de faire considérer l'accomplissement de nos devoirs ici-bas comme la condition nécessaire de notre union avec Dieu dans une autre vie. Si cet ordre est interverti et qu'on se propose cette vie pour but, fût-ce afin de la faire passer sagement et d'une manière honorable, on ôte à la religion toute sa force et sa vertu. Quand on la prend uniquement comme moyen, il résulte de là que le moyen manque. L'essence de la religion consiste dans l'amour de Dieu ; les intérêts éternels sont les intérêts de cet amour : inspirez donc un tel sentiment si vous voulez que la religion serve à fonder la morale.....

L'instituteur qui reçoit son élève des mains de la religion le regarde comme un dépôt sacré qu'il lui est ordonné de porter à la plus haute valeur possible.

Mais, par cela seul qu'il veut la porter à la plus

haute valeur, c'est toujours l'âme qu'il a en vue. Toute connaissance, tout emploi de temps qui produit un effet équivoque sur le caractère lui est suspect. Le moindre symptôme d'orgueil est pour lui l'indice qu'il faut s'arrêter et cesser de procurer à l'élève des succès nuisibles. En cherchant à lui donner de grands talents, il ne voulait qu'accroître en lui les moyens d'influer heureusement sur ses semblables ; s'il le voit devenir égoïste et vain, le but est manqué, et ce but, après tout, n'était que secondaire. Responsable avant tout de la moralité de son élève, l'instituteur se sent chargé plus directement de le rendre bon et religieux lui-même, que de le faire devenir pour les autres un instrument d'amélioration. Il sera donc également prêt à borner son ambition ou à l'étendre ; une seule intention ferme et constante fera fléchir en lui tout autre désir.

(Mme Necker de Saussure.)

Religion et morale.

On accuse la dévotion de rendre les gens tristes et, si l'on osait le dire, malheureux, parce qu'on voit en effet beaucoup de ceux qui passent pour dévots être chagrins, critiques et plaintifs ; mais rien n'est plus éloigné de l'esprit du christianisme. C'est un esprit de douceur, de tranquillité et de joie ; et la mélancolie est comptée par les plus anciens spirituels entre les sept ou huit sources de tous les péchés, comme la gourmandise et l'impureté.

Il est fort dangereux de faire faire aux enfants réflexion sur leurs défauts sans les faire travailler sérieusement à s'en corriger; autrement ces réflexions se termineront à ces vains discours de précieuses qui rompent la tête à tout le monde de leurs défauts comme de leurs indispositions, par vanité toute pure, pour se faire admirer et se distinguer de tout le genre humain, par leur délicatesse et la bizarrerie de leurs sentiments. J'ai, disent-elles, une peur effroyable du tonnerre, j'ai une aversion inconcevable des sottes gens, je ne puis avoir de patience avec mes valets, je m'emporte à tous moments; et cent autres sottises pareilles dont elles se plaignent, comme de leurs migraines et de leurs vapeurs. Rien n'est plus pernicieux à un enfant que de l'accoutumer à ce langage.

(L'abbé Fleury.)

*
* *

La croyance en Dieu est comme la racine de la piété. D'elle naissent ensuite le respect, la gratitude et la confiance, affections qui d'abord attachent l'enfant à la mère, et qui, allant plus tard s'adresser au Père céleste de l'Évangile, élèvent l'homme au-dessus de la poussière, le rendent citoyen d'un monde invisible et meilleur, et lui impriment le sceau de la dignité humaine.

Il y a action et réaction entre la piété et la moralité, et l'instituteur ne doit pas ignorer cette influence mutuelle. La conscience nous impose une loi sainte et nous conduit à un Dieu saint qui en est l'auteur et qui veille à son exécution. A son tour la piété vient à l'appui de la conscience, donnant à ses ordres non seulement plus d'autorité, mais aussi plus d'attraits, parce que ce sont les ordres d'un père qu'elle nous intime. Ainsi, cultiver la conscience dans les enfants, c'est cultiver en eux la piété, et réciproquement. Tout se lie dans l'âme, qui n'est qu'une, et l'éducation doit le savoir pour en faire son profit.

(P. Girard.)

* * *

Dans les exercices religieux, comme dans les autres, évitez avec un soin extrême tout excès, toute longueur, toute exagération dans la force des paroles. Craignez moins le trop peu que le trop. Les lacunes peuvent se combler, mais l'ennui laisse des traces durables.

Tantôt il porte à tout rejeter, tantôt à chercher, dans la religion même, des émotions, une source d'exaltations trop fortes. Désirez surtout un doux attrait, un goût soutenu pour les choses saintes. Mieux vaut voir un enfant accourir avec joie aux exercices de piété que d'observer en lui, après qu'ils sont finis, cette expression de physionomie morne et sombre qu'on croit venir de componction. Vous ne sauriez, sous ce rapport, avoir un tact trop fin.

Ayez aussi de la pénétration pour déjouer la moindre nuance d'hypocrisie, mais sans la signaler par son nom odieux. Souvent l'enfant n'a pas d'intention coupable; il commence trop tôt à montrer sur son visage le sentiment qu'il espère bientôt éprouver, mais c'est là ce qui mène à l'affectation dans tous les genres. N'acceptez non plus aucune promesse, aucun acte de dévouement auquel il pourrait ensuite avoir regret.

Que le dimanche soit un jour de fête religieuse, mais un jour de fête. Ce qui doit surtout y régner, c'est un sentiment à la fois de paix et de joie; et quel plus grand contentement que de répandre un peu de bonheur! A cet âge où l'enfant lui-même comprend que sa charité a peu de mérite, faisons-lui-en du moins connaître la douceur. Procurons-lui parfois le plaisir de la bienfaisance.

(Mme Necker de Saussure.)

Imitation.

Il n'est rien de si dangereux que de parler aux enfants du mépris de cette vie, sans leur faire voir, par tout le détail de votre conduite, que vous parlez sérieusement. Dans tous les âges, l'exemple a un pouvoir étonnant sur nous ; dans l'enfance, il peut tout. Les enfants se plaisent fort à imiter. Ils n'ont point encore d'habitude qui leur rende l'imitation d'autrui difficile; de plus, n'étant pas capables de juger par eux-mêmes du fond des choses, ils en jugent bien plus par ce qu'ils voient dans ceux qui les proposent que par les raisons dont ils les appuient; les actions mêmes sont bien plus sensibles que les paroles. Si donc ils voient faire le contraire de ce qu'on leur enseigne, ils s'accoutument à regarder la religion comme une belle cérémonie et la vertu comme une idée impraticable.

Ne prenez jamais la liberté de faire devant les enfants certaines railleries sur des choses qui ont rapport à la religion. On se moquera de la dévotion de quelque esprit simple ; on rira sur ce qu'il consulte son confesseur ou sur les pénitences qui lui sont imposées. Vous croyez que tout cela est innocent; mais vous vous trompez : tout tire à conséquence en cette matière. Il ne faut jamais parler de Dieu ni des choses qui concernent son culte qu'avec un sérieux et un respect bien éloignés de ces libertés. Ne vous relâchez jamais sur aucune bienséance, mais principalement sur celles-là. Souvent, les gens qui sont les plus délicats sur celles du monde sont les plus grossiers sur celles de la religion.

La superstition est sans doute à craindre pour le sexe; mais rien ne la déracine ou ne la prévient mieux qu'une instruction solide. Cette instruction, quoiqu'elle doive être renfermée dans les justes bornes et être bien éloignée de toutes les études des savants, va pourtant plus loin qu'on ne croit d'ordinaire. Tel pense être bien instruit qui ne l'est point et dont l'ignorance est si grande qu'il n'est pas même en état de sentir ce qui lui manque pour connaître le fond du christianisme. Il ne faut jamais laisser mêler dans la foi ou dans les pratiques de piété rien qui ne soit tiré de l'Évangile ou autorisé par une approbation constante de l'Église.

Accoutumez donc les filles, naturellement trop crédules, à n'admettre pas légèrement certaines histoires sans autorité et à ne s'attacher pas à de certaines dévotions qu'un zèle indiscret introduit sans attendre que l'Église les approuve.

Ne souffrez jamais que les enfants se moquent de l'habit ou de l'état des religieux; montrez la sainteté de leur institut, l'utilité que la religion en tire et le nombre prodigieux de chrétiens qui tendent dans ces saintes retraites à une perfection qui est presque impraticable dans les engagement du siècle. Accoutumez l'imagination des enfants à entendre parler de la mort, à voir, sans se troubler, un drap mortuaire, un tombeau ouvert, des malades même qui expirent et des personnes déjà mortes, si vous pouvez le faire sans les exposer à un saisissement de frayeur.

(Fénelon.)

ÉNERGIE

Ce n'est pas sous le rapport de l'instruction que la prééminence de l'éducation publique est le plus marquée. Relativement au raffermissement du caractère, au développement des vertus mâles et de l'énergie, elle l'emporte plus décidément.

L'éducation domestique, prolongée jusqu'à l'âge de dix ou douze ans, nous a paru offrir, entre autres avantages, celui de resserrer les liens de famille. On peut former chez les jeunes garçons ces habitudes d'égards et de politesse qui sont pour ainsi dire la civilisation de l'individu, et donnent déjà de la dignité à celui qui les a contractées. Mais passé cet âge, il faut convenir que l'élève y échappera difficilement à la mollesse. Dans un paisible ménage, il n'y a aucune énergie à déployer. Tous les faibles sont protégés, nul n'a besoin de se défendre lui-même ou de défendre d'autres que lui : condition fort heureuse, sans doute, mais où la force d'âme ne s'acquiert pas.

Le courage matériel pourrait s'acquérir encore.

La gymnastique, d'autres exercices corporels, accoutument à braver les dangers physiques. Mais le courage moral, mais cette qualité si rare et si précieuse qui consiste dans le pouvoir de résister aux caresses, aux flatteries ou à la violence des autres, où le prendrait-on lorsque la résistance est un tort vis-à-vis de tout le monde? Telle est pourtant la situation de l'enfant élevé sous le toit paternel; il n'y est sur un pied d'égalité avec personne; des différences d'âge ou de condition le séparent de tous les êtres avec qui il vit. On lui dit de céder aux petits parce qu'ils sont petits, aux grands parce qu'il leur doit de la déférence. Comment alors se ferait-il une idée nette de la justice?

Au collège, il n'en est pas ainsi : là l'égalité est complète; là le jeune homme apprend à connaître ses droits comme ceux des autres. Aucun de ses camarades n'étant pour lui un objet de respect ou de générosité particulière, il s'accoutume à résister aux sollicitations comme aux menaces quand il croit avoir l'équité pour lui.

Dans l'éducation publique, l'on acquiert surtout l'esprit de conduite, l'art de se mettre en équilibre avec ses pareils, de connaître jusqu'à quel point il faut leur imposer par sa fermeté ou s'en faire aimer par sa complaisance, et l'on apprend à les servir sans se rendre leur esclave. L'élève qui a vu de près le jeu des passions chez d'autres enfants est moins dupe et moins soupçonneux, moins imprudent et moins égoïste. moins scandalisé des mauvais exemples et plus capable d'y résister; dès lors il marchera d'un pas plus sûr dans sa carrière. Il saura mieux aussi agir sur les autres; éclairé par l'expérience, il connaît ce qui produit ou non de l'effet sur eux.

(Mme Necker de Saussure.)

Est-il accordé aux instituteurs d'augmenter chez un enfant l'énergie morale? Je l'ignore; mais il me paraît certain qu'il leur est extrêmement aisé de la diminuer; c'est peut-être à cet égard que nous commettons le plus de fautes: un des objets les plus essentiels est un des plus négligés. Malheureusement, l'éducation presque entière tend à ébranler la fermeté; elle n'est le plus souvent, à vrai dire, qu'un système de moyens pour affaiblir la volonté. Persuasive et insinuante, elle l'empêche de se former; sévère et inflexible, elle la fait ployer ou la brise. Elle vise à faire contracter de bonnes habitudes, et le propre des habitudes est précisément d'obtenir des actions sans le concours de la volonté; elle tire un grand parti de l'instinct imitateur qui produit un effet semblable. Heureuse quand elle peut se passer d'user de mauvaise foi; exemple le plus pernicieux de tous, non seulement pour la moralité, mais encore pour l'énergie. . . . .

Ce n'est pas en renonçant à montrer de la fermeté eux-mêmes que les instituteurs réussiront à en donner. S'ils sont faibles et vacillants, ils ajouteront un mauvais exemple à une influence également mauvaise, ou plutôt à l'absence de cette influence qu'il est de leur devoir d'exercer. Il convient, si l'on peut le dire, qu'ils subissent l'obligation de commander. L'assujettissement auquel un état de dénuement absolu soumet l'homme durant son enfance, est aussi indispensable à la formation de sa moralité qu'à la conservation de sa vie. C'est le moyen voulu par la Providence pour le développement de toutes ses qualités, en y comprenant l'énergie; et l'emploi de ce moyen a pour but, ainsi qu'il doit avoir pour terme, l'affranchissement de la volonté. L'éducation ne veut que rendre l'homme libre. Elle lui confiera le gouvernement de lui-même aussitôt que, dégagé de la dépendance d'aveugles instincts, il choisira le bien d'une âme immortelle. . . . .

L'enfant qui n'est pas dirigé par une main ferme reste, pour son malheur, livré à tous ses caprices; et c'est le malheur que subit l'homme toute sa vie, quand l'éducation, en négligeant d'employer à temps ses ressources les plus efficaces, a par là manqué son principal but, celui de le rendre maître de lui-même. . . . . . .

C'est une autre manière d'énerver la volonté que de la laisser toujours soumise à une influence étrangère. Cette faute, on la commet aussi ; et l'éducation, en se dépouillant de nos jours de ses formes âpres et sévères, n'a pas évité ce second écueil. Une servitude douce, volontaire même, amollit les âmes au moins aussi sûrement qu'une plus rude.

Si donc l'élève, à l'avenir, doit rester maître de sa conduite, il importe de lui faire suivre deux régimes en apparence opposés : l'un d'assujettissement, pour l'accoutumer à réprimer ses désirs capricieux ; l'autre, de liberté, afin qu'il se forme en lui une volonté indépendante. C'est là une difficulté qu'on envisage rarement dans toute son étendue ; aussi, et peut-être surtout dans les éducations les plus soignées, se développe-t-il peu de caractères prononcés.

L'irrésolution, l'inconstance, sont les symptômes les plus ordinaires de la faiblesse de la volonté. . . . .

Le problème à résoudre dans le gouvernement des enfants se présente dans tous les gouvernements possibles. Il s'agit toujours de concilier la plus grande liberté individuelle avec la plus parfaite soumission aux lois.

Ce qu'il faut éviter pour atteindre ce but, ce sont les ordres à demi donnés, les obligations à moitié imposées ; ce sont les insinuations, les sollicitations tacites ; c'est la prétention de laisser un enfant maître de sa conduite, tandis qu'on l'enveloppe de mille liens. L'atmosphère du doute dissout l'énergie, relâche le nerf des intentions. Quand les limites de la liberté et du devoir sont effacés, le vague de l'incertitude se répand sur tous les projets et jusque sur les actions; on a toujours regret à la résolution qu'on n'a pas prise; on est toujours tenté de revenir sur ses pas. Pour préserver l'enfant et ensuite l'homme d'un tel tourment, il faut qu'une juste autorité préside au commencement de la vie en faisant une part bien définie à la volonté. Aussi l'éducation publique où l'on gouverne par des lois immuables, sans surveiller constamment les individus, est-elle la plus favorable au développement de l'énergie.

(Mme Necker de Saussure.)

Fermeté.

En aucun cas, il ne faut discuter avec l'enfant ni laisser marchander l'obéissance; en aucun cas, il ne faut se déjuger ni gronder longuement au lieu de châtier rapidement; en aucun cas, il ne faut punir d'une manière inégale, promettre sans tenir, ni menacer en vain.

Toujours, au contraire, la correction rare et sévère est préférable; toujours, l'accord complet entre le père et la mère est nécessaire; toujours on doit se défier de rappeler les torts ou les erreurs de l'enfant une fois le pardon accordé ; toujours il faut le mater *très jeune*, au risque de n'en jamais devenir maître ; toujours il faut le tenir en gaieté, le mettre en garde contre l'égoïsme.

Le père qui n'a pas l'énergie de prendre d'une main calme, mais ferme et sûre, les rênes pour conduire ; le père qui se contente de parler « à la cantonade », de formuler des généralités dans l'espoir de *suggérer* ses volontés et d'insinuer ses propres sentiments, n'est pas un pilote qui dirige, c'est un voyageur sans boussole qui suit le courant et se laisse emporter à vau-l'eau.

Or, tel enfant qui, dans cette circonstance, va faire la sourde oreille, hésiterait souvent à se révolter s'il était mis en cause.

D'ailleurs, dût-il même s'insurger contre l'ordre intimé, ce serait encore un bien relatif.

Pourquoi ?

Parce que, ainsi provoqué, le père, par une réaction naturelle des plus probables, ressaisirait virilement son autorité méconnue, et se montrerait d'autant plus tenace, d'autant plus absolu dans sa volonté, qu'il est plus irrésolu par nature.

L'observation prouve l'exactitude de cette thèse.

En effet, je ne sache personne de plus « entier » que les gens timides, quand, *par hasard*, ils se résolvent à prendre une décision.

Enchantés d'avoir osé dire un *oui* ou un *non*, ils s'attachent à leur idée jusqu'à l'obstination.

Cela ne leur arrive pas souvent, et ils veulent jouir de leur victoire sur eux-mêmes le plus longtemps possible.

(Nicolay.)

Volonté.

Il faut que l'éducation morale excite les enfants, mais sans leur faire violence.

Il faut leur faire vouloir, leur faire choisir, leur faire aimer librement le bien, le vrai, le juste, l'honnête, le grand : je dis librement, car on n'aime qu'autant qu'il plaît d'aimer. Pour cela, il faut entrer au fond du cœur de ces enfants, il faut en avoir la clef ; il faut une douce insinuation et des soins paternels ; il faut être un père, il faut être une mère ; il faut, en un mot, le grand art de l'éducation des âmes, qui est de se faire aimer et de gagner la confiance, pour parvenir à la persuasion.

Il faut comprendre que toute indignation, toute impatience, toute dureté, toute rigueur est antipathique à cette œuvre : l'autorité sèche et absolue, la discipline militaire, la force matérielle n'en viendront jamais à bout.

Un des inconvénients les plus graves et les plus fréquents des éducations contraintes, c'est de jeter les enfants dans le découragement, quelquefois dans le désespoir ; de briser en eux les ressorts les plus puissants de la sagesse et de la vertu. On obscurcit leur esprit, on abat leur courage : s'ils sont vifs, on les irrite ; s'ils sont mous, on les rend stupides.

Mais il y a un péril bien plus grand encore dans la contrainte morale, c'est de faire des hypocrites. Les enfants sont naturellement timides et pleins de fausse honte ; ils sont, il est vrai, naturellement aussi simples et ouverts ; mais si peu qu'on les gêne ou qu'on leur fasse peur, ils se contraignent et ils ne reviennent plus à leur première simplicité.

L'éducation est une œuvre de fermeté. Mais la fermeté n'est pas la violence.

Je ne sais rien de plus ferme que ce qui est doux, ni rien de plus faible que ce qui est violent.

C'est surtout quand il est question de la foi, de la religion, de la piété, qu'il faut prendre garde d'user avec eux de violence. La contrainte fera tourner infailliblement pour eux la foi en un langage faux, la piété en des formalités odieuses, la religion en un joug d'hypocrisie accablant.

Il faut que les enfants trouvent spontanément la religion belle, aimable, auguste.

(Mgr Dupanloup.)

C'est la volonté qui en nous prend les résolutions et les exécute. Il semblerait donc que pour former l'enfance au bien l'éducation devrait s'adresser à elle. Ne serait-ce pas aller tout droit au but, au lieu d'y arriver par des détours ?

Mais la voie directe vers la volonté n'est pas ouverte à l'éducation ; il faut donc prendre un autre chemin pour y arriver. La science de l'âme nous propose à cet égard une grande maxime à suivre, la voici : « L'homme agit comme il aime, et il aime comme il pense. »

Voulez-vous savoir comment vous pouvez rendre la conduite des enfants régulière, bonne et honnête ? Inspirez-leur des inclinations pures, bienveillantes et nobles; car nous agissons comme nous aimons. Et ces inclinations, comment les inspirer ? Familiarisez vos élèves avec les pensées qui leur correspondent dans l'esprit ; car nous aimons comme nous pensons. Les pensées forment le cœur, et le cœur forme la conduite, c'est la règle. Cette règle a néanmoins ses exceptions ; car on ne saurait enchaîner la liberté, on ne peut que la diriger. L'effet ne sera pas infaillible, mais les efforts ne seront jamais sans quelques succès.

Le penchant naturel à la croyance appartient à la tendance sociale ; car il forme le premier lien de la société, comme il est la base sur laquelle repose toute l'éducation. Retranchez la foi du cœur de l'enfant, quand et comment apprend-t-il ?

C'est par le penchant à croire que nous nous rapprochons de nos semblables, que nous les interrogeons et que nous les écoutons. Avec le temps nous devenons circonspects, parce que nous faisons la fâcheuse découverte que les hommes se trompent souvent, et que quelquefois ils ne craignent pas de mentir. La foi en souffre et la sociabilité avec elle. C'est surtout le mensonge qui rompt ce lien si précieux, et c'est pourquoi l'Evangile de charité le flétrit comme un crime et le réprouve comme digne des plus sévères punitions. Les pères et les mères mettent à profit, pour l'éducation, la croyance de leurs enfants.

L'enfant naît aussi imitateur. Il saisit ce qu'il voit faire sous ses yeux, il se sent les moyens d'en faire autant, et il copie. Que si les exemples qu'il a devant lui méritaient toujours d'être suivis, il cheminerait bientôt sur le sentier du bien, et l'éducation, venant à former ses jeunes pensées, trouverait en lui de bonnes habitudes qui auraient merveilleusement préparé son travail.

(P. Girard.)

*
* *

Il n'y a qu'une volonté au monde qui puisse toujours être la maîtresse de l'enfant comme de l'homme, c'est la sienne; il s'agit donc, non pas de soumettre sa volonté, mais de lui en donner une.

La nature de la volonté, c'est d'agir librement, sans contrainte extérieure. Telle est chez l'homme l'horreur de la contrainte, qu'il peut tout sacrifier pour y échapper, tout jusqu'à sa résistance. L'obéissance à la loi qu'on s'est faite est liberté. Pour se sentir libre, l'homme adopte comme sienne la loi qu'il n'a point faite; il cède à la nécessité, se soumet à la force. L'acte qu'il a fait en se soumettant est de son choix; trop faible pour rompre sa chaîne, le captif a cessé de le vouloir; il ne dirige plus contre ses fers une volonté impuissante, il la dirige sur lui-même où elle peut tout; il est rentré dans son empire.

Tourner la volonté des enfants sur eux-mêmes est le but général de l'éducation; elle s'aidera pour y parvenir du besoin de la liberté, il est la base nécessaire de l'obéissance. Votre enfant a découvert que pour être maître chez lui il lui valait mieux vouloir comme vous que vouloir contre vous; c'est là tout le secret. Mais ce secret ne s'apprend pas vite et s'oublie facilement; il n'est surtout d'aucun usage dans les moments où la volonté de l'enfant est tournée à la résistance, car la résistance alors est en lui une passion plutôt qu'un projet. Il résiste pour résister, moins par attachement pour la volonté qu'il défend que par irritation contre celle qu'on veut lui imposer; il ne prétend pas à la victoire, mais il a besoin de la révolte; il ne lui faut pas pour le moment d'autre liberté que celle de la colère, et il en jouira en dépit de toutes les contraintes, et plus la contrainte augmentera l'irritation, plus le besoin dominant chez lui sera celui de l'irriter. Évitez autant que vous pourrez ces sortes de chocs; la raison n'y gagne rien, l'autorité s'y trouve sans empire. Puissante lorsqu'elle est une fois établie, elle ne vaut rien pour conquérir. Vous ne dégoûterez votre fils de cette liberté violente, vengeance impuissante de la faiblesse, qu'en l'accoutumant dans une liberté régulière à connaître l'usage de sa force. Rien ne vous sera plus aisé que de lui faire naître des volontés quand vous n'aurez pas commencé par les lui prescrire. Nos enfants, dans ce premier âge, tiennent tout de nous, jusqu'à leurs idées. Rarement ont-ils une volonté qui ne leur soit venue de ce qui les entoure. Au lieu de combattre une fantaisie qui doit paraître dangereuse, essayez de la détourner sur une idée nouvelle, mais toujours en gagnant quelque chose à ce changement; ainsi, au jeu qui vous déplaît, vous substituerez une occupation capable de lui plaire et qui lui présente l'idée de s'être rendu utile. Pour que les bons sentiments de l'enfant ne se fatiguent pas, nourrissez-les d'actions, non de privations; ne lui retirez pas l'occupation qu'il a choisie sans lui en procurer une autre, et craignez moins pour lui le mouvement qui lui déplaît que l'interruption du mouvement qu'il aime. La vertu s'échauffe dans l'activité et languit dans le sacrifice. Que surtout il s'accoutume à une sorte d'empire sur ses propres actions. En tout ce qui le concerne, mettez, autant que vous le pourrez, sa volonté à la place de la vôtre. Voulez-vous faire passer la fantaisie de résister à l'heure du coucher ? Priez-le de vous avertir quand sonnera la pendule que vous pourriez ne pas entendre. S'il ne l'oublie pas, s'il sait mettre à sa mission l'importance convenable, son zèle pourra bien, la première fois, devancer le moment et prendre sept heures et demie pour huit heures ; mais du moins perdra-t-il toute idée de révolte contre un ordre donné en quelque sorte par lui-même.

(Mme Guizot.)

Qui que nous soyons, chefs de famille, instituteurs de la jeunesse et de l'enfance, fortifions en elles la volonté. Habituons cette jeunesse à l'obéissance sans doute, et malheur à nous si nous ne lui enseignons pas cette science mère de la vertu ! mais à l'obéissance d'autant plus complète qu'elle est plus volontaire et qu'en elle cette volonté est plus forte. Ce n'est pas obéir que de se soumettre par impuissance absolue de la révolte, mais c'est obéir et obéir chrétiennement que de se soumettre parce qu'on le veut, et de le vouloir parce qu'on le doit.

Détendre les ressorts des âmes, voilà, selon nous, le malheur et le résultat d'un trop grand nombre d'éducations actuelles. La piété même a subi plus ou moins dans quelques âmes cette dépression fatale. La femme surtout a découvert le moyen d'être pieuse avec faiblesse et faible avec piété. Elle rêve pour se dispenser d'agir, elle exalte ses pensées pour éviter à ses mains le travail pour lequel elle est faite comme l'oiseau pour voler, elle pleure et se forge des tristesses pour remplacer la mortification, elle fuit la souffrance et la gêne.

La lâcheté est méprisable partout ; partout elle a de méchants effets. Il faut qu'une femme sache résister à des vaines alarmes, qu'elle soit ferme contre certains périls imprévus, qu'elle ne pleure ni ne s'effraie que pour de grands sujets ; encore faut-il s'y soutenir par vertu. Quand on est chrétien, de quelque sexe qu'on soit, il n'est pas permis d'être lâche.

Nous connaissons des gens qui ne se croient point méprisables assurément tandis qu'ils se font un piédestal de leurs faiblesses ; des gens assez compatissants, par exemple, pour ne se donner la peine de porter secours aux souffrances d'autrui. Il n'est pas rare d'entendre un jeune homme dans toute la force de sa jeunesse dire, en parlant de son ami malade : « Je n'entre pas chez lui, cela me ferait du mal; je n'aime pas à voir souffrir. Je ne puis supporter la vue d'une plaie, je suis trop sensible! » Bonne âme! excellent cœur! Il fait bon que le cœur de la sœur de charité ne vaille pas le vôtre. Soyez malade vous-même, et vous verrez combien vous saurez gré aux gens, comme vous trop sensibles, de leur tendresse de cœur.

Ne permettons jamais à nos enfants d'être bons à ce point; ne les laissons ni s'étioler dans la sensiblerie, ni s'endormir dans le bien-être, ni se tromper eux-mêmes par l'hypocrisie d'une piété sans action, ni s'alanguir dans les défaillances d'une volonté soumise aux sensations.

N'habituez pas vos enfants aux coussins et aux oreillers. Rendez-leur la vie douce, mais que ce ne soit jamais au détriment de leur force. Il faut qu'ils soient forts pour supporter le malheur; il faut encore qu'ils le soient pour porter le bonheur. Energie et fermeté, courage actif et courage passif, ces branches variées du même arbre doivent également les soutenir. Quant à l'impétuosité, à la violence, à l'emportement, jamais.

Il y a un abîme, en effet, entre ces qualités et ces défauts que l'on affecte souvent de confondre. Les hommes forts, les caractères très fermes, sont généralement les plus doux, les plus faciles, les plus flexibles même dans l'habitude de la vie : ils plient volontairement pour les petites choses, ils ne plient jamais involontairement dans les grandes. Ils veulent avec persévérance, avec ardeur aussi; mais ils ne veulent pas avec emportement, et c'est ce qui rend presque toujours efficace en eux ce grand ressort de la volonté.

Nous avons dit que cette fermeté de caractère et de volonté, indispensable pour soutenir le poids de l'adversité, l'était encore pour porter le bonheur, au moins pour le porter chrétiennement. Il est aisé de se laisser entraîner par le courant de la prospérité. C'est une maxime de sagesse et de haute prudence que de penser toujours dans le bonheur à la probabilité du malheur, et dans le malheur à ne jamais oublier la possibilité du bonheur.

ADOLESCENCE

Éducation.

L'amour d'une mère pour ses enfants peut se rapporter à trois fins principales : elle peut les aimer pour soi, ou pour eux-mêmes, ou pour Dieu. On les aime pour soi-même, lorsque dans l'éducation et les soins qu'on leur donne on veut tout rapporter à sa propre félicité. Ainsi, l'on veut qu'ils soient doux, tranquilles, soumis, afin d'avoir plus de repos, de calme et d'agrément avec eux; on veut qu'ils soient honnêtes, polis, bien élevés, afin de pouvoir les présenter sans honte dans le monde et s'attirer à soi-même de la considération. On veut qu'ils soient studieux, instruits, versés dans les sciences qui sont à la mode, afin de s'en prévaloir et de s'en faire honneur. On veut corriger tous leurs défauts naturels, les rendre pleins d'agréments et de grâce, parce qu'on se complaît dans ces avantages extérieurs, et que l'on s'aime soi-même dans la personne de ses enfants. Une telle affection, qui n'est autre chose que de l'égoïsme et de l'amour-propre, est malheureusement très commune, même parmi les parents chrétiens; elle a sa source dans leur négligence à se rendre compte des motifs qui la produisent.

Ou bien on aime ses enfants pour eux-mêmes, et parce que ce sont ses enfants; on les aime d'une tendresse instinctive et toute naturelle qui fait que l'on s'aveugle sur leurs défauts, qu'on plie devant leurs caprices, qu'on cède à toutes leurs volontés, qu'on admire les choses et les paroles les moins dignes d'estime, qu'on s'extasie devant quelques gentillesses enfantines, qu'on ne sait point punir quand il le faut ou qu'on ne le fait que dans des moments de vivacité et d'emportement, qu'on ne peut rien leur refuser, et que l'on va même au-devant de tous leurs désirs, qu'on multiplie sans raison les flatteries et les caresses, etc. Aimer ainsi ses enfants, c'est fausser leur jugement, corrompre leur cœur et les laisser marcher, ou plutôt les conduire soi-même à leur réprobation éternelle.

Les parents vraiment chrétiens aiment leurs enfants pour Dieu; ils les regardent comme un dépôt précieux que la Providence a mis entre leurs mains. Aussi ne négligent-ils rien, s'efforcent-ils, par tous les moyens possibles, de les détourner de tout ce qui est mal, de les encourager au bien et d'en faire de fervents chrétiens.

(L'abbé Colomb.)

On nous parle quelquefois des liens du sang, comme s'il suffisait à un enfant d'être né de tels parents pour prendre de l'attachement à leur égard. C'est là véritablement nous citer une de ces qualités occultes de l'ancienne physique et parler pour ne rien dire. Donnez au nouveau-né une nourrice étrangère, qui l'allaite et le soigne seule avec bonté, l'enfant s'attachera à elle, et n'éprouvera rien pour la mère qui ne fait rien pour lui. Et n'est-ce pas aussi par de fréquents témoignages de bienveillance qu'un père se fait distinguer de tout autre homme? Non, le sang ne dit mot; c'est la bonté seule qui parle au cœur de la jeune créature, et à laquelle elle répond par la gratitude, qui est aussi la bonté.

Et pourquoi les parents ne font-ils pas toujours ce qu'ils devraient pour leur famille? Si la mère ne peut ou ne veut pas être la nourrice de son enfant, qu'elle soit au moins assidue auprès de son berceau et qu'elle lui donne les autres soins pour devenir ensuite sa première maîtresse de langue, son éducatrice et son ange tutélaire. En retour, elle sera tendrement aimée toute la vie et elle aura rempli son devoir. La reconnaissance et l'attachement ne se commandent pas; il faut les inspirer par la bonté.

(P. Girard.)

L'enseignement qui ne se fonde pas sur la connaissance de l'esprit humain mérite à peine le nom d'éducation intellectuelle.

Comment communiquer une seule connaissance si l'on ne sait pas à quelle faculté il faut s'adresser? Que dire d'une étude faite pour inspirer le goût des arts et où l'on écraserait l'imagination sous le poids d'une méthode assommante? Que dire, et ceci est bien plus grave, que dire d'une instruction religieuse qui laisserait le cœur parfaitement froid? Et pourtant c'est ainsi que tous les jours des leçons se donnent. On ne pense jamais assez que l'essentiel à envisager dans les connaissances c'est l'influence qu'elles ont sur le développement de l'être moral. Les changements heureux qu'amènent les études dans la manière de voir, de penser, de sentir, en font le prix véritable. — Le mouvement qu'elles impriment à l'intelligence est le progrès le plus réel qu'il soit en leur pouvoir d'amener.

Ce n'est pas seulement dans le monde extérieur que l'intelligence est appelée à découvrir la vérité; il est dans les profondeurs de l'âme des mystères plus difficiles encore et aussi importants à pénétrer; mais cette vérité-là, c'est la conscience de ce qui se passe au dedans de soi qui la révèle. Pour deviner ce qu'éprouvent les autres, il faut avoir observé son propre cœur. Les impressions de nos semblables ne nous sont connues que par l'expérience que nous avons des nôtres ; il faut donc que cette expérience ait été faite. Si nos impressions ont été confuses et nos sentiments peu développés, notre intelligence, à mille égards sera bornée. Il est certain que de graves erreurs ont été commises par de grands esprits quand ils sont restés étrangers aux simples mouvements de la nature.....

Du foyer des sentiments tendres et généreux il rayonne sur l'intelligence je ne sais quelle vie, quelle douce chaleur dont elle est intimement pénétrée ; de là vient qu'une harmonie indéfinissable est répandue sur toutes les expressions des êtres foncièrement bons, dans les sujets les plus étrangers au sentiment même; mais de là vient aussi que les motifs d'intérêt ou de vanité ne manquent jamais de se faire jour, et qu'une aridité, un froid mortel, accompagnent les plus beaux discours des êtres égoïstes, secs, remplis d'eux-mêmes. C'est que l'esprit fait partie de l'âme, c'est qu'il n'est presque jamais que la manifestation de ce qu'on est, et qu'il n'agit qu'en vertu de nos sympathies avec nos semblables.

En considérant la disposition contemplative dans ses relations avec le talent, je donnerai, pour la jeunesse entière, le même conseil que j'ai déjà donné pour la première enfance. Maintenons chez nos élèves, autant que possible, cette paix intérieure, principe d'harmonie et de sagesse, état éminemment favorable à tout développement heureux. L'âme ne reçoit des impressions justes que dans le calme; quand elle est troublée, rien n'agit sur elle comme il doit agir. Mille objets passent inaperçus, d'autres se présentent sous des couleurs fausses. Nos rapports avec l'univers sont infinis; mais la plupart sont si délicats que la moindre agitation nous en dérobe la trace.

Quand nos impressions sont à la fois vives et calmes, l'instinct de bonheur qui réside en nous s'exerce à en tirer tout ce qu'elles peuvent offrir d'agréable; nous voyons toute chose sous un aspect doux. De là naît un penchant à la bienveillance; et bientôt les objets dont nous sentons le charme excitent l'émotion ravissante que l'on a nommée admiration. Le pouvoir d'éprouver l'admiration, prélude d'un généreux enthousiasme, est une noble faculté que nous étouffons trop souvent chez les enfants par nos critiques mal entendues, par nos railleries, par notre peu de sympathie avec leurs goûts les plus naturels.

Il n'y a que les motifs qui aient de l'importance avec l'enfance. A cet âge tout d'avenir, les résultats actuels ont peu de valeur, et les meilleures actions n'ont de prix que comme indices d'un mouvement qui se prolongera dans la suite.

Quand on suggère à un enfant des motifs mauvais ou seulement équivoques, on lui fait un tort qu'aucun avantage ne peut compenser. La nature du mobile est tout avec lui.

(Mme Necker de Saussure.)

Arts.

Faire un artiste, artiste dans toute l'acception du mot, de son fils, peut être un bonheur, mais à coup sûr ce bonheur est acheté par un redoutable et terrible danger ; faire une artiste, artiste dans toute l'acception du mot, de sa fille, n'est jamais un bonheur. Mais entre cultiver un art et devenir artiste, il y a très loin, et dans ce milieu, croyons-nous, résident d'ordinaire la sagesse et la sécurité.

Les parents du jeune homme riche et désœuvré ne comprendront jamais assez l'importance de la culture modérée des arts pour ce fils entouré d'ennemis ; ils ne sauront jamais, s'ils n'ont pas attentivement étudié le monde, quel secours puise contre lui-même, dans ces études attrayantes, le jeune homme à ses heures les plus difficiles. Tout travail est une vertu pour lui, et l'on pourrait dire, par suite, tout talent est une vertu, de même et parce que tout instant inoccupé est plus qu'un péril.

Si nous interrogions ces hommes si rares qu'entoure la pure auréole d'une jeunesse traversée sans naufrage, nous serions interdits peut-être en apprenant quel degré de reconnaissance doivent leurs âmes préservées à des instruments de musique, à des crayons ou à des palettes. On nous opposera, peut-être, que nous serions étonnés de même par les déclarations opposées de jeunes hommes détournés du droit chemin par l'art et par les artistes; mais le coupable ici c'est la corruption de l'art, ce sont surtout ses corrupteurs qui deviennent aussi les corrupteurs des âmes.

(Mme de Marcey.)

* *
*

Bannissons la vanité dans l'éducation entière, et sanctifions par la reconnaissance les bienfaits du ciel. Si nous aimions les arts avec un sentiment parfaitement pur, la musique ne serait plus abandonnée au moment où elle cesse d'être un moyen de briller. Elle charmerait les enfants, enchanterait le séjour domestique, retiendrait dans une enceinte étroite, mais plus animée, les maris, les frères, les parents âgés; et la jeune personne elle-même, sous l'empire d'un art si puissant, recouvrerait bientôt sa sérénité lorsque des chagrins légers à nos yeux, mais souvent bien vifs à son âge, seraient parfois venus la troubler.

Que ferez-vous, nous dira-t-on, s'il vous tombe

un Mozart, une Malibran, un génie enfin parmi vos filles? D'abord nous serons longtemps avant de le croire, longtemps encore avant de paraître nous en douter; et en attendant, nous donnerons à notre élève les principes, l'instruction solides qui la mettront un jour en état ou d'accepter sans trop de danger le lot de la célébrité ou de la rejeter loin d'elle. Mais ce qui arrive à peine une fois en cent ans ne mérite pas qu'on s'y arrête.

Une chance, à la vérité, moins rare, c'est de trouver chez une élève des dispositions suffisantes pour qu'au moyen de beaucoup de temps et de soins elle puisse atteindre le niveau des artistes du second ordre. Elle aurait alors ce qu'on appelle dans le monde un grand talent; et il y a là de quoi faire bien du fracas pour un amateur. Mais c'est précisément ce qui nous semble à redouter; aussi croyons-nous que cette chance se présentera difficilement pendant le règne de parents sages. Les autres exigences de l'éducation les empêcheront d'accorder à un tel talent le temps nécessaire pour qu'il se forme, et ils ne souffriront pas que les applaudissements d'une société nombreuse viennent en hâter les progrès.

La société, toute frivole qu'elle est, sent si bien la nécessité de l'équilibre moral chez une femme, que celle qui s'y distingue par un don trop spécial y est mal placée.

Vouerons-nous donc les arts à la médiocrité chez nos filles? Cela, c'est bien aisé, et ici les exemples ne manquent pas. Mais alors qu'est-ce, dans l'éducation, qu'une étude où l'on ne veut pas trop réussir? Que de temps, que d'argent perdus pour des exercices sans âmes! Telle sonate qui a coûté bien des sacrifices aux parents, souvent des larmes à la jeune fille, finit par ennuyer tous les assistants et par n'obtenir d'une personne entendue que certains mots à peine obligeants auxquels la pauvre enfant ne se méprend pas.

Les développements tardifs qu'on fait espérer sont bien peu probables quand la nature s'est montrée rebelle à un certain point. De même à toutes les époques où les progrès de l'élève sont arrêtés, où le dégoût et l'ennui se manifestent, faites-lui abandonner la musique de bonne amitié, sans trop de regret, surtout sans reproches; elle a dû savoir que c'était un art agréable mais non nécessaire.

L'étude du dessin nous paraît mériter un peu plus de persistance que celle de la musique, puisqu'elle conserve du prix à de moindres degrés d'avancement. Cependant, nous dirons aussi : Ne forcez pas la nature. Inspirez, s'il se peut, le goût; faites saisir l'esprit, mais ne prodiguez pas le temps. Pensez que les arts ne sont après tout que le luxe de la vie.

Si, pour les arts comme pour la science, nous avons songé à l'avenir plus qu'au présent et soigné l'espérance plus que la possession, nous estimons avoir exclu par là le plus grand fléau qui puisse s'attacher aux études, j'entends l'orgueil ou la vanité.

(Mme Necker de Saussure.)

Éducation.

Je ne connais rien qui ait moins de rapport avec la vie réelle et raisonnable d'une femme, que celle d'une jeune personne élevée au milieu de soixante autres, et dans ce mouvement de petits intérêts, de petites intrigues, de petits mystères, de petites confidences, de babil et de commérages de toutes les sortes, inévitables entre un si grand nombre. Le même inconvénient n'existe pas dans l'éducation publique pour les garçons. Leurs études sont plus fortes, leurs travaux plus isolés; quoiqu'ils soient ensemble dans la classe, chacun y travaille pour son compte et sans aucune communication, du moins permise avec les autres. A peine échappés du travail, ils courent, depuis le plus petit jusqu'au plus grand, se livrer à des jeux d'exercice, et trouvent ainsi peu de place pour cette oisive activité d'imagination, à laquelle se livrent nécessairement de jeunes pensionnaires, durant leurs travaux en commun et durant leurs récréations, qui, passé un certain âge, ne peuvent plus se remplir d'exercices pareils à ceux dont s'amusent utilement les écoliers de toutes les classes.

Il faut qu'une femme sache être seule, et dans une pension elle apprend tout le contraire. Les talents sont des moyens d'occupation très précieux pour les jeunes filles; mais ce qu'ils ajoutent à l'existence d'une femme dans le monde est bien peu de chose; à moins d'y avoir acquis un certain degré de supériorité, elle les renferme d'ordinaire dans l'intérieur de la maison, et c'est là qu'ils peuvent contribuer essentiellement à son bonheur. La monotonie sera bannie de la vie de famille, la douceur s'y entretiendra de soi-même, la gaieté y naîtra sans peine : les enfants danseront au son de la harpe ou du piano de leur mère, s'amuseront des dessins qu'elle fera pour eux, apprendront à les imiter, et se formeront de bonne heure à la rectitude et à la finesse des impressions, à une délicatesse de goût, précieuse à cultiver, ne donnât-elle que des plaisirs.

Les talents ne sont pas toujours la marque d'une éducation distinguée; ils ajoutent un grand charme au mérite d'une bonne éducation, mais ne le suppléent pas. Des sentiments communs, un ton sans dignité, des idées vulgaires, un esprit vide et une ignorance confiante, parce qu'elle sera complète, peuvent fort bien se rencontrer avec le talent le plus brillant, qui ne prouvera alors autre chose qu'une disposition spéciale et de bons maîtres, et n'aura d'autre avantage, aux yeux du monde, que de l'amuser quelquefois.

Je ne crois pas, quand je le pourrais, que je voulusse donner à mes filles, en aucun genre, un talent d'artiste, et placer ainsi dans leur vie un intérêt capable de les absorber et de nuire à d'autres occupations plus propres à y mettre l'ordre et le bonheur. La culture de l'esprit est sans doute infiniment favorable à l'un et à l'autre; cependant je ne m'appliquerais pas volontiers à exciter même la passion de l'étude. Il est sans doute des dispositions pour lesquelles ou contre lesquelles l'éducation ne peut rien. Rien probablement n'eût pu empêcher Sapho de faire des vers et Mme de Staël d'écrire en belle prose. Un grand talent marque à celui qui en est possédé une destinée particulière à laquelle il serait vain de vouloir le dérober, qu'il n'est pas permis de chercher à lui ravir. Mais cette tyrannie du talent est singulièrement rare; et les facultés d'une femme même distinguée peuvent être, je crois, maintenues sans peine dans un prudent équilibre, dont l'effet ne sera point de la réduire à une médiocrité que ne commanderait pas la nature, mais d'empêcher que les supériorités naturelles dont elle peut se trouver douée ne prennent une trop grande place dans sa vie.

Il n'est pas de principe d'union plus puissant qu'un goût commun, qu'une habitude d'idées et de travaux semblables; aussi malgré les rivalités qui les divisent, voit-on les peintres vivre avec les peintres, les musiciens en relation avec les musiciens. C'est qu'il n'est point de plaisir qui puisse valoir, point de rivalité qui puisse détruire le plaisir de communiquer avec qui vous entend ; les hommes de même profession se lient d'ordinaire entre eux, et trouvent dans une occupation commune, la source inépuisable de leurs entretiens et de l'intérêt qui les rapproche. Le goût des arts dans une famille peut devenir ce principe d'union.

(Mme Guizot.)

* * *

Si les talents d'agrément ne sont pas le fond d'une éducation, ils en sont les accessoires pleins de charme.

Les arts font le charme de la vie; on l'a dit souvent et de mille manières. Lors donc qu'on le peut, sans préjudice pour la partie essentielle de l'éducation, il ne faut pas les négliger. Mais vouloir les embrasser tous, c'est faire de l'accessoire le principal. Même, il ne faut pas consacrer trop de temps au talent choisi.

La jeune fille artiste dans toute l'acception du mot, la jeune fille absorbée par un instrument ou par un pinceau, est non seulement une femme inutile, malgré ses talents, mais une femme dont la vertu, aussi vague que la vie, n'offre à un mari ni sécurité ni bonheur, à la famille ni amour ni sacrifice.

Mères de famille que les tyrannies capricieuses de la mode aveuglent, quel but vous proposez-vous en contraignant vos filles à s'étioler, à se dessécher pendant les trois quarts du jour sur un instrument de musique? Pourquoi achetez-vous pour elles, au poids de l'or, les leçons ruineuses de ces professeurs célèbres qui mettent l'art du chant et les accords d'une harpe au-dessus des obligations les plus fondamentales et les plus nécessaires?

Quel sera le fruit de cette science d'académie que vous leur faites acquérir, au détriment de leur santé, presque toujours au prix de leur piété et de leur innocence?

Une mère profondément chrétienne ne fera jamais de sa fille une femme uniquement artiste.

Contenue dans de justes limites au contraire, reléguée au second rang et admise comme délassement, l'étude des arts peut avoir un but utile et même sérieux. Il arrive un âge où elle sert de diversion à une jeune tête, toujours tentée de voyager dans les espaces imaginaires; un temps où elle chasse et remplace en même temps une foule d'idées folles et romanesques. Une science plus solide, mais moins attrayante, ne remplirait pas le même but.

(Mme de Marcey.)

Civilité, Politesse.

La rudesse et l'incivilité ne se trouveront point dans un homme bien vertueux, parce qu'elles viennent ou d'orgueil, ou du mépris des autres, ou de paresse à s'instruire de ce qu'on leur doit, et à se tenir proprement, ou de facilité à se mettre en colère; de sorte qu'il est impossible qu'un homme ne soit honnête et civil s'il est humble, patient, charitable, modeste et soigneux. La nécessité d'être continuellement les uns avec les autres oblige à avoir au moins toutes les apparences des vertus qui rendent la société commode. On se contente pour l'ordinaire de ces apparences, et on fait consister la civilité en une habitude de cacher ses passions et de déguiser ses sentiments, pour témoigner aux autres le respect ou l'amitié que le plus souvent on n'a pas; de sorte que la civilité nuit à l'essentiel de la vertu, au lieu qu'elle ne devrait en être qu'une suite, et comme cette fleur de beauté que la santé produit naturellement. Cependant, ces compliments flatteurs et ces grimaces de civilité sont les premières instructions que l'on donne aux enfants et celles dont on les fatigue le plus; il semble que ce soit toute l'éducation. Ces expressions de soumission, d'estime, d'affection seraient, sans doute, excellentes si elles étaient vraies, puisque nous serions tous parfaitement humbles et charitables; mais, puisqu'il n'en est pas ainsi, il vaudrait mieux dire plus vrai, ou plutôt dire moins et faire plus. Il y a bien de la différence entre témoigner du mépris et marquer de l'estime ou du respect sans nécessité, et ce qui fait voir le ridicule de nos compliments sont les rencontres sérieuses d'affaires, où l'on change entièrement de langage et où l'on dispute le moindre petit intérêt à ceux à qui, un moment auparavant, il semblait que l'on allait tout donner. Les enfants qui n'ont pas encore assez de jugement pour distinguer les sujets et les occasions différentes s'accoutument, par ces premières instructions, à mentir et à dissimuler en toute rencontre.

La pire de toutes les espèces de civilité est celle qui donne des manières contraintes et affectées. Cette civilité méthodique, qui ne consiste qu'en des formules de compliments fades et en cérémonies incommodes, et qui choque bien plus qu'une rusticité toute naturelle. Cette affectation de tout faire par règle et par méthode est un des principaux caractères de la pédanterie.

(L'abbé Fleury.)

Exercices.

Les ouvrages manuels des filles sont pour leur esprit un moyen de repos. Sous ce rapport, il est moins nécessaire de placer entre leurs leçons des exercices corporels. Néanmoins, on sait assez combien il importe de développer leurs forces physiques. Il faut le faire de manière à ne pas risquer de leur donner une teinte de rudesse opposée au caractère de leur sexe. Les exercices qui leur conviennent le mieux sont la danse, la course, le jeu de paume, le jet des pierres et de la lance contre un but, le saut en longueur, le saut à la corde, la marche en équilibre sur un mât horizontal, l'ascension à une échelle, l'exécution de divers mouvements au moyen des bras seulement.

(M. Naville.)

Liberté.

Tant qu'entre frères et sœurs une expansion libre et franche ne sera pas accordée, les liens avec lesquels vous essayez de les unir seront les cordes des Philistins que les mains de Sanson briseront au premier réveil. Tant que vous ne joindrez pas à la surveillance nécessaire pour sauvegarder votre responsabilité envers Dieu et rassurer votre propre tendresse, ces habitudes de confiance et d'abandon à la faveur desquelles on se croit libre, on s'efforcera de tromper la surveillance et d'appesantir votre charge. Tant que vous vous obstinerez à tenir la bride de l'adolescence aussi serrée que celle de l'enfance, et celle de la jeunesse aussi courte que celle de l'adolescence, on rongera le frein nuit et jour, on épiera les moments de lassitude pour secouer les rênes et s'élancer hors de la voie, on s'échappera pendant votre sommeil, et qui peut se promettre de ne dormir jamais !

Les extrémités, les bonnes extrémités même, sont souvent un malheur, et parmi les familles très chrétiennes quelques-unes périssent par l'excès du bien, en dépit de la voix apostolique dont la suprême sagesse leur crie d'être sages avec sobriété.

Il arrive un âge où cette sujétion permanente devient un poids écrasant ; elle fait prendre en dégoût, en haine plus tard, le foyer paternel ; elle amène contre lui, entre frères et entre amis, les plus dangereuses confidences ; elle aide à bâtir les romans de la jeune fille et lui ôte toute force pour combattre ses rêves ; elle éloigne même de la piété, parce que les devoirs de piété sont imposés comme les autres et qu'on est las de la contrainte.

(Mme de Marcey.)

*
* *

Ne l'oublions pas, ne l'oublions jamais : nos enfants ne nous ont pas été donnés pour nous appartenir, pour faire le plaisir de nos yeux et le charme de notre vie. Ne nous fions pas de notre justice sur notre tendresse ; en nous rassurant elle nous tromperait. Toute tendresse a ses intérêts personnels, et la plus désintéressée de toutes, l'amour maternel, n'en est pas exempte. Nos craintes sont excessives ; l'agitation de notre esprit sur les moindres périls de nos enfants nous portera trop aisément à leur interdire des actions dont nous mesurerons le danger, non sur sa réalité, mais sur la place qu'il occupera dans notre esprit, moins sur la probabilité du mal qui les menace que sur le mal que nous font éprouver nos craintes. La mère d'un fils surtout aura un jour des sacrifices à faire, et des sacrifices plus pénibles. Élevées dans une pureté de pensées dont une femme ne sort qu'avec répugnance, où elle se complaît comme dans le sûr asile de son repos et de sa dignité, nous nous efforçons d'y retenir le plus longtemps qu'il nous est possible ce fils dont la destinée commence déjà à échapper de nos mains trop faibles pour le soutenir et le contenir. Nous voudrions conserver au moins à son adolescence cette grâce de morale féminine, ce pudique effroi qui peut quelquefois ajouter du charme même à la jeunesse d'un homme, mais qui n'est une garantie que pour la nôtre. Prémunissez-vous d'avance contre ce besoin de sympathie qui nous porte à vouloir rendre ce que nous aimons trop semblable à nous-mêmes, et dites-vous bien que vous aurez plus d'une fois à souffrir dans vos habitudes les plus chères avant d'avoir parfaitement compris à quel point il serait imprudent d'attendre toujours de nos enfants ce qui nous plairait en eux, et illégitime de vouloir restreindre leur liberté selon l'exigence de nos besoins.

La liberté est nécessaire à l'éducation de l'enfant; il faut qu'il apprenne à s'en servir. Si vous n'accordez pas à un enfant le degré de liberté légitime que lui rendent nécessaire sa force et son activité, il les emploiera à vous échapper. L'habitude de la liberté en diminue le danger, parce qu'elle en diminue l'importance. Si la liberté perd si souvent les enfants du peuple, c'est moins parce qu'ils en ont trop que parce qu'ils n'y portent rien pour la régler; la place est vide; pas un sentiment, pas une idée n'en a pris possession d'avance; les tentations se présentent et l'occupent sans résistance. Un léger effort eut suffi pour les repousser. L'enfance n'est pas l'âge de leur empire; elles y sont vives, mais passagères.

Ayez soin, dans tout le cours de l'éducation de votre fils, de lui accorder d'avance, autant que vous le pourrez, la liberté qu'il est destiné à prétendre un jour, de donner ce qui va bientôt vous échapper, tandis que vous pouvez encore en faire un présent et y mettre vos conditions. Ce que vous défendez à six ans, vous serez hors d'état de l'empêcher à dix, et vous pouvez exciter chez un enfant de quatorze ans un vif sentiment d'honneur et de reconnaissance en lui accordant le degré de liberté qu'il faudra bien, bon gré mal gré, lui laisser prendre à dix-huit.

(Mme Guizot.)

Humanité.

On sait avec quelle facilité l'homme s'attache aux personnes qui se distinguent par la beauté des formes, par une conversation prévenante et spirituelle, ou par des manières aisées et gracieuses. La sympathie qu'elles inspirent éveille les affections bienveillantes, et l'on se sent tout disposé à les obliger. Il en est autrement lorsque l'on a devant soi quelqu'un qui montre des qualités tout opposées. Il n'y a plus d'attrait, il y a répulsion, et l'amour du prochain en souffre.

L'instituteur doit lutter contre cette disposition ; il dira à son élève que l'enfant le plus beau et le plus enjoué n'est pas toujours le meilleur et le plus aimable ; qu'il faut regarder la conduite si l'on veut reconnaître ceux qui méritent notre estime et notre confiance ; qu'il ne faut point juger sur les apparences, car elles ne sont que trop souvent trompeuses.

Les petits enfants sont si volages qu'ils oublient bien vite les torts que l'on peut avoir eus à leur égard. Il n'en est plus ainsi lorsqu'ils prennent de là réflexion et de la mémoire; alors la colère n'est plus un mouvement passager; elle s'enfonce, pour ainsi dire, dans l'âme; elle devient malveillance et produit des actes de vengeance prémédités. L'éducation doit prévenir le mal où il n'est pas, et le guérir où il se trouve. Il dira à ses élèves :

Où en seriez-vous si vos semblables ne vous pardonnaient les torts que vous avez envers eux? On est ennemi de soi-même tant qu'on garde la colère en son cœur, car elle est triste et amère. Si vous n'aimez que ceux qui vous font du bien, en quoi valez-vous mieux que les païens et les infidèles? Notre Père céleste fait aussi lever son soleil sur ceux qui ne l'aiment pas : voyez donc si vous voulez lui appartenir.

L'instituteur voudra bien se souvenir qu'un enfant cruel envers les animaux le devient ordinairement envers les hommes s'il ne l'est déjà.

Toutefois, il faut l'espérer, ses élèves auront été corrigés sous le toit paternel de cette étourderie qui s'amuse à arracher les plumes à un pauvre petit oiseau, à casser les pattes d'un insecte, etc.; ce sont là des jeux barbares, bien que les enfants ne pensent pas qu'ils font souffrir des êtres sensibles. Les personnes d'âge mûr ne sont pas exemptes de reproches, car assez généralement elles ne craignent pas d'ôter à une bête sa liberté et de la tenir captive contre sa nature et aux dépens de sa vie ; elles ne se font non plus aucun scrupule de traiter les chevaux et les animaux de trait comme s'ils étaient insensibles à la faim, à la fatigue et aux coups.

L'instituteur dira donc à ses élèves que les animaux sentent comme nous le plaisir et la douleur ; qu'ils ont aussi besoin d'aliments et de repos ; que toutefois l'animal n'est pas un enfant de Dieu comme l'homme, mais qu'il n'est pas moins un objet de ses soins.

*
* *

Il est naturel à la pitié de porter secours à l'être qui souffre ; mais les enfants des classes aisées connaissent beaucoup mieux les agréments de la vie que ses privations et ses misères. Ainsi la pitié ne parle guère chez eux. Pour en faire des hommes sensibles, faites-leur connaître les réduits du pauvre et les lits de douleur des infirmes et des malades. Dites-leur par exemple :

« Vous êtes bien vêtus ; combien de pauvres n'ont que quelques méchants haillons pour couvrir leur nudité ! — Vous croyez que tout le monde est couché comme vous, lorsqu'il y a tant de gens qui ont à peine un peu de paille pour se reposer la nuit. — Dieu nous a donné du superflu pour le distribuer à ceux qui manquent du nécessaire. —

Ce que nous faisons au plus petit d'entre nous, c'est au Sauveur même que nous le faisons. — Au jour des rétributions, les miséricordieux trouveront miséricorde, et les cœurs durs n'en trouveront pas. »

Il règne assez communément dans les classes aisées des villes une opinion défavorable aux serviteurs, aux gens de métier et aux laboureurs. C'est du mépris, et ce mépris paralyse la tendance sociale.

Quant aux serviteurs, il serait bien à désirer que les parents réprimassent la morgue de leurs enfants, dès qu'elle commence à se montrer. Il faudrait, au surplus, autoriser les domestiques à ne plus servir l'enfant dès qu'il devient hautain, impérieux et grossier. Cette leçon donnée de bonne heure ne manquerait pas son effet.

On peut dire aux enfants qu'il est triste pour les serviteurs de vivre dans la dépendance de maîtres dont la nature n'est en rien supérieure à la leur; que souvent les serviteurs valent mieux que leurs maîtres; qu'au delà du tombeau il n'y a plus de différence entre les maîtres et les serviteurs, etc.

On peut leur dire encore : « Il y a de l'honneur dans le travail, il n'y en pas dans l'oisiveté. — Que deviendriez-vous si les laboureurs ne cultivaient pas les champs d'où vous tirez votre nourriture? — Mépriser les ouvriers, c'est mépriser le Sauveur, car il a travaillé longtemps dans la boutique de son père nourricier qui était charpentier.

(P. Girard.)

Imagination.

Dans son moindre degré de développement, l'imagination se confond avec ce pouvoir de retracer les objets absents, qu'on nomme la mémoire représentative.

On veut que, tout en contenant l'imagination, l'éducation la rende aimable, douce, riante, féconde s'il se peut, autant que sage, et influe heureusement sur la teinte que son prisme communique à tous les objets. Il y a une culture à lui donner, puisqu'on veut moins l'étouffer qu'en modifier la nature.

Sans imagination rien ne va : les vocations les plus solides se remplissent mal ; les hommes d'affaires ne font pas adopter leurs plans ; les médecins n'inspirent pas de confiance ; les avocats ne gagnent pas leurs procès ; les professeurs ennuient et ne sont pas suivis, les gens sages enfin ne prennent dans leur famille même aucun ascendant, parce qu'ils ne produisent pas d'effet quand ils parlent ou quand ils écrivent.

Les enfants dénués d'imagination ne sont pas les plus méchants de tous, mais ce sont les plus désagréables. Avec eux, la difficulté générale de l'instruction est insurmontable. Livrés à l'égoïsme naturel à leur âge, ils n'en ont ni la grâce ni la gaieté. On ne sait par où les prendre, et quand par hasard ils conçoivent un désir, leur volonté, comme une masse compacte, se porte tout entière d'un seul côté. Avec eux les dédommagements, les compensations sont impossibles.

Une région dont l'éducation doit s'efforcer de bannir l'imagination, est celle des affections tendres. Tout ce qu'une disposition romanesque et mélancolique ajoute de tourments aux peines du cœur peut se voir par l'exemple de certaines femmes, des femmes des hautes classes particulièrement. Dans leur oisive existence, c'est là un véritable fléau. Fixée sur un seul objet de crainte ou de regret, l'imagination envenime constamment la plaie de leur cœur, leur fait mettre une espèce de gloire à beaucoup souffrir, et, dans les sentiments les plus éloignés de la personnalité, ne laisse pas que de les porter à l'égoïsme. Par une sorte de maléfice, leur âme paraît frappée d'immobilité, leur état est vraiment digne de pitié.

L'éducation sèche et abstraite, qu'on croit prudente, est peut-être une des plus mauvaises pour le gouvernement de l'imagination. La tentative de la faire mourir d'inanition est vaine, périlleuse même. Privée d'un aliment, elle se jette sur un autre, et il s'en offre dans la vie humaine qu'il est impossible de lui dérober.

La manière dramatique dont nous sommes accoutumés à envisager l'imagination nous trompe souvent. Dans l'exaltation de l'esprit, dans la préoccupation d'idées fantastiques, on reconnaît aisément la fée et son œuvre. Mais quand, dépourvue d'enthousiasme, elle vient à se retourner sur les intérêts le plus matériels, les plus vulgaires de l'existence, sur ceux dont notre nature physique apprécie toujours assez la valeur, on cesse de lui donner son vrai nom, et c'est pourtant alors qu'elle est terrible. Une fois attachée à l'aride région de la personnalité, on peut d'autant moins l'en déposséder, que ce ne sont pas constamment des chimères qu'elle se forge; la vie telle qu'elle est a d'assez tristes réalités pour qu'en les rapprochant de nos regards elle s'en serve comme les fantômes.

Toujours la vieillesse est en perspective, la maladie menace toujours, à chaque instant la mort peut s'élancer sur sa victime. Aux yeux d'une imagination égoïste, la pauvreté, toujours possible, devient instante, infaillible; le moindre sacrifice en faveur d'un autre paraît dangereux. Offrant toujours les chances les plus redoutables à la pensée, la faisant vivre dans un sombre avenir, elle éteint tous les sentiments consolateurs et nourrit souvent des passions funestes; on la voit tourner à la noire envie, devenir tour à tour cupidité, avarice, méfiance, misanthropie; tout devient pour l'imagination poison ou danger, quand elle se dirige en dedans au lieu de prendre au dehors l'élan que peut lui donner une éducation judicieuse.

Que faut-il pour éviter que dans le champ des réalités, comme dans celui des chimères, l'imagination ne vous mette aux prises avec de sinistres visions? Souvent il n'est besoin que de bien peu de chose, un rien suffit pour conjurer ses prestiges les plus effrayants. Vous la trouverez enfant dans l'enfance; profitez de cette saison pour lui donner de simples jouets. Livrez-lui des fleurs, des oiseaux, des crayons, que sais-je? Procurez-lui le plaisir de chercher, d'inventer, de créer quoi que ce soit. On ne peut la faire mourir, mais on la charme, on la séduit avec des accents, on l'amuse avec des couleurs. C'est Argus qu'on endort au son d'une flûte; c'est Cerbère qu'on apaise en lui jetant un gâteau.

N'est-il pas heureux de pouvoir donner à la plus dangereuse de nos facultés un innocent exercice? Ne l'est-il pas d'avoir à lui livrer une grande variété d'objets, lorsqu'en se fixant sur un seul elle prend un caractère de folie? Quand elle a jeté sur la nature entière un brillant réseau, partout elle trouve des fils auxquels s'attacher, et ce qui semble un luxe dans la création, cette profusion de beautés dont s'emparent des arts jugés inutiles, n'est-il pas destiné à employer salutairement ce qu'on se plaît à regarder en nous comme un autre luxe, l'imagination ?

Gardons-nous donc de la fausse sagesse, ou de l'austérité mal placée, qui nous porterait à négliger les bienfaits de Dieu. Que de douces études, que des goûts intéressants préparent à nos enfants des ressources contre l'infortune. Ménageons d'avance quelques distractions à ces âmes tendres, chez lesquelles les peines du cœur ont une énergie dévorante. Et pour les âmes qui se laisseraient aisément préoccuper par les tristes conditions imposées à la vie humaine, tâchons qu'une instruction agréable et variée porte leur imagination au dehors, et les empêche de se renfermer dans une personnalité à la fois souffrante et méprisable.

(Mme Necker de Saussure.)

*
* *

A l'égard de l'imagination, l'essentiel dans l'éducation consiste à la discipliner et à renfermer son jeu dans un cercle convenable. Les intérêts matériels de la vie gagneront beaucoup à cela, car il est constant que quantité d'individus et de familles sont les tristes victimes des fictions auxquelles ils s'abandonnent.

Cependant, discipliner l'imagination n'est pas l'éteindre. Notre instruction occupe beaucoup les élèves du spectacle de la nature, et leur fait en cela recueillir de belles images, pour revêtir les objets spirituels d'une enveloppe sensible, comme le Seigneur le faisait. Il relevait aussi dans la nature ce qui pouvait servir de symbole ou de signe de rappel à divers points de sa doctrine, agréable et utile poésie que l'instituteur ne négligera pas.

Nous utiliserons enfin l'imagination de nos élèves, pour leur donner l'habitude de se transporter dans la situation d'autrui, et pour sentir dans leurs semblables soit le bien, soit le mal que ceux-ci éprouvent dans les vicissitudes de la vie. Cette sympathie est l'œuvre de l'imagination, qui nous fait sortir de nous-mêmes pour nous placer dans nos frères. La morale et la charité chrétienne en ont besoin pour se développer dignement. Il s'était identifié avec toute l'espèce humaine Celui qui a dit : « Ce que vous avez fait au dernier d'entre vous, c'est à moi-même que vous l'aurez fait. » Quelle imagination et quel cœur!

(P. Girard.)

Divertissements.

C'est si peu le plaisir en lui-même qui est mauvais, qu'on peut généralement le déclarer plutôt salutaire. Ce qui nuit à l'être moral, c'est l'importance ostensible qu'on y attache, c'est le rôle sérieux qu'il vient à jouer dans la pensée, c'est l'habitude d'ajouter en sa faveur la force de la volonté à celle de l'instinct. Il y a quelque chose d'avide et d'égoïste dans la recherche préméditée des jouissances; mais les objets qui les procurent avec innocence font, pour la plupart, quelque bien. Ils développent, ils étendent l'existence, ils parlent à l'imagination, ils exercent l'intelligence, ils ne s'adressent pas entièrement à la cupidité des sens. Accueillons, en conséquence, le plaisir, appelons-le même, mais tâchons qu'il se glisse imperceptiblement s'il est possible, et qu'il reste caché dans les bienfaits de la création.

On ne prend que trop souvent la route opposée. Loin de voiler le plaisir, on le fait servir de prétexte. C'est lui qu'on met toujours en avant, même quand il n'y est pas. Son nom est en tête de tous les chapitres. Plaisirs de l'étude, plaisirs de la sagesse, plaisirs de la bienfaisance, même toutes sortes de mauvais plaisirs, de satisfaction de vanité, de sensualité, peu importe, pourvu qu'on arrive au but du moment. Mais quel but mérite d'être atteint par de telles voies?

Si le bonheur habituel règne vraiment dans nos familles, ne changeons rien. Quand nos enfants sont gais, animés, bien en train, tout va sans doute le mieux du monde. Mais combien souvent une secrète langueur ne se glisse-t-elle pas dans la vie la mieux ordonnée?

Si la dissipation d'esprit que le plaisir amène

nous contrarie, il n'en tend pas moins à guérir l'engourdissement, et parfois à ranimer ainsi la vie morale. La douleur ne produit rien de pareil; ce moyen de régénérer l'homme échoue le plus souvent devant la jeunesse ; sous le nom de punition, elle peut avoir pour l'éducation une utilité passagère, mais le chagrin prolongé n'améliore pas les enfants ; il les rend égoïstes, moroses ; il les paralyse. La joie, au contraire, dilate leur âme ; elle les rend aimants, communicatifs, généreux ; c'est une sève qui circule jusque dans les dernières ramifications de l'organisation physique et morale.

Ce qu'on doit surtout éviter, c'est la durée d'un état d'étourdissement et de vertige dans lequel certains divertissements plongent les enfants. Ainsi ceux des grandes personnes, les bals, les concerts, les spectacles sont en général mauvais pour eux. Dans de telles occasions, l'heure avancée, la foule, la chaleur, les illuminations, la musique, multiplient pour eux des sensations fortes et vacillantes qui ne leur valent absolument rien. Aussi, le lendemain, leur affaissement, leur regard vague, leur inaptitude à l'application, montrent qu'on les a tirés de l'état sain et naturel de l'enfance. Et je ne parle pas de la variété, des impressions anticipées, des passions même d'un autre âge qui se développent alors. Si l'on accorde de tels plaisirs, que ce soit du moins avec une extrême sobriété, et uniquement dans le but que l'inconvénient parfois très réel de l'interdiction ne surpasse pas celui de la chose même.

(Mme Necker de Saussure.)

.·.

Otons aux divertissements des enfants tout ce qui peut les passionner trop ; mais tout ce qui peut délasser l'esprit, lui offrir une variété agréable, satisfaire sa curiosité pour les choses utiles, exercer le corps aux arts convenables, tout cela doit être employé dans les divertissements des enfants. Ceux qu'ils aiment le mieux sont ceux où le corps est en mouvement ; ils sont contents, pourvu qu'ils changent souvent de place : un volant ou une boule leur suffit. Ainsi il ne faut pas être en peine de leurs plaisirs ; ils en inventent assez eux-mêmes ; il suffit de les laisser faire, de les observer avec un visage gai et de les modérer dès qu'ils s'échauffent trop.

Le soin qu'on prendra à assaisonner de plaisir les occupations sérieuses, servira beaucoup à ralentir l'ardeur de la jeunesse pour les divertissements dangereux. C'est la sujétion et l'ennui qui donnent tant d'impatience de se divertir. Si une fille s'ennuyait moins à être auprès de sa mère, elle n'aurait pas tant d'envie de lui échapper pour aller chercher des compagnies moins bonnes.

De toutes les qualités qu'on voit dans les enfants, il n'y en a qu'une sur laquelle on puisse compter : c'est le bon raisonnement ; il croît toujours avec eux, pourvu qu'il soit bien cultivé ; les grâces de l'enfance s'effacent ; la vivacité s'éteint ; la tendresse du cœur se perd même souvent, parce que les passions et le commerce des hommes politiques endurcissent insensiblement les jeunes gens qui entrent dans le monde.

La jalousie est plus violente dans les enfants qu'on ne saurait se l'imaginer ; on en voit quelquefois qui sèchent et qui dépérissent d'une langueur secrète, parce que d'autres sont plus aimés et caressés qu'eux. C'est une cruauté trop ordinaire aux mères, que de leur faire souffrir ce tourment.

(Fénelon).

Imagination.

Quand les enfants sont abattus, mornes, silencieux, après qu'on leur a procuré des récréations inaccoutumées, c'est la preuve que les amusements ont été trop prolongés ou trop excitants pour leur constitution morale. Loin alors d'avoir cultivé leur imagination, on l'a fatiguée, on en a dépensé les forces à venir, et les impressions que feront par la suite des objets pareils seront pour longtemps émoussées. Quand au contraire ils parlent avec feu de ce qu'ils ont vu, et qu'ils se plaisent à le décrire, on peut espérer que, sous le rapport intellectuel du moins, on n'a pas abusé de leurs facultés naturelles.

Les impressions calmes, au contraire peuvent produire des effets heureux sans qu'aucun signe le donne à connaître. A la campagne, par exemple, les enfants ont des plaisirs dont eux-mêmes ne s'aperçoivent pas ; un certain charme agit sur eux sans qu'ils s'en doutent.

La lecture prolongée a par elle-même de l'inconvénient, et cela d'autant plus qu'elle est plus fade. Si l'enfant a reçu quelque vive impression, son âme n'est pas restée passive. Mais s'il tourne des pages à moitié endormi, si un torrent de mots ou d'images vacillantes a passé devant lui sans laisser de traces, on a plutôt affaibli ses facultés. Il a renoncé à juger comme à retenir ; loin d'avoir excité son activité, on l'a ralentie ; faire tourner sa toupie lui eut mieux valu.

Un soin que nous recommanderons aux mères vigilantes, c'est d'éloigner de leurs enfants toutes les peintures des vices du cœur dont ils n'ont pas été atteints. Le blâme dont ces vices sont l'objet n'en arrête pas la contagion. Parfois des germes de vanité ou d'envie se développent dans des âmes qu'on avait tenues à l'abri de ces sentiments ; les mauvais effets de l'exemple se réalisent jusque dans le domaine de l'imagination, et l'impression la plus durable se trouve alors l'opposé de celle que l'auteur avait voulu laisser.

(Mme Necker de Saussure.)

Divertissements.

Le lendemain d'une fête, on a l'esprit si rempli, le corps si las, qu'il est impossible de songer à des classes suivies; et les parents les plus fermes en cette matière ont cependant des tolérances spéciales en pareil cas. Or, rien ne dégoûte de l'étude comme les interruptions, et l'on doit moins redouter, peut-être, la perte du temps consacré au plaisir, que la manière dont s'emploie celui qui le suit.

Les bals d'enfants, ces bals en miniature ne sont jamais composés uniquement d'enfants du même âge. Les invitations s'étendent, les jeunes filles de quinze ans les acceptent comme un dédommagement en attendant leur entrée dans le monde; et les jeunes gens qui débutent vont à ces bals sans négliger les autres.

On a beau faire des efforts pour se grandir et pour copier exactement les modèles, il règne nécessairement dans les bals d'enfants un laisser-aller, un sans gêne qui, heureusement encore, n'existe pas dans les autres. Cette liberté, ou plutôt ces libertés, sans inconvénient pour les plus petits, en présentent d'immenses pour la jeune fille, pour le jeune homme parvenus à l'âge où la réserve devient une loi rigoureuse; et quand il n'en résulte rien de plus, elles leur font au moins contracter des habitudes très peu en rapport avec les bienséances ordinaires de la société.

Je ne conseillerai pas à une mère de mener sa fille au bal ; je lui conseillerai moins encore de l'y conduire très jeune ; mais pourtant, lorsqu'il s'agira d'opter entre les bals vrais ou les bals d'enfants, je puis répondre d'avance que la sentence ne sera pas en faveur des derniers.

Quand on habituait les enfants à la marche, au grand air, au soleil, à la pluie, à la chaleur et au froid ; quand on étudiait avec moins de soins pour eux la qualité des aliments, tout en leur en fournissant d'abondants et de solides ; quand on leur apprenait à user indistinctement de tous, sans s'arrêter à des répugnances qu'un peu de persévérance et de bonne volonté détruit presque toujours ; quand enfin on écoutait peu les doléances et les plaintes dont ils abusent avec un si merveilleux talent, les tempéraments et les âmes étaient plus forts, les lois de l'Église mieux observées, et les maladies nerveuses moins communes.

(Mme de Marcey.)

*
* *

Les jeux en plein air, les courses, le ballon, la paume, la natation, l'équitation, s'il est possible, voilà des divertissements naturels aux jeunes garçons. Mais ces exercices rentrent tellement dans le régime quotidien d'une éducation fortifiante, qu'ils n'impriment pas aux esprits un nouveau cours. Quelques jours de suite, consacrés à une diversion plus complète, sont parfois l'occasion d'un autre genre d'élan.

Il est utile pour l'instituteur de faire naître des situations qui donnent lieu à des observations nouvelles, et il l'est pour les élèves de savoir rompre leurs vieilles habitudes à point nommé en secouant le joug des besoins artificiels que notre civilisation enfante. Rien ne répond mieux à ce double but que de courts voyages. Aucun projet, aucune récompense n'agit aussi fortement sur l'imagination des enfants. L'idée exagérée qu'ils se font de leurs forces, des merveilles qu'ils découvriront, du précieux butin qu'ils recueilleront, les enflamme du plus beau zèle ; les préparatifs sont déjà un enchantement. Puis vient l'expérience avec ses suites diverses, avec son cortège de joies inespérées, de désappointements subits, de vanité tour à tour blessée ou satisfaite, d'abattement et parfois de gaieté dans les revers ; tout y est, tout est épreuve de la vie, tout est instruction pour l'élève et l'instituteur. Les qualités bonnes et mauvaises, l'égoïsme ou l'obligeance, la résignation ou l'impatience, tout se dévoile, tout prend couleur et le caractère se prononce.

Nous ne connaîtrons jamais nos enfants si

nous ne trouvons pas moyen de savoir comment ils sont jugés par leurs camarades. Jamais dans la société de gens raisonnables, ils ne se montrent exactement ce qu'ils sont. Trop intéressés à nous désarmer, à nous plaire, ils ont, jusque dans le louable désir d'être bien sages, quelque chose qui approche de l'affectation. C'est dans les rapports d'égalité que la franchise se développe; elle jaillit parfois rude et sauvage; mais, enfin, elle est de bon aloi. Plus libres eux-mêmes et plus librement appréciés, les enfants nous apparaissent sous un jour nouveau. Souvent l'instituteur a le chagrin de voir que tel élève intelligent et docile, son favori à l'heure des leçons, manque de fermeté, de franchise, des qualités généreuses qui marquent les rangs parmi les égaux. Il voit que la capacité pour l'étude n'est pas le tout, et il juge ses élèves comme hommes futurs, non comme écoliers de l'année.

Les nombreuses réunions d'enfants, au moment des jeux, sont un des avantages les plus certains de l'éducation publique.

Dans tous les pays, les nombreux enfants que rassemble l'éducation publique sont naturellement, dans leurs jeux, égaux entre eux et républicains, ce qui développe en eux un sentiment de liberté et de force qu'on acquiert moins souvent sous le toit paternel. En revanche, l'éducation privée peut trouver quelque compensation à ces avantages, dans des amusements toujours plus choisis, plus faits pour exercer l'esprit à mesure que s'approche l'adolescence.

(Mme Necker de Saussure.)

Éducation.

La loi du travail est la grande loi de l'éducation humaine. Nul n'est fait ici-bas pour ne rien faire. Toute créature intelligente et libre est essentiellement destinée à l'action. L'activité nourrit, exerce, fait la force et la vie. L'oisiveté, le farniente, c'est l'anéantissement, c'est la mort.

Aussi, je ne crains pas de l'affirmer, le talent principal de l'instituteur consiste à faire entrer courageusement son élève dans la voie du travail et de l'application personnelle ; travail ou exercice du corps, qui donne de la vigueur à ses membres ; travail de l'esprit, qui forme en lui le jugement, le goût, le raisonnement, la mémoire, l'imagination ; travail du cœur, de la volonté, de la conscience, qui forme le caractère, fait naître les penchants honnêtes, les habitudes vertueuses.

Œuvre du maître et travail de l'élève, l'éducation est donc tout à la fois culture et exercice, enseignement et étude : le maître cultive, instruit, travaille au dehors, mais il faut essentiellement qu'il y ait exercice, application, travail au dedans.

Dans l'éducation, ce que fait l'instituteur par lui-même est peu de chose, ce qu'il fait faire est tout. Quiconque n'a pas entendu cela n'a rien compris à l'œuvre de l'éducation humaine.

(Mgr Dupanloup.)

Imagination.

On connaît ce que peuvent sur le cœur humain les sentiments de famille et de l'amour de la patrie, et c'est par ce transport habituel de la pensée dans nos parents et nos concitoyens, et par la vive sympathie qu'il excite au fond de l'âme que s'opèrent les merveilles que nous admirons.

Ainsi, l'instituteur, entrant dans l'esprit de l'Évangile et de l'auteur de la nature, aura soin d'habituer ses élèves à se mettre toujours à la place d'autrui, d'abord pour entendre dans cette position les ordres que leur intimera la conscience, et ensuite pour éprouver les salutaires influences de la sympathie. On comprend qu'avant tout il devra de loin préparer cet effet en familiarisant ses élèves avec la pensée que tous les hommes sont leurs semblables et leurs frères.

L'instituteur fera bien ici d'appeler l'imagination à son aide, et il pourra le faire en généralisant le bien qu'il veut obtenir, ainsi que le mal qu'il veut empêcher. Il dira, par exemple : « Si tous les hommes mentaient, on n'aurait de foi en personne, et l'on ne se dirait plus rien » ; ou bien : « Si chacun respectait le bien d'autrui, tout serait sur la terre en parfaite sûreté, le jour comme la nuit, sans gardes et sans verroux » ; ou bien encore : « Que tous les riches gardent pour eux seuls leurs ressources, et les malheureux dont le nombre est si grand périront de misère. »

C'est l'imagination qui généralise ici le bien et le mal. Par là elle fait parler la conscience plus fortement, et tout en donnant plus de poids à ses ordres, elle émeut la sympathie plus que ne peuvent le faire les faits isolés que présente l'expérience de tous les jours. A ce sujet, il est bon de remarquer que le mal généralisé produit plus d'effet que le bien. L'harmonie que présente celui-ci a toutefois de l'attrait, mais seulement pour les âmes sensibles et délicates ; tandis que le mal paraissant en masse frappe et repousse même l'enfant dont l'éducation s'ébauche encore. La raison en est que la discordance est plus choquante et se fait plus vivement sentir que l'accord.

(P. Girard.)

Espièglerie.

De même qu'à cinq ans les enfants avaient brisé leurs joujoux pour en voir les ressorts intérieurs, plus tard ils s'amusent à mettre à nu les ressorts du cœur humain en renversant les formes convenues.

Telle est l'explication de ce penchant à l'espièglerie si justement reproché à l'écolier. Le plaisir que nous trouvons à la comédie, celui de voir tout à coup dans des situations ridicules de grands personnages qui marchaient tranquillement de leur pas accoutumé, ils se le donnent en réalité, mais alors ce divertissement devient très blâmable. Les jeunes gens en s'y livrant apprennent à braver la peine qu'ils causent, à tirer vanité du pouvoir qu'ils ont de blesser, et, sous le voile de la gaieté, de funestes penchants se développent. Ce goût pour jouer de mauvais tours peut souvent se prolonger dans l'adolescence ; aussi la malice du page est-elle aussi bien passée en proverbe que l'espièglerie de l'écolier.

Pourtant, il faut en convenir, ce sont presque toujours des défauts, des travers du moins que les enfants attaquent. La gravité étudiée, la morgue pédantesque, les prétentions, l'affectation, l'importance excessive attachée à des bagatelles, voilà ce qu'ils déjouent, ce qu'ils contrarient, ce qu'ils vexent impitoyablement. Soyez franc, naturel, ayez des manières ouvertes et cordiales, jamais vous n'aurez à vous plaindre d'eux. Parlez-leur comme à des êtres sensés, ils le seront; comme à des êtres capables de moralité, ils le deviendront; mais ne vous prévalez pas ordinairement de la supériorité de l'âge.

Un éclat de désorganisation intérieure chez les jeunes gens est un résultat fréquent de l'inaction de certaines forces que l'éducation ordinaire exerce trop peu. C'est ainsi que l'abus de l'application sédentaire produit tour à tour un besoin désordonné de mouvement et un engourdissement physique et moral qui peut-être est plus funeste encore. Toujours ces diverses formes que peut revêtir le même mal sont une preuve de souffrance chez l'élève ou du moins d'absence de bonheur.

(Mme Necker de Saussure.)

Moquerie.

Dans le but de faire apprécier l'état de chose qu'ils ont créé, l'ordre qu'ils ont établi, les pères donnent aux enfants des idées étroites et exclusives, et leur apprennent à rire de tout ce qui se fait en dehors de leurs habitudes. L'étranger est accueilli chez eux par des chuchottements railleurs; on l'observe avec un curieux étonnement, on lui répond avec une politesse guindée, et, dès qu'il n'est plus là, les commentaires, les remarques et les interprétations se succèdent avec une rapidité et une abondance qui témoignent tout à la fois du degré de charité de chacun et de la pauvreté des conversations habituelles. C'est l'homme, c'est sa mise et sa parole, ce sont ses manières et ses gestes : tout est un sujet de plaisanteries quelquefois mordantes, grâce à l'esprit de celui qui les fait.

De toutes les médisances, la moquerie est celle peut-être qui, dans les familles honnêtes, exerce les plus pernicieux ravages. Sans être scrupuleux à l'endroit des autres, on sait toutefois qu'il y a faute sérieuse dans les attaques graves et directes contre la réputation d'autrui, et même, quelque malice qu'il y ait au fond du cœur, on n'ose pas toujours formuler ces attaques. Mais la moquerie, c'est un passe-temps, c'est un aliment nécessaire aux causeries, c'est un jeu. Oui, c'est un jeu ! et c'est un jeu aussi pour l'enfant de plumer l'oiseau qui se débat dans ses mains. Tout peut être jeu à ce compte, et tout le devient en effet : voyez les jeux du cirque ! c'étaient des jeux sanglants, mais c'étaient des jeux.

Ainsi dans la famille, lorsque les parents ont laissé contracter cette habitude cruelle de la moquerie, il en faut sans cesse, il en faut toujours, il en faut comme du pain. On acceptera d'autres privations, on ne se résoudra pas à celle-là, et père et mère compromettront leur autorité avant de parvenir à fermer cette arène.

Il y a telles familles que beaucoup de qualités solides devraient recommander à l'estime générale dont l'abord est redouté comme celui d'un abîme. Le jeune homme timide s'en approche avec un redoublement de timidité, et certes il a raison. Voyez cet essaim de figures moqueuses qui l'attendent à la porte : elles ne le quitteront pas. Loin de venir en aide à sa souffrance, elles le feront poser et le tortureront de mille manières. Et puis, il sait bien qu'elles n'en resteront pas là et qu'elles font part aux autres de toutes leurs joies. La jeune fille appelée à se présenter dans ce lieu de terreur supplie sa mère de ne pas l'y conduire; elle pleure pour entrer; elle paraît gauche, épouvantée, silencieuse. Nous disons la jeune fille et le jeune homme, parce qu'ils craignent davantage ; mais l'âge n'y fait rien. Le vieillard passe sous le niveau comme l'âge mûr et la jeunesse.

La moquerie est bien la fausse et la très fausse monnaie de la gaieté. Autant celle-ci attire, autant celle-là repousse ; autant celle-ci contribue à l'union, autant celle-là produit le désordre et sème la division. C'est une faute et un malheur, et, dans la famille chrétienne, un scandale.

(Mme de Marcey.)

Exemples.

Les yeux d'une mère sage, tendre et chrétienne découvrent ce que d'autres ne peuvent découvrir ; mais comme ces qualités sont très rares, le plus sûr parti pour les mères est de confier aux couvents le soin d'élever leurs filles, parce que souvent elles manquent des lumières nécesaires pour les instruire ; ou, si elles les ont, elles ne les fortifient pas par l'exemple d'une conduite sérieuse et chrétienne, sans lequel les instructions les plus solides ne font aucune impression ; car tout ce qu'une mère peut dire à sa fille est anéanti par ce que sa fille lui voit faire.

Si un couvent n'est pas régulier, une fille y verra la vanité en honneur, ce qui est le plus subtil de tous les poisons pour une jeune personne. Elle y entendra parler du monde comme d'une espèce d'enchantement ; et rien ne fait une plus pernicieuse impression que cette image trompeuse du siècle, qu'on regarde de loin avec admiration, et qui en exagère tous les plaisirs sans en montrer les mécomptes et les amertumes. Le monde n'éblouit jamais tant que quand on le voit de loin, sans l'avoir jamais vu de près et sans être prévenu contre sa séduction. Ainsi, je craindrais un couvent mondain encore plus que le monde même. Si, au contraire, un couvent est dans la ferveur et dans la régularité de son institut, une jeune fille y croît dans une profonde ignorance du siècle; c'est sans doute une heureuse ignorance, si elle doit durer toujours ; mais si cette fille sort de ce couvent et passe, à un certain âge, dans la maison paternelle, où le monde aborde, rien n'est plus à craindre que cette surprise et que ce grand ébranlement d'une imagination vive. Une fille qui n'a été détachée du monde qu'à force de l'ignorer, et en qui la vertu n'a pas encore jeté de profondes racines, est bientôt tentée de croire qu'on lui a caché ce qu'il y a de plus merveilleux. Elle sort du couvent comme une personne qu'on aurait nourrie dans les ténèbres d'une profonde caverne et qu'on ferait tout d'un coup passer au grand jour. Rien n'est plus éblouissant que ce passage imprévu et que cet éclat auquel on n'a jamais été accoutumé. Il vaut beaucoup mieux qu'une fille s'accoutume peu à peu au monde auprès d'une mère pieuse et discrète, qui ne lui en montre que ce qu'il lui convient d'en voir, qui lui en découvre les défauts dans les occasions et qui lui donne l'exemple de n'en user qu'avec modération, pour le seul besoin. J'estime fort l'éducation des bons couvents, mais je compte encore plus sur celle d'une bonne mère, quand elle est libre de s'y appliquer.

(Fénelon.)

Mais un danger facile à prévoir et dont les conséquences sont bien funestes est celui qui découle d'une contradiction visible entre les principes et la conduite de la mère. Une mère égoïste, travaillant à introduire la charité dans le cœur de sa fille, n'y réussira pas ; une mère qui peut dire à son enfant : « Faites ce que je dis, ne faites pas ce que je fais », n'en sera jamais obéie. L'enfant se dira toujours : « Si les conseils de maman étaient bons, elle commencerait par se les apliquer. » Peut-être, cependant, se prêtera-t-elle à tout pour éviter les leçons et la morale maternelles, et la mère sera enchantée des résultats obtenus. Tristes résultats, hélas ! cette enfant aura appris à feindre jusqu'aux sentiments les plus sacrés ; sa mère lui aura donné un vice de plus : l'hypocrisie !

Il faut à une mère une grande force de résistance et surtout de persistace. Son travail n'est pas celui d'un jour, il est de toute la vie, il en exige tous les instants ; un moment de lâcheté ou de faiblesse détruit quelquefois l'ouvrage de plusieurs années.

Il est vrai qu'une mère ne devrait pas être seule à donner à ses enfants les soins qui demandent cette force et cette patience ; le père pourrait, sinon en partager la peine, au moins l'alléger de beaucoup. Cela devrait être, sans doute, mais, est-il besoin de le dire ? un père remplissant ainsi ses devoirs est une bien rare exception.

Un père a des enfants pour les caresser ou les rudoyer, suivant le caprice du moment; et quand il a blâmé le système d'éducation employé par leur mère, quand il s'est plaint de sa nonchalence, de sa faiblesse ou de sa rigueur à leur égard, il pense avoir atteint les colonnes d'Hercule de ses devoirs envers eux.

Heureuse encore la femme qui peut se plaindre seulement de n'être pas aidée. Tant d'autres voient détruire par les paroles et par les exemples d'un mari l'œuvre qu'elles édifient au prix de mille fatigues et de mille souffrances! Tant d'autres sont obligées de se cacher pour enseigner la vertu à leurs enfants! et leurs continuels sacrifices n'obtiennent que de l'indifférence, du mépris, quelquefois de la colère.

(Mme de Marcey.)

*
* *

Est-il besoin de dire à une mère qu'outre les soins indispensables de la surveillance, elle doit encore consacrer beaucoup de temps à ses enfants et même aux plus jeunes. Il faut du temps pour s'en faire aimer, pour les bien connaître, pour préparer en eux des goûts d'instruction; il n'y a que le temps qui lie ici-bas. Que les heures nécessaires à leur éducation morale et physique soient donc mises autant que possible à l'abri des envahissements, et faites-les de plus hériter des moments dont vous pourrez disposer encore.

Ces moments, il est vrai, seront souvent réclamés. L'entreprise de ne pas perdre de vue ses enfants, inexécutable par sa nature, exposerait encore une mère à négliger beaucoup de devoirs et nuirait plus tard à ses enfants mêmes. Ils prendraient une idée trop haute de leur importance et trop basse de la vocation humaine, considérée généralement, s'ils croyaient qu'ils doivent être préférés à tout. Jamais ils ne comprendront tout ce qu'il y a de sacré dans nos obligations sur cette terre que lorsqu'ils les verront remplir par leur mère. Son intérêt à elle est d'être un exemple pour eux. Comment compterait-elle sur leur sentiment filial s'ils pouvaient apprendre dans la suite qu'elle n'a pas soigné ses propres parents? Ceux-ci ont pu céder leurs droits légaux en la mariant, mais il est des droits naturels, imprescriptibles, qu'ils conservent jusqu'à la mort. Leur fille n'a pu renoncer à se dévouer à eux s'ils ont besoin d'elle; c'est bien là un cas d'urgence impérieux. Nous avons vu qu'il en était d'autres dans la charité. Les devoirs en apparence les plus étrangers à la vocation maternelle rentrent dans cette vocation quand on sait intéresser les enfants à leur accomplissement. Il n'est point de bonne œuvre à faire, point d'impulsion généreuse à suivre qui ne puisse servir à leur amélioration. C'est là pour eux la vraie éducation morale.

Il devient ainsi très nécessaire pour une mère d'organiser sagement l'emploi du temps pour les cas où elle s'absente ; toute sa prévoyance aura là de quoi s'exercer. Combien de pénétration ne faut-il pas pour faire choix d'une bonne digne de confiance ?

Quel que soit le choix, il faut avouer que les soins empressés et continuels de la bonne la plus sensée, et les nôtres même ont aussi leurs inconvénients. L'idée qu'ils disposent du temps et de la pensée des grandes personnes est souvent mauvaise pour les enfants. Les accoutumer à se suffire à eux-mêmes pour leur plaisir d'abord, puis pour l'accomplissement de quelques devoirs, serait un art très utile.

Rien n'exige plus de bons sens que l'administration domestique. Procurer le bien-être de tous aux moindres frais de temps, d'embarras, de soucis et de dépense possible exige un mérite rare et bien précieux. La femme qui gouverne sa maison avec intelligence et paisiblement obtient auprès de son époux et de sa famille entière une sorte de considération que des qualités en apparence plus distinguées ne procurent pas.

(Mme Necker de Saussure.)

*
* *

Quoique la difficulté de trouver des gouvernantes soit grande, il faut avouer qu'il y en a une plus grande encore : c'est celle de l'irrégularité des parents ; tout le reste est inutile, s'ils ne veulent concourir eux-mêmes dans ce travail. Le fondement de tout est qu'ils ne donnent à leurs enfants que des maximes droites et des exemples édifiants. C'est ce qu'on ne peut espérer que d'un très petit nombre de familles. On ne voit dans la plupart des maisons que confusion, que changement, qu'un amas de domestiques, qui sont autant d'esprits de travers, que division entre les maîtres. Quelle affreuse école pour des enfants ! Souvent une mère qui passe sa vie au jeu, à la comédie et dans des conversations indécentes se plaint d'un ton grave qu'elle ne peut pas trouver une gouvernante capable d'élever ses filles. Mais qu'est-ce que peut la meilleure éducation sur des filles à la vue d'une telle mère ? Souvent encore on voit des parents qui, comme dit saint Augustin, mènent eux-mêmes leurs enfants aux spectacles publics, et à d'autres divertissements qui ne peuvent manquer de les dégoûter de la vie sérieuse et occupée dans laquelle ces parents mêmes les veulent engager ; ainsi ils mêlent le poison avec l'aliment salutaire. Ils ne parlent que de sagesse, mais ils accoutument l'imagination volage des enfants aux violents ébranlements des représentations passionnées et de la musique, après quoi ils ne peuvent plus s'appliquer. Ils leur donnent le goût des passions et leur font trouver fades les plaisirs innocents.

Après cela, ils veulent encore que l'éducation réussisse, et ils la regardent comme triste et austère si elle ne souffre ce mélange du bien et du mal. N'est-ce pas vouloir se faire honneur du désir d'une bonne éducation de ses enfants, sans en vouloir prendre la peine, ni s'assujettir aux règles les plus nécessaires?

L'éducation des plus médiocres couvents serait meilleure pour une fille que cette éducation domestique.

(Fénelon).

Education.

L'éducation est obligée de reconnaître de grandes différences de situation entre les hommes; non seulement la nécessité l'y force, mais elle le doit, puisqu'il y a dans la société une perfection relative à chaque état. S'il est une harmonie à établir dans le sein même de l'individu, il en est une de cet individu avec sa destination ici-bas. Un heureux accord des sentiments, des opinions, des goûts, avec les occupations habituelles, facilite l'observation des devoirs et la jouissance des plaisirs attachés à chaque situation. Il ne convient donc pas que les facultés soient stimulées au delà du point où elles trouvent dans la vie réelle un exercice naturel et régulier. De là, naît une échelle de développement assortie aux diverses conditions de la vie;

mais dans les conditions les plus humbles, toujours l'éducation a une tâche à remplir, toujours elle doit donner une certaine culture à l'intelligence. Il y a un premier degré d'instruction, qui est de droit naturel pour chaque être, et dont il n'est pas permis de priver un enfant.

Le contentement de leur sort est si général chez les enfants qu'on leur voit supporter gaiement les désavantages naturels, dont ils ont pourtant la connaissance. On n'a qu'à leur épargner les comparaisons humiliantes, et, malgré leurs privations, les sourds-muets, les aveugles, les impotents, seront heureux comme les autres.

Les enfants exercent un empire prodigieux les uns sur les autres. La différence des destinations futures disparaît devant la communauté des sentiments, devant la parité de la situation présente. Tout est éminemment dangereux ou utile dans la société des enfants entre eux, et si l'on réussit à en diriger l'influence, on a entre ses mains le plus puissant des instruments.

(Mme Necker de Saussure.)

Jalousie.

La jalousie ne saurait avoir lieu là où s'est établie une espèce de paternité. On ne la voit guère s'élever entre enfants d'âge fort différent, dont le plus petit est pour son aîné un objet d'amusement et de soin plutôt que de rivalité. Chez les enfants plus rapprochés, elle est surtout à craindre dans les petits ménages, où l'accroissement de la famille est une grande affaire, et absorbe assez généralement les loisirs de tout ce qui la compose. Un premier enfant, jusque-là l'objet de toutes les prédilections, entièrement maître au logis, où l'on ne songeait encore qu'à l'amuser et à s'amuser de lui, se voit tout à coup un rival et même un rival préféré, du moins quant aux soins et à la préoccupation extérieure. C'est le nouveau-né qu'on tient sur les genoux et dans les bras, où le frère qui l'a précédé de deux ans avait coutume de trouver sa place. On le grondera de faire du bruit si le petit frère dort, etc. Il n'avait encore vécu que pour lui-même, et les premières impressions que lui apporte la société d'un autre sont des impressions de privation et de chagrin; alors il s'irrite ou s'attriste, devient incommode ou maussade, et se croit rebuté ou délaissé sans comprendre qu'il l'ait mérité. Rien ne l'aide à se soutenir dans cette situation nouvelle à laquelle rien ne l'avait préparé, et le malheur a commencé pour cette faible créature par le sentiment de l'injustice, sentiment qui nous isole et reporte sur nous-même toute l'énergie de nos affections. Il est impossible que les siennes n'en soient pas perverties, et que la plus dangereuse des formes de l'égoïsme, la jalousie, ne prenne possession de son jeune cœur.

L'égoïsme est le sentiment naturel à qui n'en a pas d'autre, le sentiment qui s'allie naturellement et nécessairement à tous les autres. La pensée de nous-même préside à nos affections, à nos dévouements, veut un retour à nos services, exige l'amour comme salaire de l'amour.

L'énergie des facultés d'affection est un des plus sûrs préservatifs de la jalousie, et si les enfants deviennent si aisément jaloux, c'est que la chose dont on s'occupe le moins, c'est de leur apprendre à aimer, et qu'on néglige ainsi le seul principe de force qui puisse les enlever à la personnalité. Cette incapacité d'aimer augmentera, et avec elle le penchant à la jalousie, si on les accoutume à occuper sans cesse eux et les autres de leurs besoins, au lieu de leur apprendre à tourner leur attention hors d'eux-mêmes, à trouver de la joie dans ce qu'ils peuvent faire pour autrui. Avec un peu de soin, ce second enfant, qui a été pour l'aîné un sujet de jalousie, pouvait lui devenir un objet d'affection. L'enfant ne craint pas la rivalité avant de l'avoir éprouvée, et pour peu qu'on veuille l'associer aux sentiments de ceux d'où lui viennent d'ordinaire ses sentiments et ses pensées, il les partagera, aimera ce qu'ils aiment, s'occupera de ce qui les occupe. Les enfants sont disposés à accueillir avec joie un événement quel qu'il puisse être : l'arrivée d'un petit frère en est un très grand, que l'aîné verra certainement avec satisfaction si l'on songe à en faire pour lui une occupation, si la présence de ce nouveau venu ajoute du mouvement à sa vie au lieu de lui en ôter. On lui parlera sans cesse du petit frère; s'il dort on l'appellera pour le voir, et il viendra doucement, pour ne pas le réveiller. Ainsi, la nouvelle affection qui s'est introduite dans la famille, loin d'éloigner de lui ceux dont il fut jusqu'alors aimé uniquement, formera entre eux et lui le lien nouveau d'un intérêt commun, et, au lieu de diminuer son importance dans la maison, l'augmentera de toute la part qu'il va prendre à ce qui occupe ses parents. Cet intérêt lui en deviendra plus cher, comme l'est à nos enfants, dans cet âge de faiblesse, tout ce qui les rapproche de nous, tout ce qui semble les associer à notre force; il aimera le sourire de son petit frère, qui aura fait naître la joie sur tous les visages. Il se plaira à l'amuser, craindra qu'il ne se fasse mal, et portant ainsi hors de lui-même sa jeune activité, perdra dans les plaisirs de l'affection le sentiment des besoins d'où naîtrait la jalousie.

Si la jalousie se manifeste chez le plus jeune, elle ne pourra être combattue par ces sentiments généreux qui n'appartient qu'à la force. Il est même probable, si du moins le mal ne vient pas de quelque imprudente préférence, que l'enfant jaloux sera d'un caractère faible, peu actif à s'occuper des autres, et d'autant plus disposé à craindre de s'en voir abandonné qu'il ne se sentira pas de nature à se porter vers eux avec une grande énergie. Ce n'est pas en lui qu'il faut chercher les moyens actifs de sa guérison. Votre tâche est, dans ce cas comme dans l'autre, d'opposer l'affection à la jalousie, de former entre les deux frères un lien qui ne permette plus que leurs intérêts se séparent. Pour y parvenir, adressez-vous à la force; multipliez les devoirs de l'aîné envers son frère; ne craignez pas d'exciter la générosité de celui qui se sent le plus heureux puisqu'il ne lui manque rien. Que, s'il aperçoit le sentiment jaloux dont il est l'objet, ce soit avec respect de celui qui souffre, avec désir de lui épargner des peines dont lui-même est à l'abri. D'accord avec l'aîné, vous vous permettrez pour le plus jeune quelques légères préférences, que paiera de reste aux yeux du premier l'honneur de votre confiance, et dont l'autre pourra jouir sans danger quand il les tiendra à la fois de votre tendresse et de l'amitié de son frère. Objet de vos soins communs, ce cœur malade reprendra du calme; sa faiblesse cessera d'être légitime à ses yeux, dès qu'il ne la sentira plus que par votre attention à la ménager. Une plus vive affection naîtra de la reconnaissance, et le rendra à son tour capable d'efforts et de sacrifices.

(Mme Guizot.)

Rivalité.

Il y a quelque chose de si odieux dans la rivalité entre frères, que des enfants élevés dans la maison paternelle doivent en être préservés avec plus de soin encore. La difficulté alors sera sans doute d'exciter le zèle; mais plus l'éducation morale se perfectionnera, plus elle s'unira intimement à l'éducation intellectuelle, plus on verra cette difficulté s'atténuer. On n'a jamais accoutumé l'enfance à considérer le devoir activement; on le lui a fait envisager comme une barrière qui s'opposait à ce que l'on commît certains actes, ou qu'on manquât à l'obéissance envers les instituteurs. Il n'y a rien dans une telle idée de bien vivifiant. Il est clair que, pour aiguillonner, un frein n'est pas très utile.

Ce qui donne de l'activité au penchant pour le bien, ce qui le tient en haleine, si l'on peut le dire, c'est le soin d'associer l'enfant à sa propre éducation. Quand on le consultera sans cesse sur les moyens d'obtenir de lui de l'application, de l'assiduité au travail, enfin de la sagesse, quand on examinera sensément avec lui les divers obstacles qui s'opposent à l'exécution de ses bons desseins, il se plaira bientôt à indiquer la meilleure route à suivre avec lui, il s'intéressera au succès de ses avis, et en viendra à regarder l'accomplissement du devoir comme une chose importante dans la vie.

(Mme Necker de Saussure.)

Prédilections.

Habitués depuis longtemps aux soins d'un père et d'une mère, les enfants n'en sentent pas le prix ; trop souvent ils regardent comme une dette ce qui pourtant est un don de la bonté. Ils oublient qu'ils ne vivent encore que de leurs bienfaits, et dès lors la gratitude s'affaiblit, si elle ne s'éteint pas, dans leur âme.

Les graves devoirs des parents les mettent quelquefois dans la nécessité de se refuser aux désirs inconsidérés de leurs enfants, de les arracher à leurs jeux pour les astreindre au travail, de les reprendre de leurs fautes et même de les punir pour les corriger. En tout cela, ils sont exposés à montrer de l'impatience et de l'humeur. Ce sont là autant de nuages qui voilent aux yeux de l'ignorante enfance la bonté d'un père et d'une mère, et nuisent à la reconnaissance. Alors ce n'est plus un enfant qui obéit à la bonté pour lui faire plaisir, mais un esclave qui obéit à la force en rongeant le frein. N'en est-il pas de même dans les rapports religieux, lorsque, contrarié dans ses goûts, l'homme croit avoir à se plaindre de la Providence ?

Les pères et les mères montrent quelquefois des prédilections dans leur famille, et c'est une semence d'envie et de jalousie qu'ils y jettent, si ce n'est un brandon de discorde. Nul ne s'offense des soins particuliers que donne la mère à l'enfant au berceau ou couché sur le lit de douleur; mais il n'en est pas ainsi des faveurs accordées aux talents naturels, à la beauté des formes, à l'enjouement des manières, qualités qui ne sont pas un mérite personnel. Ce dernier même ne trouve pas toujours justice parmi les frères et les sœurs, qui souvent prétendent à une égalité parfaite dans l'amour et les bienfaits de leurs parents.

Voici quelques pensées à suggérer aux enfants pour les rendre moins sensibles à la partialité de leurs parents :

« Tout enfant, s'il le veut, peut se faire valoir auprès de ses parents ; c'est par un bon cœur et par sa docilité. — Les enfants qui réussissent le mieux sont rarement ceux pour qui les parents ont eu des préférences. »

(P. Girard.)

**

Vous devez aimer vos enfants d'un amour égal, qui exclue toute préférence marquée des uns au préjudice des autres. Il est des enfants qui ont plus de qualités physiques et morales que d'autres, qui ont un meilleur caractère, plus de talents, une volonté plus prononcée pour le bien. Dans ce cas, c'est pour vous un devoir d'en témoigner votre reconnaissance au Souverain dispensateur de tous les biens; mais ce n'est pas un motif de faire des préférences à ceux qui en sont l'objet, car ces dons naturels étant accordés gratuitement, ceux qui en jouissent n'ont pas plus de mérite que ceux qui en sont privés. Si vous aviez deux enfants, dont l'un jouit d'une bonne santé et l'autre fut habituellement souffrant, ne serait-ce pas à ce dernier que vous prodigueriez plus de soins et de caresses? De même, si vous deviez témoigner de la prédilection à quelqu'un de vos enfants, ne serait-ce pas à ceux qui sont le plus dépourvus des dons de la nature? Et lors même qu'il s'agirait de vertus acquises, il serait toujours vrai de dire que les plus imparfaits mériteraient plus vos soins et vos attentions que ceux qui le sont moins. Quand vos prédilections auront pour motifs les défauts et les besoins de celui qui en est l'objet, les conséquences n'en seront pas fâcheuses, parce que, comme l'homme sain n'est pas jaloux des soins que l'on prodigue à un malade, de même l'enfant qui est doué des dons de la nature ne le sera pas non plus des soins empressés qu'une mère prodigue ou à un frère ou à une sœur qui en sont dépourvus.

Mais ce ne sont pas ordinairement les vertus acquises ni les besoins justes et raisonnables qui occasionnent ces préférences que certains parents font à quelques-uns de leurs enfants; ce sont presque toujours des motifs aussi frivoles que condamnables. Une figure plus belle, des manières plus gracieuses, un esprit plus sémillant, un caractère plus ouvert, plus insinuant, plus flatteur, voilà ce qui, presque toujours, détermine ces amours exclusifs qu'on ne se met pas en peine d'éviter. Ainsi, pour cet amour d'un seul, on s'attire l'éloignement, l'humeur, la haine de tous les autres, et, ce qui n'est pas rare, l'ingratitude de celui-là même que l'on gâte par les caresses excessives, par les complaisances réitérées, par l'indulgence déplacée. Et ce n'est pas encore là, à beaucoup près, tout l'inconvénient des prédilections. Elles portent à perpétuité le trouble dans la maison, en bannissant l'union fraternelle, si nécessaire à la paix et au bonheur commun, et établissent entre les enfants du même père et de la même mère la discorde, la rancune, la haine et l'inimitié.

(L'abbé Collomb.)

Sobriété, santé.

Quand je parle d'avoir soin de la santé, je ne parle pas de ces précautions de femmes et d'hommes sédentaires et trop aisés, qui se tâtent le pouls à tout moment, et qui à force de craindre les maladies, sont presque toujours malades, ou du moins s'imaginent l'être; qui ne peuvent ni jeûner ni faire maigre, ni manger plus tard qu'une certaine heure; qui ne peuvent dormir s'ils ne sont couchés fort mollement et fort loin du bruit. Ils aiment mieux prendre une médecine que de se priver d'un repas. Il est donc très important de faire comprendre de bonne heure aux jeunes gens l'erreur de ces prétendus infirmes, car ce sont eux qui élèvent le plus mal leurs enfants. Ils les embéguinent et les couvrent jusques au bout des doigts; ils ne leur laissent point faire d'exercice, de peur qu'ils ne se blessent ou qu'ils ne s'échauffent; ils les purgent réglément à certaines saisons, et leur persuadent si bien qu'ils sont d'une complexion faible et délicate, que les pauvres enfants le croient toute leur vie.

Il ne serait pas inutile de faire observer les effets de certaines maladies les plus affreuses, pour imprimer aux jeunes gens une grande horreur de l'intempérance et de la débauche; et d'un autre côté les faire quelquefois entrer dans une cuisine et dans un office, et voir tout au long avec combien d'artifice, de peine, de temps et de dépense se préparent ces ragoûts et ces confitures qui ne sont que l'ornement des repas.

(L'abbé Fleury.)

Tempérance.

Pour nous porter à donner à notre corps la nourriture dont il a besoin, le Créateur nous a soumis aux sentiments de la faim et de la soif, sentiments désagréables qui nous pressent de les apaiser; d'un autre côté, il a mis dans nos aliments divers des saveurs qui flattent notre goût et nous attirent : il a donc rattaché le plaisir au besoin, et ce serait méconnaître ses vues et mépriser ses bienfaits que de vouloir, sous prétexte d'une sainteté imaginaire, défendre à l'homme d'en jouir, quand il ne faut que condamner les abus. Ce n'est donc que la friandise et la gloutonnerie que nous tâcherons d'écarter de nos élèves. Nous noterons aussi d'infamie l'intempérance dans la boisson, non pas que l'enfance s'en rende coupable; mais il est bon de la prémunir contre un vice malheureusement trop commun dans un âge plus avancé. Voici les pensées que nous leur suggèrerons :

Veux-tu descendre au niveau de la bête qui broute l'herbe à tes pieds, vis comme elle pour boire et manger. — Que reste-t-il à l'homme sensuel des bons repas qu'il a faits? Rien dont il puisse s'honorer. — Quel profond dégoût inspirent ces ivrognes qui noient la raison dans des flots de vin, et se ravalent au-dessous de la brute. — Ceux qui recherchent les bons morceaux qui coûtent cher devraient penser à la multitude de pauvres qui souffrent la faim.

La mollesse n'est que trop souvent héréditaire dans les classes aisées des villes, où tout est calculé sur les aisances de la vie. L'on a peur de la chaleur comme du froid, et des moindres intempéries de l'air. L'instituteur doit la vérité à ses élèves, il leur présentera la vie molle comme elle est, ainsi que ses fâcheux résultats. Il leur dira par exemple :

Que les enfants des laboureurs sont sains et vigoureux, parce qu'ils ne sont pas élevés dans la mollesse ; — que l'ouvrier qui a bien travaillé goûte sur la couche la plus dure un sommeil tout aussi doux que le riche sur le lit le plus somptueux : — que la paix et la gaieté fuient souvent les hôtels des riches, et qu'elles vont se réfugier dans les plus chétives chaumières. — Qu'il faut dès l'enfance apprendre à supporter le chaud, le froid et les intempéries de l'air. ou bien se condamner à vivre toujours dans la gêne et la crainte, etc.

(P. Girard.)

***

Quand une mère n'est pas détournée par les devoirs de sa position et par une fréquentation trop habituelle du monde ; quand elle n'est pas entravée par un mari, par des grands parents dont la faiblesse devient souvent un véritable obstacle ; quand, d'autre part, elle possède une instruction solide, des principes éclairés, de la fermeté et beaucoup de persévérance, rien ne vaudra, sous bien des rapports, l'éducation qu'elle peut donner à sa fille. Elle évite, en la gardant auprès d'elle, tous les dangers des mauvaises liaisons et de l'hypocrisie qu'elles amènent ; à l'abri des confidences de la pension, elle conserve plus intactes sa candeur et son innocence, et cependant elle lui fait acquérir en même temps une plus grande expérience du monde, expérience qui manque trop souvent à la jeune fille.

Mais, il ne faut pas se le dissimuler, de dangereux écueils s'élèvent cependant autour d'elle.

D'une part, l'isolement, évitant le contact des caractères, leur enlève les contradictions et les tiraillements nécessaires pour les former. Il supprime aussi pour l'étude un des plus puissants moteurs : l'émulation ; et enfin, il laisse pénétrer avec plus de facilité le sensualisme, la mollesse d'habitudes et de vie, déjà signalée comme la plaie vive et dangereuse de notre société.

Ce n'est donc qu'en luttant sans cesse contre elle-même, contre la position de l'enfant, contre son entourage, contre les préjugés, contre les habitudes, contre le monde enfin, qu'une mère peut arriver à remplacer les avantages de la pension. Mais aussi, une fois qu'elle y est parvenue, la vie de famille en ajoute de nouveaux et d'inappréciables. Et c'est alors vraiment qu'on peut dire, avec un auteur moderne, que la femme, ainsi formée par cette éducation de famille, acquiert et conserve toujours une supériorité à laquelle les autres ne peuvent atteindre.

Cependant, il y a des caractères difficiles, égoïstes et exigeants, ou des natures de sybarites habitués à toutes les petites recherches du bien-être, pour qui la pension semble une nécessité. L'important alors est le choix de la pension.

Il faut surtout ne jamais placer une enfant dans une pension où le luxe, les habitudes, le personnel des élèves soient au-dessus de sa fortune et de sa position. C'est le vice d'un grand nombre d'éducations; et bien des parents ne se doutent pas qu'en écoutant ainsi leur amour-propre et celui de leurs filles, ils travaillent activement à leur malheur. Rien n'est plus vrai cependant. Après cinq ou six années passées hors de leur sphère, elles reviennent dans leur famille, avec des idées qui n'y sont pas comprises, avec des goûts impossibles à satisfaire, avec des relations dont la continuation est non moins impossible; avec le sentiment pénible de leur infériorité sociale, le désir ardent et inconsidéré d'en sortir, et avec un espoir chimérique d'y réussir fortifiée tous les jours par les rêves de leur jeune imagination. Désir et espoir pour lesquels elles abandonnent les occupations de leur état et le soin de leur famille; en vue desquels elles rejettent souvent les partis les plus avantageux, les chances de bonheur les plus probables, et qui finissent à la longue par se changer en un découragement complet et désolant.

C'est là le résultat de cette manie inconséquente de s'élever, répandue par l'esprit d'orgueil sur la société tout entière, et dont nous sommes tous possédés à un degré plus ou moins marqué.

(Mme de Marcey.)

* * *

La nullité à laquelle on condamne les enfants en société n'est pas sans inconvénient pour eux; d'abord elle est cause qu'on les oublie et qu'on dit une infinité de choses qu'on devrait s'interdire en leur présence; puis l'ennui de la jeune fille lui donne une disposition malveillante; son esprit s'exerce tout entier dans la critique, dans une curiosité malicieuse. Au contraire, l'enjeu qu'elle met dans la conversation, si petit qu'il soit, lui fait désirer d'être approuvée et la rend plus indulgente à son tour. Au moins faut-il qu'elle soit toujours prête à répondre de bonne grâce et sans sécheresse aux questions qu'on peut lui adresser. Si l'amour-propre n'est pas excessif, la gaucherie ou la peur qu'elle aura des autres sera moins grande.

Moins on mettra d'importance aux petits torts et aux petits succès dont la société est l'occasion, moins la société occupera l'imagination des jeunes filles, et c'est là précisément ce que nous voulons.

(Mme Necker de Saussure.)

Les femmes courent risque d'être extrêmes en tout. Il est bon de les accoutumer dès l'enfance à gouverner quelque chose, à faire des comptes, à voir la manière de faire les marchés de tout ce qu'on achète, et à savoir comment il faut que chaque chose soit faite pour être d'un bon usage. Mais craignez que l'économie n'aille en elles jusqu'à l'avarice; montrez-leur en détail tous les ridicules de cette passion. Dites-leur ensuite : Prenez garde que l'avarice gagne peu et qu'elle se déshonore beaucoup. Un esprit raisonnable ne doit chercher, dans une vie frugale et laborieuse, qu'à éviter la honte et l'injustice attachées à une conduite prodigue et ruineuse. Il ne faut retrancher les dépenses superflues, que pour être en état de faire plus libéralement celles que la bienséance, ou l'amité, ou la charité inspirent. Souvent, c'est faire un grand gain que de savoir perdre à propos : c'est le bon ordre et non certaines épargnes sordides qui fait les grands profits. Ne manquez pas de représenter l'erreur grossière de ces femmes qui se savent bon gré d'épargner une bougie, pendant qu'elles se laissent tromper par un intendant sur le gros de de toutes les affaires.

Faites pour la propreté comme pour l'économie, accoutumez les filles à ne souffrir rien de sale ni de dérangé; qu'elles remarquent le moindre désordre dans une maison. Faites-leur même observer que rien ne contribue plus à l'économie et à la propreté, que de tenir toujours chaque chose en sa place. Cette règle ne paraît presque rien ; cependant elle irait loin si elle était exactement gardée. Avez-vous besoin d'une chose ? vous ne perdez jamais un moment à la chercher ; il n'y a ni trouble, ni dispute, ni embarras, quand on en a besoin ; vous mettez d'abord la main dessus ; et quand vous vous en êtes servi, vous la remettez sur-le-champ dans la place où vous l'avez prise. Ce bel ordre fait une des plus grandes parties de la propreté ; c'est ce qui frappe le plus les yeux que de voir cet arrangement si exact. D'ailleurs, la place qu'on donne à chaque chose étant celle qui lui convient davantage, non seulement pour la bonne grâce et le plaisir des yeux, mais encore pour sa conservation ; elle s'y use moins qu'ailleurs ; elle ne s'y gâte d'ordinaire par aucun accident ; elle y est même entretenue proprement. L'esprit d'exactitude qui fait ranger fait aussi nettoyer. Joignez à ces avantages celui d'ôter, par cette habitude, aux domestiques, l'esprit de paresse et de confusion. De plus, c'est beaucoup que de leur rendre le service prompt et facile, et de s'ôter à soi-même la tentation de s'impatienter souvent par les retardements qui viennent des choses dérangées qu'on a peine à trouver. Mais en même temps évitez l'excès de la politesse et de la propreté. La propreté, quand elle est modérée, est une vertu ; mais quand on y suit trop son goût, on la tourne en petitesse d'esprit. Le bon goût rejette la délicatesse excessive; il traite les petites choses de petites et n'en est point blessé. Moquez-vous donc, devant les enfants, des colifichets dont certaines femmes sont si passionnées et qui leur font faire insensiblement des dépenses si indiscrètes. Accoutumez-les à une propreté simple et facile à pratiquer; montrez-leur la meilleure manière de faire les choses; mais montrez-leur encore davantage à s'en passer. Dites-leur combien il y a de petitesse d'esprit et de bassesse à gronder pour un potage mal assaisonné, pour un rideau mal plissé, pour une chaise trop haute ou trop basse.

La mauvaise délicatesse, si on ne la réprime dans les femmes qui ont de l'esprit, est encore plus dangereuse pour les conversations que pour tout le reste; la plupart des gens leur sont fades et ennuyeux; le moindre défaut de politesse leur paraît un monstre; elles sont toujours moqueuses et dégoûtées. Il faut leur faire entendre de bonne heure qu'il n'est rien de si peu judicieux que de juger superficiellement d'une personne par ses manières, au lieu d'examiner le fond de son esprit, de ses sentiments et de ses qualités utiles. Faites voir, par diverses expériences, combien un provincial, d'un air grossier, ou, si vous voulez, ridicule, avec ses compliments importuns, s'il a le cœur bon et l'esprit réglé, est plus estimable qu'un courtisan qui, sous une politesse accomplie, cache un cœur ingrat, injuste, capable de toutes sortes de dissimulations et de bassesses.

(Fénelon.)

* *
*

A partir de la première communion, ne traitez plus votre fille en petite enfant; causez avec elle de choses sérieuses, raisonnez même; elle est maintenant assez avancée pour le faire, mais pas assez pour le bien faire si vous la laissez seule. C'est le moment d'ailleurs de cultiver activement son esprit par l'instruction.

Ne laissez pas le dégoût des pratiques pieuses s'introduire dans l'âme de vos enfants. Pourtant veillez aussi à ce qu'un moment d'enthousiasme pieux, de ferveur passagère et exaltée, ne fasse pas entreprendre à ces jeunes chrétiens, plus que leur position, leurs forces, même un jour leur volonté, ne leur permettront de soutenir.

L'enfant dans l'adolescence participe également à l'enfance et à la jeunesse; et, n'étant cependant ni dans l'une ni dans l'autre, il ne se trouve bien placé nulle part. Sa position est mixte et difficile; il gêne, il est embarrassé partout, excepté toutefois dans une société composée d'amphibies comme lui. C'est l'âge ingrat, on le dit avec raison. Le corps, l'esprit, les manières, tout y participe, tout en porte le cachet. Mais puisqu'elle ne peut songer à l'éviter, l'accepter tel qu'il est, est donc une preuve de sagesse et de justice de la part de la mère ; et réservant alors surtout la sévérité pour les défauts et les fautes, elle doit se montrer indulgente pour tous les désagréments extérieurs.

S'il ne faut pas traiter la jeune fille adolescente en trop petit enfant, il ne faut pas encore non plus chercher à la grandir dans la famille et dans le monde, en développant avec une raison prématurée, une assurance non moins prématurée. L'un de ces excès, d'ailleurs, cabre et mortifie inutilement, il est vrai ; mais l'autre produit des pédantes et des précieuses, race ennuyeuse et ennuyée, qu'on doit se garder de multiplier.

A cet âge encore, il ne saurait être permis de prendre part à la conversation, si ce n'est dans l'intimité de la famille. Le penchant à la suffisance, plus insupportable alors et plus vif que jamais, est une de ces tendances qui s'alimentent de la moindre concession, et une fois développé, il n'est pas aisé de s'en défaire. Un enfant dans l'adolescence a d'ailleurs un talent particulier pour dire ce qu'il faudrait taire et pour tomber sur un sujet d'entretien déplacé ou pénible. Ses études, son éducation devraient alors l'occuper uniquement, et ne pas laisser le temps de se produire dans le monde.

(Mme de Marcey.)

Les femmes, selon nous, doivent avoir du goût et de la facilité pour l'étude, plutôt que beaucoup de savoir. Il n'est pas du tout fâcheux que le désir de s'instruire l'emporte chez elles sur l'instruction. Tâchons de leur donner l'habitude de l'application, l'envie de saisir les idées nouvelles; inspirons-leur même un certain goût pour lutter avec les difficultés et faisons-leur grâce de la science.

Ainsi le but que nous avons assigné à l'instruction, le développement des facultés diverses, nous paraît surtout essentiel à se proposer dans l'éducation des femmes.

Il importe qu'une femme soit prête à tout; que dans chaque situation, elle puisse s'occuper utilement pour elle et pour les autres; et si l'esprit n'est pas généralement développé, on ne saurait avoir cette aptitude universelle. Avec le genre de capacité que je lui veux, une femme sera tour à tour administrateur de fermes, teneur de livres, rédacteur de mémoires, critique éclairé pour choisir dans divers écrits ce qui peut convenir à ceux qu'elle aime. Enfin, dans l'absence d'autres secours, elle dirigera l'instruction de ses enfants avec de bons livres. Qu'on me donne quinze jours d'avance sur mon élève, disait un homme peu instruit qui sentait sa force, et j'enseignerai tout ce qu'on voudra. Ce sentiment, s'il existait intérieurement chez une femme, vaudrait bien un dépôt mort de connaissances tout acquises.

Quand il s'agit de l'éducation des femmes, n'oublions jamais qu'elles peuvent être appelées à se marier et à élever une jeune famille. Si Dieu a souvent employé l'intelligence humaine pour l'accomplissement de ses grands desseins, il semble avoir voulu se servir spécialement de l'intelligence des femmes, puisqu'il leur a confié le premier développement de la race entière; leurs facultés semblent destinées à réveiller d'autres facultés dans une succession infinie. Il importe, dès lors, de fonder dans l'éducation du sexe entier, une sorte d'école normale, ou d'école générale d'enseignement; et ne voit-on pas de toutes parts l'éducation classique se relever du discrédit dans lequel on cherchait à la faire tomber? Combien les femmes ne peuvent-elles pas un jour être intéressées à en posséder au moins les éléments! La possibilité de préparer leurs fils à l'enseignement des collèges épargnera aux mères le chagrin de se sépaoer d'eux prématurément et d'exposer à trop de dangers leur moralité fragile.

(Mme Necker de Saussure.)

FIN DE L'ADOLESCENCE

Au nombre des choses dont il faut instruire une fille est la science de se faire servir. Il faut choisir des domestiques qui aient de l'honneur et de la religion ; il faut connaître les fonctions auxquelles ont veut les appliquer, le temps et la peine qu'il faut donner à chaque chose, la manière de la bien faire, et la dépense qui y est nécessaire. Vous gronderez mal à propos un cuisinier, par exemple, si vous voulez qu'il ait dressé des fruits plus promptement qu'il n'est possible, ou si vous ne savez pas à peu près le prix et la quantité du sucre et des autres choses qui doivent entrer dans ce que vous lui faites faire ; ainsi, vous êtes en danger d'être la dupe ou le fléau de vos domestiques, si vous n'avez quelque connaissance de leur métier.

Il faut encore savoir connaître leurs humeurs, ménager leurs esprits et policer chrétiennement toute cette petite république, qui est d'ordinaire fort tumultueuse. Il faut, sans doute, de l'autorité ; car moins les gens sont raisonnables, plus il faut que la crainte les retienne ; mais comme ce sont des chrétiens, qui sont vos frères en Jésus-Christ, et que vous devez respecter comme ses membres, vous êtes obligé de ne payer d'autorité que quand la persuasion manque.

Tâchez donc de vous faire aimer de vos gens sans aucune basse familiarité; n'entrez pas en conversation avec eux; mais aussi ne craignez pas de leur parler assez souvent avec affection et sans hauteur sur leurs besoins. Faites entendre aux jeunes personnes que le service étant établi contre l'égalité naturelle des hommes, il faut l'adoucir autant qu'on le peut; que les maîtres, qui sont mieux élevés que leurs valets, étant pleins de défauts, il ne faut pas s'attendre que les valets n'en aient point, eux qui ont manqué d'instruction et de bons exemples.

Pour ce gouvernement domestique, rien n'est meilleur que d'y accoutumer les filles de bonne heure. Donnez-leur quelque chose à régler, à condition de vous en rendre compte; cette confiance les charmera; car la jeunesse ressent un plaisir incroyable lorsqu'on commence à se fier à elle et à la faire entrer dans quelque affaire sérieuse. Laissez même faire quelque faute à une fille dans de tels essais, et sacrifiez quelque chose à son instruction; faites-lui remarquer doucement ce qu'il aurait fallu faire ou dire pour éviter les inconvenients où elle est tombée; racontez-lui vos expériences passées et ne craignez pas de lui dire les fautes semblables aux siennes que vous avez faites dans votre jeunesse; par là, vous lui inspirerez la confiance, sans laquelle l'éducation se tourne en formalités gênantes.

On doit considérer, pour l'éducation d'une jeune fille, sa condition, les lieux où elle doit passer sa vie, et la profession qu'elle embrassera selon les apparences. Prenez garde qu'elle ne conçoive des espérances au-dessus de son bien et de sa condition. Il n'y a guère de personnes à qui il n'en coûte cher pour avoir trop espéré ; ce qui aurait rendu heureux, n'a plus rien que de dégoûtant dès qu'on a envisagé un état plus haut. Si une fille doit vivre à la campagne, de bonne heure tournez son esprit aux occupations qu'elle y doit avoir et ne lui laissez point goûter les amusements de la ville; montrez-lui les avantages d'une vie simple et active. Si elle est d'une condition médiocre de la ville, ne lui faites point voir les gens de la cour; ce commerce ne servirait qu'à lui faire prendre un air ridicule et disproportionné; renfermez-la dans les bornes de sa condition et donnez-lui pour modèles les personnes qui y réussissent le mieux; formez son esprit pour les choses qu'elle doit faire toute sa vie; apprenez-lui l'économie d'une maison bourgeoise, les soins qu'il faut avoir pour les revenus de la campagne, pour les rentes et pour les maisons qui sont les revenus de la ville, ce qui regarde l'éducation des enfants, et enfin le détail des autres occupations d'affaires ou de commerce dans lequel vous prévoyez qu'elle devra entrer, quand elle sera mariée.

(Fénelon.)

Travail.

Pour aucune condition, la sentence portée au commencement des temps n'a été levée encore, et partout le pain de l'homme doit être assaisonné de ses sueurs. Mais sans envisager le côté religieux de la question, une expérience journalière fournit à la femme d'assez puissants motifs pour l'encourager au travail et pour l'amener surtout aux occupations spéciales du ménage. Il est impossible que, même la direction supérieure, soit bonne si, au moins de temps en temps, la femme ne sait y joindre l'action. Il est impossible que des domestiques exécutent bien ce qu'elle ne peut leur enseigner; il est impossible de les rendre attentifs et scrupuleux dans leur travail, quand elle n'est pas en même de l'apprécier ; il est impossible qu'ils aient pour elle la confiance, la déférence et le respect nécessaires lorsqu'ils la jugent incapable et inférieure, lorsque, la sachant sous leur dépendance, elle leur donne sans cesse l'occasion et le droit de lui faire la loi.

Rien ne vaut les occupations positives et quelquefois grossières du ménage pour arrêter une imagination au milieu de ses folies, rien ne sent moins le roman, rien ne calme plus sûrement l'exaltation. Il faut du travail aux jeunes femmes, aux jeunes filles, et, soit à titre d'expiation, soit comme préservatif, celui qui résulte du poste bien compris de maîtresse de maison doit être préféré aux autres.

Rien n'a plus besoin de raison et de sérieux que la femme, et comme par sa position elle en est souvent plus éloignée que l'homme, la religion lui est en ce sens plus nécessaire encore. Le monde avec plus de bon sens qu'on ne lui en soupçonnerait le reconnaît lui-même; non seulement il tolère à la femme des apparences de piété, mais il la méprise quand elle ne les a pas. Il a compris, malgré la frivolité ordinaire de ses jugements, que la femme sans religion ne peut acquérir ni considération ni influence.

(Mme de Marcey.)

***

Sous peine de transgresser une loi et de trahir votre vocation, femmes chrétiennes, vous devez toutes, plus ou moins, travailler manuellement; et, par suite, c'est une obligation pour vous de faire entrer la science et la pratique de ces travaux dans l'éducation de vos filles. Cultivez l'âme de vos enfants, formez leur conscience et leur cœur, assouplissez leur volonté, perfectionnez leur caractère, éclairez leur esprit, développez leur jugement, ornez leur mémoire; mais dans leur intérêt, soit présent, soit futur, soit temporel, soit spirituel, et quels que soient votre désir ou votre pensée touchant leur vocation, n'omettez pas de les dresser au travail des mains, de leur en montrer le prix, la convenance, la nécessité; de leur en inspirer l'estime, de leur en faire contracter l'habitude. Et pour cela, comme pour tout le reste, donnez-leur l'exemple. Une femme est toute dépareillée dans l'assemblée des saintes, elle ment à toute la tradition de sa race, quand elle ignore ces sortes d'ouvrages, et surtout quand elle les dédaigne. Une épouse demeure incomplète aux yeux de son époux humain si elle n'est pas apte à ces menus labeurs dont lui-même a si souvent besoin; ou si, n'y vaquant pas personnellement pour une raison quelconque, elle ne sait ni les commander ni en surveiller l'exécution.

C'est la « laine et le lin » que travaille la femme forte. Cela veut dire : faites des travaux utiles de préférence aux travaux d'agrément et de luxe. Si vous vous permettez ceux-ci, que ce soit discrètement et lorsque vous aurez consciencieusement terminé tous les autres. En outre, quand vous ferez licitement ces ouvrages secondaires ne les faites jamais par vaine gloire : soit cette vaine gloire qui se repaît des pompes extérieures et se complaît désordonnément dans les splendeurs, les raretés et les curiosités; soit cette vaine gloire, plus périlleuse encore pour vous, qui consiste dans l'amour déréglé de la toilette et des parures mondaines.

(Mgr Gay.)

Gaieté.

On ne mène pas la jeunesse par la raison pure; on la conduit rarement par la piété seule; et la piété d'ailleurs se nourrit d'une sainte joie.

Les parents auront beau organiser, à des intervalles plus ou moins réguliers, des parties de plaisir, des réunions et des fêtes, s'ils ne joignent à cela dans l'habitude la franche liberté du rire et de la causerie; ils auront beau commander la joie à un moment donné, comme la manœuvre à l'heure de l'exercice; ils n'aboutiront qu'à ajouter un dégoût de plus à l'ennui habituel. Feu follet, esprit fantastique et contradicteur, il entre dans le caractère même de la joie de résister au commandement direct et de n'obéir qu'aux prévenances voilées. Un père et une mère doivent assurément travailler beaucoup pour la soutenir et pour l'introduire; mais la première condition de réussite pour ce travail consiste à le dissimuler, surtout s'il s'agit de la jeunesse; car, pour l'enfance, elle accepte généralement la joie sans condition comme sans restriction.

Une véritable et constante indulgence, un retour sur ses jeunes années dans l'appréciation de celles d'autrui, surtout une grande liberté dans les rapports intérieurs, dans les conversations et dans les joies : tels sont pour les parents les points capitaux de ce travail.

Autant l'autorité doit être ferme, inflexible quelquefois pour une faute, autant nous croyons que, pour le bonheur intime, elle doit pardonner et ignorer les manquements, les oublis et les accidents. Sans cela une crainte soupçonneuse et servile s'introduit dans l'âme des enfants ; ils ploient sous le poids d'une timidité défiante et excessive ; la crainte d'une involontaire culpabilité plane sur eux ; plus d'abandon, plus de liberté domestique, partant plus de joie.

Dans la famille, l'impulsion vient d'en haut et descend par degrés du père au serviteur. Si le père n'est pas gai, les caractères pourront tous l'être isolément, la famille ne le sera pas ; si le père ne met pas toute contrainte de côté dans ses rapports, les enfants pourront être confiants sous d'autres toits, expansifs avec l'étranger, ils ne le seront pas dans leur intérieur. Le jeune homme, triste et guindé chez lui, sortira pour trouver le plaisir, et dégoûté par cette première expérience, il n'ira pas le demander à d'autres familles. Quant à la jeune fille, si elle ne peut s'évader de même, son imagination le fera pour elle, son cœur à la suite, son innocence après. Et le frère dans ses désordres, et la sœur dans ses fautes, ne garderont du seuil paternel qu'une image pâle et désenchantée. (Mme de Marcey.)

Pédanterie.

Rien n'est plus utile aux femmes que ce qui les sépare d'elles-mêmes, de leurs sentiments de leurs intérêts, et leur fait passer des personnalités dans les généralités. C'est ce qui sera impossible si leur esprit demeure vide. Leur propre existence y tiendra la place, plus ou moins agitée, plus ou moins réglée, mais souvent et inévitablement douloureuse pour qui la sent toujours, pour qui n'a pas appris à se réfugier, des pensées qui tourmentent son âme, dans les pensées qui n'occupent que son esprit.

La pédanterie est une des variétés de l'amour-propre; elle tient à cette disposition que nous avons à grossir à nos propres yeux, ce qui nous intéresse, et à imposer aux autres, pour nos occupations, notre savoir, un respect égal à celui que nous leur portons. Une femme très attachée à ses devoirs, très occupée des soins de son ménage et de l'éducation de ses enfants, ne sera pas pour cela pédante. Elle le sera, si les plus petits détails de l'ordre et de la règle qu'elle s'est imposée dans cette vue lui paraissent de nature à l'emporter sur toute autre considération; si elle ne sait pas accorder, à la prière d'une amie, le plus léger dérangement dans les occupations de sa journée, le sacrifice d'une leçon de ses enfants, ou quelques jours d'une vie plus dissipée qu'il ne convient aux habitudes d'une femme rangée. Elle le sera si tous ces petits préceptes de conduite auxquels elle assujettit sa vie forment tellement à ses yeux le fond de la morale et la véritable règle des bonnes mœurs, qu'elle ne puisse concevoir rien d'honnête et d'ordonné là où on les néglige, et qu'elle prononce avec rigueur, du haut de sa minutieuse importance, la condamnation de tout ce qui n'est pas en tout semblable à elle. Elle ne sera pas pédante en sachant le grec, si elle sait aussi qu'une femme peut très bien apprendre le grec pour son plaisir, mais qu'il n'importe à personne qu'elle sache ou ne sache pas le grec. Elle sera pédante quand ses connaissances se borneraient aux usages du monde, aux étiquettes de l'ancienne et de la nouvelle cour, si elle voit l'État perdu et le monde déclinant vers la dépravation universelle, dès qu'on mettra de côté ou qu'on oubliera une des pratiques de politesse dont elle a fait l'occupation de sa vie et l'objet de ses enseignements.

Excepté dans certains cas particuliers, une femme doit être occupée et non savante ; les goûts de l'esprit doivent employer ses forces et non les absorber ; faits pour lui servir de ressources dans toutes les situations, et non pour diriger sa destinée, ils ne doivent point avoir chez elle cette force capable de vaincre les circonstances, mais cette ingénieuse docilité qui sait se plier et s'accommoder à toutes. (Mme Guizot.)

Confiance.

On a dit souvent : La confiance naît de l'amour et elle le suppose. Nous le croyons, mais nous croyons aussi qu'elle le fait naître.

C'est une grande et dangereuse erreur pour un chef de famille que celle de croire à la production spontanée de la confiance dans son domaine. Il faut une culture laborieuse, patiente et réfléchie. Sans une étude particulière du monde, qui ne connaît, entre frères et sœurs, les taquineries de l'enfance, les tiraillements mesquins et jaloux de l'adolescence, les susceptibilités défiantes de sa jeunesse, la surveillance inquiète et intéressée de l'âge viril?

Laissez tomber votre confiance, avec une dignité pleine d'abandon, dans le sein de vos enfants. Initiez-les de bonne heure à vos préoccupations et même à vos soucis; ils puiseront dans ce contact avec la vie sérieuse une maturité toujours utile; ils entreront dans vos vues, et s'uniront comme en un seul faisceau pour vous soutenir et vous aider.

Nous avons vu pratiquer cette initiation avec plus d'un genre de succès : tout y gagnait, l'amour et la confiance filiale, la raison, le jugement et l'expérience. Et plus tard, si quelque entreprise échouait, si, par exemple, le père était malheureux en spéculations, ses enfants ne songeaient qu'à consoler sa douleur, et jamais une pensée de blâme ne leur venait contre lui.

Et croyez-vous qu'un jeune homme, après avoir été le confident et l'ami de son père, ne soit pas plus apte à lui succéder sous le même toit et à perpétuer les saines traditions mises en vigueur par celui-ci? Point de secrets de la part d'un fils, lorsque le père ne fait pas de mystère inutile.

Quant à la jeune fille, la moitié de sa vertu est contenue dans sa confiance en sa mère. Lorsque cette confiance est bien complète et bien assurée, les romans ne sont pas longs, les illusions se gardent peu, les passions meurent en naissant.

Mais un autre genre de confiance est nécessaire encore à l'harmonie de la famille, et celui-là malheureusement n'est pas toujours aidé par ceux dont il ferait surtout le bonheur. Nous connaissons telle famille où les parents jaloux de la confiance exclusive de leurs enfants, s'opposent aux rapports intimes de ces enfants entre eux. Ils n'ont pas entendu l'Esprit saint leur dire combien il est agréable et bon que des frères habitent ensemble. Tous les sentiments de famille sont frères aussi; il est bon et agréable qu'ils habitent ensemble. Ils s'aident même, et, loin de se nuire, s'alimentent les uns par les autres. Et de leur union naît la force morale, la beauté, la stabilité de la famille.

La jalousie est toujours et partout une basse tendance, un sentiment étroit et exclusivement humain, auquel il ne reste pas même, comme à d'autres passions, quelques lambeaux de majesté pour attester leur origine, leur déviation, et les marquer du signe des anges déchus. La jalousie n'est pas un ange déchu en effet : elle est née corrompue, elle est née démon, et l'on pourrait dire même en un sens qu'elle est la créatrice des autres. La jalousie maternelle surtout est souvent désastreuse pour l'avenir des familles : elle compromet, après le mariage des enfants, leur union et leur bonheur.

Au sein d'une famille chrétienne, l'intimité paternelle est le foyer toujours allumé du dévouement juvénile de ses membres. Là les bons sentiments s'exaltent à la chaleur commune, et la jeunesse, il faut le dire, a besoin de s'abandonner quelquefois à un débordement de sentiments généreux pour ne pas se laisser entraîner par les convoitises ardentes qui leur sont opposées. Or, la maturité réfléchie d'un autre âge ne laisse pas assez de liberté à cette force excentrique ; la froide raison, si nécessaire parfois, jette ici trop souvent de l'eau sur les combustibles avant l'incendie, et détruit ainsi par l'inondation ce que le feu n'eût peut-être pas atteint.

Vous savez au moins que, destinés à vous survivre, ces enfants auxquels vous manquerez un jour se trouveront isolés sur la terre, si vous ne les attachez par les liens d'une intimité forte et douce.

Pour le bonheur comme pour la vertu, il y a loin d'une famille où l'on vit dans l'intimité à d'autres intérieurs sans intimité et sans joie, où tout est raide et compassé, même l'affection; où de rares moments réunissent autour du même foyer parents et enfants, chacun vivant ordinairement de sa vie égoïste, dans son appartement séparé, avec ses préoccupations propres, ses joies propres, ses objets propres, et rien de plus.

(Mme de Marcey.)

* *
*

Quand on voit l'impression si extrêmement différente que produisent les jeunes personnes, selon que l'extérieur chez elles est agréable ou ne l'est pas, on ne saurait s'étonner du prix que les mères attachent à l'extérieur; les gens sensés eux-mêmes y mettent du prix; la grâce, les bonnes manières sont pour eux l'indice d'un heureux naturel et d'une éducation bien entendue. L'erreur pour la mère consiste simplement à croire qu'on puisse former cet extérieur immédiatement, et qu'on n'ait qu'à soigner les dehors pour obtenir des dehors aimables.

Le monde, il est vrai, juge uniquement d'après ce qu'il voit; cependant, à travers ses impressions fugitives, il a parfois des aperçus très fins sur ces qualités du cœur dont on dit qu'il s'inquiète peu ; il n'analyse pas ce qu'il éprouve, mais ses goûts comme ses répugnances tiennent à l'idée confuse d'un certain état moral qu'il croit pressentir. Après avoir salué d'un accueil flatteur, dans la jeune fille, l'arrivée de la femme aimable; après l'avoir regardée comme la promesse d'une acquisition heureuse pour la société; s'il ne découvre rien en elle ou rien qu'il approuve, il s'éloigne bientôt par indifférence ou par ennui.

Voilà ce dont la mère s'aperçoit trop tard ; les avantages qu'elle regrette auraient dû être préparés de loin. C'est au sein des sentiments doux et du bonheur que la grâce se développe; ce charme puissant est l'effet d'une sorte d'inspiration; l'exemple, quand il agit par sympathie, y fait quelque chose ; les préceptes, les reproches, les exhortations tardives échouent ordinairement et suscitent parfois chez la jeune fille une disposition contraire au mouvement qui la ferait réussir. Au moment où tout est encore incertitude, où l'on ne connaît assez bien ni soi ni les autres pour savoir s'arrêter ou s'avancer à propos, l'amour-propre, que la sollicitude maternelle excite sans cesse, est le guide le plus mauvais; il agite ou il paralyse un esprit novice sans lui prêter jamais aucun vrai secours.

La jeune fille étrangère à la vanité reste en pleine et tranquille possession de ses moyens d'agrément, à quelque degré qu'on les suppose. La simple bienveillance, une sympathie naturelle avec les impressions des autres, l'engagent à contribuer à leur plaisir, et vous ne la verrez jamais immobile et décontenancée. Une existence plus sereine la tient à l'abri de ces susceptibilités sans nombre qui troublent les beaux jours de l'adolescence. On ne la déconcertera pas en lui faisant entendre qu'elle est mal mise ou qu'elle a tel défaut dans le maintien.

Quand la mère s'occupe des dehors, nous ne saurions trop lui recommander de ne pas altérer l'égalité d'humeur chez sa fille.

(Mme Necker de Saussure.)

Simplicité.

Mettez quelque importance, même pour leur éducation, à ce que vos filles soient aussi bien que le plus grand nombre. Pour ne pas nous faire du monde une idée trop importante, il faut que notre extérieur y soit tel qu'il ne nous donne ni l'embarras de nous croire inférieurs aux autres, ni la vanité d'en être distingués. Être trop parée ou se croire trop mal mise nuirait également à la simplicité, et une femme embarrassée de sa robe ou de sa coiffure perdra non seulement beaucoup de naturel et de la grâce de son maintien, mais encore quelque chose de ce bon sens qui la disposait à apprécier les succès du monde à leur juste valeur, et elle pourra regretter trop vivement le degré d'attention ou de considération que, dans son opinion, lui aurait peut-être obtenu une étoffe plus belle ou un bonnet plus frais : pour être raisonnable avec le monde, il faut y porter un esprit dégagé de tous les petits soins, s'y trouver à son aise, exempt de la crainte du ridicule comme de la préoccupation du succès.

La jeunesse est de tous les âges de la vie celui que l'enfance nous révèle le moins : une influence indépendante du caractère le domine avec un empire contre lequel on peut d'avance lui donner des forces, mais sans prévoir de quelle manière elle aura à s'en servir. Quelquefois à l'enfance la plus calme succèdent les agitations d'une imagination vive, mais qui jusque-là n'avait rien trouvé de propre à l'émouvoir; quelquefois à l'abandon d'un caractère facile, de nouveaux intérêts substituent la tenacité des opinions et des volontés. Mille transformations aussi inattendues dérangent tous les calculs, changent toutes les idées qu'on avait pu former sur un enfant, en nous offrant, à la vérité, pour le diriger, des ressources nouvelles et aussi imprévues que le changement qui les rend nécessaires.

(Mme Guizot.)

Bienséance.

Pour les habits, je voudrais que vous tâchassiez d'inspirer à votre fille le goût d'une vraie modération. Il y a certains esprits extrêmes de femmes à qui la médiocrité est insupportable ; elles aimeraient mieux une simplicité austère, qui marquerait une réforme éclatante en renonçant à la magnificence la plus outrée, que de demeurer dans un juste milieu, qu'elles méprisent comme un défaut de goût et comme un état insipide. Il est néanmoins vrai que ce qu'il y a de plus estimable et de plus rare est de trouver un esprit sage et mesuré, qui évite les deux extrémités et qui donnant à la bienséance ce qu'on ne peut lui refuser, ne passe jamais cette borne. La vraie sagesse est de vouloir pour les meubles, pour les équipages et pour les habits qu'on n'ait rien à y remarquer, ni en bien ni en mal. Soyez assez bien, direz-vous à votre fille, pour ne vous faire point critiquer comme une personne sans goût, malpropre et trop négligée ; mais qu'il ne paraisse dans votre extérieur aucune affectation de parure ni aucun faste ; par là vous paraîtrez avoir une raison et une vertu au-dessus de vos meubles, de vos équipages et de vos habits ; vous vous en servirez et vous n'en serez pas esclave. Une jeune personne doit comprendre aussi qu'une femme, quelques grands biens qu'elle porte dans une maison, la ruine bientôt si elle y introduit le luxe, avec lequel nul bien ne peut suffire. En même temps accoutumez-la à considérer avec compassion les misères affreuses des pauvres, et à sentir combien il est indigne de l'humanité que certains hommes qui ont tout ne se donnent aucune borne dans l'usage du superflu, pendant qu'ils refusent cruellement le nécessaire aux autres. Si vous teniez votre fille dans un état trop inférieur à celui des autres personnes de son âge et de sa condition, vous courriez risque de l'éloigner de vous ; elle pourrait se passionner pour ce qu'elle ne pourrait pas avoir et qu'elle admirerait de loin en autrui ; elle serait tentée de croire que vous êtes trop sévère et trop rigoureuse. Il lui tarderait peut-être de se voir maîtresse de sa conduite pour se jeter sans mesure dans la vanité. Vous la retiendrez beaucoup mieux en lui proposant un juste milieu, qui sera toujours approuvé des personnes sensées et estimables ; il lui paraîtra que vous voulez qu'elle ait tout ce qui convient à la bienséance, que vous ne tombez dans aucune économie sordide, que vous avez même pour elle toutes les complaisances permises, et que vous voulez seulement la garantie des excès des personnes dont la vanité ne connaît point de bornes.

(Fénelon.)

Toilette.

Il est des positions dans lesquelles une jeune fille n'a nul besoin des plaisirs mondains, où elle oublie même qu'il en existe, et en sait goûter de beaucoup plus vrais. Qui doute que ce ne soit là un grand bonheur ? Et ce bonheur est bien plus aisé à se procurer qu'on ne l'imagine. Il est beaucoup de familles où les parents et les enfants réunis savent se préparer à l'envi des récréations charmantes. Plus une mère met de prix à tenir ses filles éloignées du théâtre de la vanité, plus, selon nous, elle doit de temps à autre relever par quelques amusements inaccoutumés le fond d'une vie heureuse peut-être, mais uniforme.

La vie sociale, quelque légère part qu'on y prenne, exige des soins de toilette, soins d'un grand intérêt pour la plupart des jeunes filles. Le principe, pour la toilette comme pour les amusements, est de lui laisser occuper le moins de place possible dans la pensée, et de prévenir à cet égard tout sentiment vif. La répugnance pour être mal mise est tellement invincible chez une femme que la mère doit éviter de froisser gratuitement un pareil instinct; il s'allie à la crainte du ridicule, qui tient elle-même de la pudeur. Mettez donc quelque prix à ce que votre fille soit bien arrangée, et quand la mode n'est ni inconvenable ni extravagante, laissez-la lui suivre ; plus elle se sentira mise comme tout le monde, plus elle oubliera son habillement.

Pour se diriger à cet égard, une jeune fille doit savoir que les habits sont un langage ; ils ont une signification cachée, et ils annoncent l'idée que chacun se plaît à donner de soi. Ainsi, une personne simple et modeste ne cherchera pas à faire fracas à la promenade ; les couleurs éclatantes, les formes bizarres ne lui plairont pas ; toute manière enfin de provoquer les regards lui répugnera, et quel respect scrupuleux n'aura-t-elle pas pour la décence ?

Le désir d'être mise comme les autres, prétendra-t-on, conduit au luxe ; oui, si l'on imite des personnes vaines ou d'autres plus riches que soi. Lorsque dans une société les habitudes de toilette sont telles que la fortune de la famille n'y puisse atteindre, une mère doit s'abstenir d'y mener sa fille ; à d'autres égards probablement cette société ne lui convient pas ; et si, pour économiser, la jeune personne propose de fabriquer de ses propres mains des ajustements trop dispendieux, que la mère se garde d'y consentir. Ce serait un temps plus que perdu ; le monde et ses espérances s'agiteraient pendant des jours entiers dans la jeune tête. Autant les ouvrages d'une femme ont de prix pour l'amitié ou pour la charité, quand on peut supposer qu'en y travaillant son âme a été remplie d'affections douces, autant ils font de peine aux gens sensés quand ils offrent la mesure du temps employé à satisfaire la frivolité et le goût du luxe.

Jalousie.

Mais le plus essentiel de beaucoup, c'est de préserver les jeunes personnes du penchant à envier les avantages qu'elles n'ont pas. La longue excitation de l'amour-propre chez les enfants ne finit que trop souvent par porter ses fruits dans l'adolescence, fruits bien amers pour le reste de la vie. L'envie est un fléau dont les victimes souffrent en silence, et les peines du cœur auxquelles l'envie vient s'ajouter n'auraient à elles seules rien d'aussi poignant. Les affections ont un objet hors de soi dont l'image pâlit et s'efface par l'effet du temps; mais l'envie est un mal interne, un ver rongeur, qui, trouvant toujours à s'alimenter, dévore l'une après l'autre les vertus ainsi que les jouissances. Faut-il que les mères elles-mêmes, et peut-être précisément celles qui se sont le plus occupées d'éducation, éprouvent aussi de la jalousie pour leurs filles! Ah! du moins qu'elles évitent de leur communiquer un tel sentiment!

Ainsi, lorsqu'en présence de votre fille une de ses pareilles attire tous les regards par un grand talent, par une éclatante beauté ou par une parure élégante, convenez que ces choses ont leur agrément, et gardez-vous de donner à votre enfant les basses consolations de l'envie. Ne lui dites pas : On n'est point heureux quand on brille autant ; tous ces soins, tout cet argent auraient pu être mieux employés ; réservez pour un autre moment votre morale. Cela peut être vrai, mais l'occasion de le lui dire est bien mauvaise. Pourquoi lui insinuer que vous la plaignez de rester dans l'obscurité et que vous souffrez pour elle du succès des autres ? C'est à la fois l'humilier et la pervertir.

Une âme sereine et bienveillante est accessible à mille plaisirs. Tout est amusement dans le spectacle du monde, quand un misérable retour sur soi ne vient pas rétrécir l'esprit. La mode et ses inventions toujours nouvelles, ce changement continuel dans la forme des habits, des ameublements, des jardins, des bâtiments : tout ce qui fait vivre des milliers d'ouvriers, fermenter de nombreuses têtes d'artistes, enfin tout ce mouvement si récréatif d'une civilisation avancée, est rarement jugé avec une amère sévérité par l'être libre d'égoïsme qui voit sans jalousie les objets divers dont la possession lui est refusée.

(Mme Necker de Saussure.)

Divertissements.

Plus encore pour la jeunesse que pour tout autre moment de la vie, la paresse mérite son titre de mère de tous les vices et fait preuve d'une effrayante fécondité. Cela doit être. La jeunesse plus active, plus agile, plus puissante que les autres âges, est, par la paresse, bien plus en dehors de sa nature et de ses devoirs; et, comme l'immobilité lui est presque impossible, elle est, on peut le dire, désœuvrée avec activité. Quand elle se laisse mollement aller à négliger le bien, elle tombe infailliblement dans le mal, et par suite de l'élan qu'elle sait imprimer à toute chose, les chutes pour elle, sont toujours profondes.

Travaillez à rendre l'intérieur de votre famille assez doux et assez gai pour que vos enfants n'aient pas l'idée d'en désirer un autre. Procurez-leur des divertissements innocents, mais vifs et réels; des réunions joyeuses et bruyantes même, s'il le faut, et ne craignez pas d'en voir augmenter l'animation et l'entrain. Seulement, présidez-y toujours pour ne pas laisser pénétrer les abus coupables par la porte que vous fermez à l'ennui.

C'est un inappréciable talent pour une mère que celui de savoir, à propos, ouvrir et fermer cette porte. Trop souvent elle en ignore l'importance; et, soit par un amour égoïste de son repos, soit par un rigorisme mal compris et mal appliqué, elle jette sur sa maison un voile d'insipide monotonie ou d'austérité claustrale.

Dans les conditions actuelles de la société, c'est pour une mère un devoir sérieux et rigoureux même que de ne pas laisser dominer exclusivement le sérieux dans son intérieur de famille. Il y a du vrai dans cette maxime mondaine si souvent réfutée : « Il faut que jeunesse se passe. » A part quelques exceptions, trop rares pour infirmer la règle, ce n'est pas en étouffant cette jeunesse et son ardente vivacité qu'on parvient à la faire passer saintement. « Sachez rire avec ceux qui rient », dit saint Paul.

Le moyen le plus sûr d'empêcher la passion du grand monde chez une jeune fille, c'est de lui composer, dans la famille, un petit monde où elle puisse dépenser innocemment sa fougue de jeunesse et de gaieté. Et c'est encore une défense contre l'ennemi domestique déjà signalé : le désœuvrement.

Toutefois, il faut opposer d'autres armes à ce dernier ennemi, et si des plaisirs légitimes le combattent quelquefois, un travail utile l'attaque plus sûrement encore. Les occupations matérielles et détaillées d'un ménage, la surveillance d'une maison, les travaux manuels, apanage spécial de la femme, peuvent remplir en partie la journée d'une jeune fille : habilement et sobrement mariés avec la continuation des études littéraires, scientifiques, artistiques même, ils doivent murer à l'ennui toutes les issues.

La continuation des études littéraires, c'est la lecture, et l'enfer sait combien ce serviteur lui amène de sujets !

Il est plus court et plus facile de sevrer totalement une jeune fille de lectures que de se livrer à la recherche de celles qui lui conviennent ; voilà pourquoi les mères chrétiennes tombent si souvent dans ce travers.

Il est un genre de lectures à propos duquel je répèterai volontiers ce que le saint évêque de Genève disait des bals : « Les meilleurs ne sont guère bons ; dansez peu et peu souvent. » Les meilleurs romans ne sont guère bons ; lisez-en peu et peu souvent, surtout si votre fille est très jeune. Plus tard, quand son esprit, ayant jeté son premier feu, sera devenu plus calme, quand, ayant un peu vu le monde, elle deviendra capable de saisir la justesse des réflexions dont vous ferez suivre cette lecture, réflexions qui, généralement, doivent en être la contre-partie et la critique, vous pourrez en aborder quelques-uns, mais choisis avec une scrupuleuse sévérité, lus à des intervalles éloignés, et toujours avec vous qui retranchez au besoin ou glissez sur les passages que, trop souvent, la curiosité des filles d'Ève désirerait approfondir.

Quelques personnes ne comprendront pas cette concession ; on me dira : « Pourquoi ne pas les proscrire entièrement ; n'est-ce pas le moyen le plus sûr d'en chasser les dangers ? » Et si c'était toujours possible, on aurait toujours raison de les bannir. Mais une jeune fille dont la vie s'écoule au milieu du monde en fréquente d'autres moins sévèrement élevées, et leur amour-propre, tout fier de sa supériorité littéraire, l'accable de son dédain et de ses railleries. Il lui arrive alors quelquefois de se trouver si humiliée de sa complète ignorance en cette matière, qu'elle se prend à désirer cette lecture avec une ardeur vraiment passionnée.

Si, dans cette disposition d'esprit, un roman bon ou mauvais vient à lui tomber sous la main, il lui sera difficile de résister à la tentation. Comme tant d'autres, elle passera avec sa conscience une sorte de traité tacite ; elle se promettra de ne pas lire entièrement le roman, mais simplement de le parcourir, d'en connaître à peu près le sujet pour pouvoir en parler comme les autres.

Du livre ouvert au livre lu il n'y a pas loin, surtout quand ce livre est un roman.

(Mme de Marcey.)

Education.

L'éducation religieuse des filles est, à de rares exceptions près, négligée autant que l'éducation des garçons ; l'éducation de certains couvents est aussi mondaine que l'éducation de certains collèges !

On se plaint que les femmes soient frivoles, Eh, mon Dieu! elles sont ce qu'on les fait. En y regardant de près, leur éducation n'a rien ou fort peu de sérieux, touchant ce qu'elles devraient savoir le plus. L'on ne s'y applique à former que des femmes instruites et même savantes, mais point à y former des femmes solidement religieuses, dont l'époque actuelle a si grand besoin! On n'y pense pas assez ou bien on n'y pense point du tout. Un peu de catéchisme, que les jeunes filles oublient presque aussitôt qu'elles ont fini de l'apprendre, et la lecture de quelques livres pieux, à la hauteur du Paroissien ou de la *Journée du chrétien*, voilà à quoi se borne toute l'éducation religieuse qu'on donne dans les familles chrétiennes, et même dans des couvents qu'on croit forts, à l'endroit de cette éducation.

L'instruction religieuse, sans l'instruction littéraire, est beaucoup pour la femme ; l'instruction littéraire, sans l'instruction religieuse, ne lui sert à rien, si ce n'est à lui inspirer une plus grande estime d'elle-même, une plus grande vanité, une plus grande envie de se faire valoir, sentiments dont elle n'a pas besoin. Ce n'est qu'un piège de plus à sa faiblesse, un surcroît d'aliments à ses passions. Une femme dans laquelle l'instruction purement littéraire n'est pas balancée par une instruction religieuse bien solide, et dont le talent n'est pas contenu dans de justes bornes par les vrais principes et les vrais sentiments chrétiens, est une femme téméraire, imprudente, légère, frivole, orgueilleuse, ne se faisant remarquer que par une grande prétention à avoir de l'esprit, un superbe dédain des autres et une folle idolâtrie d'elle-même. C'est une femme sur la sagesse de laquelle on aurait tort de compter. C'est le plus grand malheur d'un ménage; c'est par elle que la misère et le désordre y pénètrent, en compagnie de tous les scandales et de toutes les ruines.

Au contraire, la femme qui, n'ayant pas beaucoup d'instruction mondaine, a beaucoup d'instruction religieuse, et qui, par conséquent, sent bien les grandeurs de le religion, se pénètre de son esprit et s'empresse de la réaliser par les vertus modestes de son état, est une femme sérieuse, humble, sage, discrète, prévoyante, dévouée corps et âme au vrai bonheur de son époux et de ses enfants; si elle ne brille pas beaucoup par les grâces de l'esprit, elle se fait respecter et admirer par la générosité et la constance de son dévouement. Si elle ne sait pas faire de belles tirades sur le bien, elle sait le pratiquer; et c'est tout ce qu'attendent d'elle Dieu et les hommes, la famille et la société. Une telle femme est le don le plus riche, le plus précieux que Dieu puisse faire à une famille; c'est le ciment de la concorde entre ses membres, c'est la source cachée de sa richesse, c'est le fondement de l'ordre qui y règne, c'est le gage de son bonheur et de sa prospérité.

(P. Ventura.)

Défauts de l'éducation.

Les filles mal instruites et inappliquées ont une imagination toujours errante. Faute d'aliment solide, leur curiosité se tourne en ardeur vers les objets vains et dangereux. Celles qui ont de l'esprit s'érigent souvent en précieuses, et lisent tous les livres qui peuvent nourrir leur vanité ; elles se passionnent pour des romans, pour des comédies, pour des récits d'aventures chimériques, où l'amour profane est mêlé. Elles se rendent l'esprit visionnaire, en s'accoutumant au langage magnifique des héros de romans; elles se gâtent même par là pour le monde ; car tous ces beaux sentiments en l'air, toutes ces passions généreuses, toutes ces aventures que l'auteur du roman a inventées pour le plaisir, n'ont aucun rapport avec les vrais motifs qui font agir dans le monde, et qui décident des affaires, ni avec les mécomptes qu'on trouve dans tout ce qu'on entreprend.

Quelques-unes se mêlent de décider sur la religion, quoiqu'elles n'en soient point capables. Mais celles qui n'ont pas assez d'ouverture d'esprit pour ces curiosités en ont d'autres qui leur sont proportionnées : elles veulent ardemment savoir ce qui se dit, ce qui se fait, une chanson, une nouvelle, une intrigue ; recevoir des lettres, lire celles que les autres reçoivent ; elles veulent qu'on leur dise tout, et elles veulent aussi tout dire ; elles sont vaines, et la vanité fait parler beaucoup ; elles sont légères, et la légèreté empêche les réflexions qui feraient souvent garder le silence.

(Fénelon.)

Éducation.

Soignez d'une manière toute spéciale l'éducation de vos filles ; car, d'après le raisonnement si juste de Fénelon, c'est de l'éducation des femmes que dépend celle des hommes, puisque celle de ces derniers est toujours l'ouvrage des premières, et que les désordres des hommes viennent souvent de la mauvaise éducation qu'ils ont reçue de leur mère.

Il est un point essentiel qui est assez souvent négligé dans l'éducation des filles, surtout de la part des mères qui appartiennent aux classes plus élevées de la société ; car, que voit-on en général parmi les riches et les personnes de condition ? Les parents se reprocheraient de ne pas faire apprendre à leurs filles l'histoire, la géographie, les langues vivantes, la musique, la danse, le dessin, la peinture, la broderie peut-être ; ils leur donnent pour cela les maîtres les plus habiles.

Mais des soins qu'une femme mariée doit prendre des affaires domestiques, on ne leur en parle point, elles n'en ont aucune idée. Qu'arrive-t-il de cette négligence coupable ? C'est qu'une jeune personne élevée dans l'indolence et la mollesse, qui n'a eu qu'à commander pour obtenir tout ce qu'elle désirait, sans qu'il lui en coûtât jamais aucune peine pour se le procurer, quitte le toit paternel pour être placée à la tête d'un ménage, sans nulle notion relative à l'économie domestique ou au bon règlement d'une maison ; qu'elle se voit forcée de s'en rapporter aveuglément à des économes, à des domestiques qui abusent presque toujours de sa confiance, et qu'elle apprend, par une expérience chèrement achetée et souvent inutile, que, pour rendre sa maison prospère, il lui faudrait des connaissances que ne peuvent suppléer les qualités du corps et de l'esprit qu'elle possède.

Il ne faut pas considérer l'acquisition des talents brillants comme le principal objet, l'objet essentiel et presque exclusif de l'éducation des femmes. On les rend propres à tout ; il n'y a que les devoirs d'une femme prudente, d'une mère prévoyante et tendre, d'une maîtresse de maison sage et soigneuse, qu'elles ne sachent comment remplir.

(Abbé Collomb.)

Indépendance.

Ce n'est pas à force d'obsessions et de sermons qu'une influence utile peut s'acquérir. Une mère impérieuse dans ses exigences, austère dans ses formes, devient un insupportable poids; on le rejette aussitôt qu'on se sent fort. A son fils devenu homme, la mère ne doit imposer ni ses volontés, ni ses conseils; mais en laissant deviner les uns et paraissant seulement accorder les autres, elle parvient à les faire demander, désirer même.

Partout et toujours, l'homme veut croire à son indépendance, mais le jeune homme surtout se souvient du maillot, ses liens le blessent encore, ce semble, et pour en effacer la trace rien ne lui coûte. En garde contre toute autorité, il croit être moins homme dès qu'il paraît se soumettre, et nous penserions volontiers avec Montaigne que le moyen le plus sûr pour l'aveugler sur une vérité serait de la lui *planter pour démontrée*. Ainsi en serait-il encore des sollicitations et des reproches directs; le moins mauvais de leurs résultats serait de n'en obtenir aucun.

Il est pour le jeune homme une société plus dangereuse que celle du monde bruyant et dans laquelle même celle-ci peut faire une diversion heureuse : c'est sa propre société, c'est celle de son cœur et de ses passions. « Les parents, dit

M. Sainte-Foi, ne doivent pas laisser approcher de leurs enfants la tristesse et la mélancolie, car ce sont des sentiments funestes par les résultats qu'ils peuvent avoir. Ils doivent faire taire pour eux certaines préventions exagérées contre certains plaisirs ou certaines sociétés honnêtes qui ont souvent l'avantage inappréciable de distraire l'âme, de l'arracher à une solitude dangereuse et d'y entretenir une gaieté dont on a souvent besoin pour échapper à soi-même. Il ne faut pas exiger de la jeunesse les habitudes sérieuses de l'âge mûr ou l'isolement de la vieillesse. On ne viole pas impunément les lois de la nature. Dans l'âge de l'adolescence ou de la jeunesse, où l'imagination s'exalte facilement, la plus mauvaise compagnie pour un jeune homme c'est souvent lui-même.

(Mme de Marcey.)

Superstition.

Il n'est rien de plus fâcheux que de voir beaucoup de personnes qui ont de l'esprit et de la piété ne pouvoir penser à la mort sans frémir; d'autres pâlissent pour s'être trouvées au nombre de treize à table ou pour avoir eu certains songes, ou pour avoir vu renverser une salière; la crainte de tous ces présages imaginaires est un reste grossier du paganisme; faites-en voir la vanité et le ridicule. Quoique les femmes n'aient pas les mêmes occasions que les hommes de montrer leur courage, elles doivent pourtant en avoir. La lâcheté est méprisable partout; partout elle a de méchants effets. Il faut qu'une femme sache résister à de vaines alarmes, qu'elle soit ferme contre certains périls imprévus, qu'elle ne pleure ni ne s'effraie que pour de grands sujets; encore faut-il s'y soutenir par vertu. Quand on est chrétien, de quelque sexe qu'on soit, il n'est pas permis d'être lâche. L'âme du christianisme, si on peut parler ainsi, est le mépris de cette vie et l'amour de l'autre.

(Fénelon).

Simplicité.

Il faut, autant qu'on le peut, former de bonne heure les enfants à une fermeté et simplicité d'esprit qui aille droit au fait et s'attache à la réalité des choses sans se détourner sur mille accessoires qui ne font qu'entraver la marche des idées et la liberté de la conduite. On n'y pourra réussir que par des habitudes un peu larges, en leur montrant la vie sous ses diverses formes, de manière à leur faire comprendre qu'on peut exister ailleurs que dans une certaine sphère, autrement que d'une certaine manière et à certaines conditions.

L'homme exclusivement élevé au milieu de cette régularité de formes qu'impose à ses habitudes ce qu'on appelle par excellence le monde, sera d'abord choqué de ce qui les blesse et ne pourra que difficilement affranchir son imagination du joug des convenances. Une démarche un peu hors d'usage, un effet un peu inaccoutumé, le saisiront d'un effroi dont il ne sera pas le maître. L'homme de mérite lui-même, s'il s'est accoutumé à se faire une affaire de ce qui plaît à son goût ou choque ses habitudes, en contractera une sorte d'incapacité à communiquer avec des hommes différents de lui par les formes, quoique dans le fond pourvus d'assez d'idées en rapport avec les siennes, pour qu'il pût espérer d'influer sur eux par sa raison et ses lumières. Il fera effort, je le crois, pour vaincre l'espèce de dégoût que lui inspireront des manières familièrement ignobles, la rudesse du ton, l'indélicatesse des pensées, pour surmonter à chaque instant de désagréables surprises; mais il ne pourra porter dans ces sortes de relations la franchise d'allure qui met les hommes à l'aise entre eux, en leur apprenant qu'ils traitent sur un terrain commun et à l'usage de tous deux. J'ai vu des gens distingués éviter ou négliger des relations utiles à la cause qu'ils s'étaient attachés à servir par la difficulté de comprendre des manières qui n'étaient pas les leurs, de démêler, à travers des formes trop inusitées pour eux, le point de contact qui pouvait leur donner l'ascendant dont ils avaient besoin. J'en ai vu d'autres, avec les sentiments les plus généreux, inhabiles à effacer cette différence trop sensible entre les hommes la disparité d'éducation, de situation, d'habitudes, et par là faisant naître un éloignement d'autant plus difficile à détruire, qu'il était plus malaisé de s'en rendre compte; car il ne tenait point au soupçon d'aucune idée offensante, mais au sentiment d'une incurable inégalité.

Afin de pouvoir demeurer toujours soi-même dans le commerce des hommes, il faut n'y rien porter dont on soit contraint de se dépouiller pour communiquer avec eux. Rien n'obligera un homme bien élevé à renoncer, pour traiter avec des gens grossiers, à la pureté de son langage, à la noblesse de ses manières. Mais un homme du monde sera parfaitement ridicule et inintelligible, s'il porte, dans un entretien avec des hommes du peuple, les bons airs et les élégances d'une conversation de salon.

(Mme Guizot.)

Divertissements.

Les sentiments d'un cœur de mère sont généralement profonds. Le dévouement l'est souvent, mais il faut le dire, la vanité l'est aussi. Après avoir énuméré les obstacles qu'une vie simple et retirée apporte à l'établissement d'une jeune fille, elle donne pour motif à la fréquentation du monde la nécessité des distractions pour son âge, et elle ajoute : Est-il donc si fâcheux que la jeunesse s'amuse?

Or, il y a de la mauvaise foi dans cette argumentation. Elles savent bien, les mères, que malgré la rigidité de sa morale, la religion n'a jamais défendu les divertissements honnêtes, qu'elle les encourage au contraire et les conseille souvent. Elle n'interdit donc pas à la jeunesse des délassements nombreux, de vifs plaisirs même quand ils ne sont pas coupables.

« Elle aimait trop le bal, et c'est ce qui l'a tuée » a dit d'une jeune fille un poète moderne. De combien pourrait-on le dire encore au moral, même au physique, comme il l'entendait.

Certes, il n'est pas douteux que le bal ait ses dangers. Car, outre la perte du temps et le dégoût de toute occupation sérieuse, outre les passions que le bal réveille ou fait naître, soit en les flattant, soit en les excitant, le bal est encore la meilleure école de coquetterie pour une jeune fille, il produit l'amour effréné du luxe et de la toilette, et enfin il a contre lui maintenant les danses nouvelles introduites chez nous et dont l'envahissement va toujours croissant au grand détriment des convenances et de la réserve.

En désespoir de cause, les mères présentent un argument irrésistible à leur avis. La privation des plaisirs du monde, disent-elles, en rend le désir plus violent, et la jouissance plus avide quand on parvient à se les procurer.

De bonne foi, est-ce la femme élevée au milieu du tourbillon des plaisirs qui s'en dit jamais rassasiée, au moins pendant la durée des succès, et qui les abandonne lorsque des occupations importantes viennent réclamer son temps? L'amour des plaisirs ne s'alimente-t-il pas par les plaisirs eux-mêmes, et n'est-ce pas en sortant d'un bal qu'on s'occupe d'en organiser un autre?

L'extrême rigidité cependant est généralement fâcheuse; une retraite absolue dégoûte, fatigue l'esprit ardent de la jeune fille, la rend sauvage. Des réunions de famille et d'intimité, même de temps en temps des sociétés, des soirées plus nombreuses, mais choisies, dirigées et présidées par ses parents, loin de pouvoir lui nuire, la forment à ce qu'on appelle les bonnes manières, les usages de la bonne compagnie. Or, destinée à y vivre, il faut qu'elle les possède. C'est une espèce de vernis, sans lequel les plus aimables qualités n'auraient aucun éclat et ne sauraient obtenir l'influence et l'estime nécessaires au succès de la mission de la femme; mission toute de persuasion et d'attrait.

(Mme de Marcey.)

Égoïsme.

Nées pour être soutenues, les femmes s'attachent à l'appui qu'elles ont saisi avec une sorte de tyrannie. Plus hautaines ou plus douces, leur exigence prendra les formes de la domination ou celles de la tendresse ; leur égoïsme ne se manifestera que par des besoins de sympathie; mais ce sera toujours l'exigence et l'égoïsme d'un être faible qui, ne sachant trouver que dans les autres l'intérêt et l'occupation de sa vie, se croit en droit d'attendre d'eux tout ce qui lui est nécessaire pour la remplir, leur fait un tort de son ennui et un reproche de son insuffisance. Ne voit-on pas plus d'une jeune femme supporter avec impatience les amusements que son mari pourra trouver loin d'elle, affligée ou blessée d'une absence qui l'aura laissée trop longtemps à elle-même, et persuadée qu'elle seule sait aimer, parce qu'elle ne sait pas faire autre chose ? Il y a inconvénient d'accoutumer une fille à se voir l'objet d'un dévoument pareil à celui de sa mère. Elle ne le rencontrera pas ailleurs, mais elle le cherchera. Un temps viendra où l'amour de ses parents ne lui suffira plus, où elle donnera à d'autres tendresses le droit de disposer du bonheur de sa vie; ne le lui gâtez pas d'avance. Ce serait une triste joie pour une mère que d'entendre sa fille se plaindre de n'avoir jamais été bien aimée que d'elle.

Souvent la raison de cette dangereuse tentation d'imaginer que personne puisse avoir droit au dévouement d'un autre. La rectitude des idées est la plus solide sauvegarde de la droiture des sentiments; et, quand on s'exagère ses droits, fût-on disposé à les abandonner, on n'est pas sûr d'être toujours assez généreux pour demeurer juste. Qui nous répondra que nous soyons demain ce que nous étions hier ? La passion peut s'emparer de nous, et la passion, forte seulement pour se satisfaire, conserve envers elle-même toutes les complaisances de la faiblesse : l'âge arrive et emporte, avec nos années, cette énergie où nous puisions les moyens de nous suffire à nous-mêmes : la maladie peut nous ôter tout ressort et nous laisser sans courage contre nos plus déraisonnables besoins. Nous nous sentons alors touchés d'attendrissement à notre égard; nous devenons les objets de notre propre compassion, et, prêts à accuser de dureté tout ce qui ne partage pas l'unique sentiment dont nous soyons demeurés capables, nous avons grandement besoin, pour n'être pas tentés d'assujettir les autres à notre misère, qu'une sévère justice envers nous-mêmes ait bien déterminé d'avance ce qui nous revient, et fait le départ exact de ce que doit et de ce que peut exiger chacun. Enfin, évitons avec nos enfants ce vif abandon de tendresse auquel on croit pouvoir se livrer sans danger.

(Mme Guizot.)

Ambition.

Les parents en poussant les enfants dans une condition plus élevée, ne peuvent leur en donner, d'un seul jet, les allures et les pensées ; et quand ce serait possible, leur serait-il possible aussi de se porter eux-mêmes au niveau de ces enfants lancés comme des projectiles perdus au milieu de la mêlée? Et lors même qu'ils y parviendraient exceptionnellement, eux père et mère, une foule d'autres éléments constitutifs de la vie sociale ne les y suivraient pas. Si donc le fils poussé, lancé, parvenu, reste fidèle à ses relations de famille, ce sont froissements, humiliations, disparités choquantes dont il est sans cesse poursuivi; ce sont pour lui deux vies, deux ordres d'idées, deux milieux opposés entre lesquels il se partage, rougissant de l'un dans l'autre, et n'étant pas compris de celui-ci lorsqu'il parle le langage de celui-là. Qu'est-ce alors que la vie de famille? et que deviennent les affections de famille? Les affections? l'amour-propre les provoque dans un duel à mort, et l'amour-propre est un rude jouteur contre tout autre amour. Amour fraternel, amour filial même, si vous ne l'avez pas pour allié, ne comptez pas sur votre propre empire, mais s'il est votre ennemi déclaré, fuyez; il soulèvera contre vous jusqu'aux pavés, et vous ne tiendrez pas contre de telles barricades.

Vous croyez que ce jeune homme dont le cœur semblait bon, voyant son vieux père qui s'est privé, dépouillé pour le grandir, ne peut contenir les élans de sa reconnaissance? Ah !... il ne pense plus à ce que son père lui a donné, mais il calcule avec amertume ce que son père n'a pu lui donner; il suppute les mécomptes et les humiliations dont cet état de choses est pour lui la source; il se dit peut-être, avec autant de raison que d'ingratitude, que si son père n'avait pas fait la folie de le déclasser, il eut été moins malheureux. Et pourtant il ne voudrait pas ne pas être déclassé, le dépit seul de ne l'être pas assez lui fait faire ce retour : instrument discordant avec l'ensemble pour être trop perfectionné, il en veut à son père de n'être pas ce qu'il est lui-même.

Jeune homme, vous auriez raison si vous n'étiez pas le fils de ce vieillard; il se trompe par ambition, par orgueil, peut-être seulement par amour paternel, mais il se trompa. Vous êtes un ingrat, mais votre ingratitude est l'expiation de sa faute.

Ingrat, disons-nous? Oui, sans doute, mais parmi la foule nombreuse en souliers vernis et en gants glacés qui partage son sort, parmi les déclassés, il est, on peut le dire, il est des moins ingrats. Jeune homme, vous avez encore du cœur, puisque vous revenez au toit paternel. Vous avez un cœur poissé, blessé de vanité ; mais les nobles attractions de la famille s'y font encore sentir; et, quoique vous y paraissiez mécontent, je ne vous y vois pas sans me dire que la famille vit encore en vous si vous ne pouvez plus vivre avec elle. Nous vous disions ingrat, et vous l'êtes; nous disions votre père malheureux, et il l'est; mais il doit encore bénir Dieu de ne l'être pas davantage. Qu'il regarde les pères coupables de la même faute que lui : en est-il beaucoup dont les fils reviennent souvent au foyer?... Pour la plupart il n'existe plus d'autre foyer que celui du théâtre; et leur famille, c'est-à-dire le siège de leurs affections, est plus bas encore. Quant à leur vraie famille, elle les importune, et ils la fuient, lui préférant leur isolement glacial dans ce monde pour lequel ils ne sont pas nés. Elevés pour la famille et comme elle, ils eussent fait son bonheur peut-être, et elle eût fait leur gloire.

(Mme de Marcey).

TABLE DES MATIÈRES

	Pages.		Pages.
Avant-Propos	7	Humanité	104
Premier age	9	Amour fraternel	106
Premières années	25	Activité	107
Caresses	25	Timidité	110
Défauts	27	Autorité, Obéissance	113
Vanité	30	Corrections	121
Vigilance	31	Obéissance	122
Sympathie	39	Autorité	123
Enfants gâtés	41	Obéissance	128
Punitions	44	Corrections	133
Enfants gâtés	50	Amour-Propre	137
Sentiments	53	Orgueil	146
Attention	59	Amour-Propre	147
Liberté	61	Vanité	150
Étude	63	Vérité	158
Affections	67	Facultés Intellec-	
Vigilance	69	tuelles	173
Santé. — Sobriété	70	Études	190
Ordre	72	Langues étrangères	192
Études	73	Langage	193
Sentiments	75	Langues étrangères	195
Autorité	81	Des études	200
Serviteurs	83	Moyen d'instruction	202
Conversation	85	Géographie	203
Vanité	87	Calcul	203
Défauts de l'éduca-		Langage	207
tion	89	Attention	219
Respect	92	Histoire	223
Imitation	94	Éloquence	227
Bouderie	96	Religion	231
Imagination, frayeur	99	Religion et morale	235
Frayeur	101	Imitation	238

	Pages.		Pages.
ÉNERGIE	241	Sobriété, Santé	322
Fermeté	246	Tempérance	323
Volonté	248	FIN DE L'ADOLESCENCE	338
ADOLESCENCE	258	Travail	340
Éducation	258	Gaieté	343
Arts	264	Pédanterie	345
Éducation	268	Confiance	347
Civilité, Politesse	273	Simplicité	352
Exercices	274	Bienséance	354
Liberté	275	Toilette	356
Humanité	279	Jalousie	358
Imagination	283	Divertissements	360
Divertissements	288	Éducation	363
Imagination	292	Défauts de l'éducation	366
Divertissements	294	Éducation	367
Éducation	298	Indépendance	369
Imagination	299	Superstition	370
Espièglerie	301	Simplicité	371
Moquerie	302	Divertissements	373
Exemples	305	Égoïsme	375
Éducation	312	Ambition	377
Jalousie	313	TABLE DES MATIÈRES	381
Rivalité	318		
Prédilections	319		

Toulouse, Imp. DOULADOURE-PRIVAT, rue St-Rome. — 5921

www.ingramcontent.com/pod-product-compliance
Lightning Source LLC
Chambersburg PA
CBHW060559170426
43201CB00009B/832